普通高等学校“十三五”省级规划教材

电子商务课改系列教材

第3版

新编电子商务教程

主　编　朱孝立

副主编　倪莉莉

编写人员（以姓氏笔画为序）

朱孝立　余　洋　陈小芳　陈文婕

倪莉莉　唐中海　魏雅洁

中国科学技术大学出版社

内 容 简 介

本书系统地介绍了电子商务理论和实务的基本知识和基础技能，具体为：认识电子商务、电子商务运营模式、网上支付、电子商务安全、电子商务物流、网络营销、移动电子商务、电子商务法律及税收、客户关系管理与数据挖掘、电子商务网站规划与建设。每章都分别设置有案例和课后实践：引导案例用于引入具体的学习内容；章后案例用于加深学生对本章知识的理解；课后实践用于提高学生的理论运用能力。

图书在版编目(CIP)数据

新编电子商务教程/朱孝立主编. —3 版. —合肥：中国科学技术大学出版社，2018.1（2019.8 重印）
安徽省高等学校“十三五”省级规划教材
ISBN 978-7-312-04269-0

Ⅰ.新…　Ⅱ.朱…　Ⅲ.电子商务—高等学校—教材　Ⅳ.F713.36

中国版本图书馆 CIP 数据核字(2017)第 192094 号

出版　中国科学技术大学出版社
安徽省合肥市金寨路 96 号，230026
http://press.ustc.edu.cn
https://zgkxjsdxcbs.tmall.com
印刷　合肥市宏基印刷有限公司
发行　中国科学技术大学出版社
经销　全国新华书店
开本　787 mm×1092 mm　1/16
印张　15
字数　374 千
版次　2018 年 1 月第 3 版
印次　2019 年 8 月第 6 次印刷
定价　35.00 元

前　　言

感谢读者对《新编电子商务教程》的厚爱。本书第2版出版的时候，我国的网民数量只有5.38亿人，到2016年底中国的上网人数已经突破7.3亿人。而根据统计，2016年中国电子商务年交易额更是达到了23万亿元，世界第一大电子商务国的地位更加稳固。这些数据的背后是中国电子商务环境的持续改善、电子商务产业的蓬勃发展、电子商务技术的不断成熟和电子商务形式的不断创新。

与此同时，电子商务课程改革和创新也在同步推进中，为了适应课程改革的需求，为了让《新编电子商务教程》更好地反映电子商务的新特点、新变化、新趋势和新挑战，为了让读者跟上电子商务这个随科技和时代变化高速发展的行业快车，我们在前两版诸多特色和创新的基础上对内容做了修订。新版采用了学习目标→案例导入→提出任务→解决问题→微思考→大讨论→小实训→任务总结的形式，结构上更加活泼实用，便于教学和阅读；对第1章、第10章做了较大的修改，提高了内容的新颖性和实用性；网络营销部分增加了最新的网络营销手段和形式；增加了电子商务项目的操作流程和最新电子商务工具的使用；充实了助理电子商务师考试的实验内容；对全书案例进行了全面优化和更新，对全书PPT做了重新设计。

作为一本高职高专电子商务和相关专业学生使用的导论性教材，第3版没有降低对课程知识体系的要求，希望读者通过本书的学习不仅能对电子商务理论体系有一个完整的认识，而且能够熟练掌握助理电子商务师应该具备的技能。

参加本书编写的老师有：安徽财贸职业学院的朱孝立（前言、第1章、助理电子商务师考试内容），陈小芳（第2章、第9章）；安徽国际商务职业学院的陈文婕（第3章、第6章）；铜陵职业技术院的倪莉莉（第4章、第5章）；合肥职业技术学院的余洋（第7章）；安徽经济管理学院的魏雅洁（第8章）；万博科技职业学院的唐中海（第10章）。安徽财贸职业学院的司爱丽教授、吴晓萍教授对本书统稿和校审给予了很大帮助。

一分耕耘一分收获。虽然我们希望呈现给读者一本高质量的书，但是，由于时间紧、编者多，肯定会存在不少疏漏、缺陷和错误，恳求读者批评指正。

在此，我要代表本书全体编者对中国科学技术大学出版社给予的帮助表示感谢，对广大读者和各兄弟院校的老师对本书的关注和支持表示最诚挚的感谢。

朱孝立

目　　录

第 1 章　认识电子商务

学习目标

知识目标：准确理解并掌握电子商务的概念、种类、特点及基本组成要素。

能力目标：了解国内外电子商务的发展现状，能够明辨未来发展趋势。

- 本章内容结构
  - 1.1　电子商务的概念与分类
  - 1.2　电子商务的组成
  - 1.3　电子商务的发展

案例导入

马云：电商的机会至少还能持续 30 年

最近总有人问我：“现在生意越来越难做，现在在淘宝开店还有机会赚钱吗？经常看到有人在淘宝上做得很好、很快乐，而且很赚钱，而自己做了个把月，生意却一直不好，快坚持不下去了，是不是自己做得太晚了……”

其实做生意从来就没有容易过！起早贪黑，担心受怕，患得患失，忙了一年颗粒无收甚至血本无归也是正常的事。说生意好做的人基本是吹牛，任何时代做生意都要冒风险，都要付出巨大的脑力和体力。一夜暴富成名只是电视剧里的故事，成功都是需要时间和心血的。花大量时间精力生意未必会好，但不花时间精力是肯定不会有好生意的！在淘宝开店也一样。

做生意的第一要素是要用心。你所做的事是不是你真正喜欢和热爱的？你用心做自己的产品和服务，发现有客户对你的产品和服务感兴趣的时候，你自然会充满感恩，会耐心热情地和客户沟通交流。充满感恩的人容易成功，做喜欢的事才不会觉得太累。在开始的时候，做不做得成生意不重要，找到对你的产品和服务感兴趣的人非常重要。

做生意的第二要素是用脑。选择了做什么后，就必须思考如何做。尤其是小企业，必须做出特色来，做出与众不同来，做出乐趣来，做出和客户的感情来。做生意不是简单的买卖关系，而是在创作或发现你和客户之间都认同的价值。找到喜欢你的产品的客户其实就是找到了一个“知己”。

做生意的第三要素是要花时间、精力和体力。几乎所有优秀的创业者在走路、吃饭、洗澡、睡觉做梦甚至上厕所时都在思考如何改进自己的产品和服务，在抓紧每一分钟倾听客户、和自己的员工沟通，在流泪中学习，在沮丧中感受希望，在担忧中品味零星的希望。过去的15年，很多人说淘宝的成功是因为运气好，我们确实有很多运气的成分在里面，但我们一定比大家起得早，我们一定比很多人下班晚，我们一定没有大家睡得香，我们一定比大家的假期少得多，我们的身体一直在沮丧和挫折中挣扎……

电子商务才刚刚开始，未来30年才是真正的发展时期。未来，你可以不做生意，但你必须要有买卖。你买卖的未必是实物，而是你的创意和创造，是你对这个世界的畅想和梦想，你要找到的不是“买家“而是“知己”，你要学会与之相处的不是生意而是未来，是明天的生活方式。你要经营的不是生意，而是经营更好的自己！

世界那么大，电商的机会至少还能持续30年，试试看吧！万一你找到了一大批“知己”了呢？我们可以没有很多的钱，但我们必须有很多的“知己”、朋友和“亲”！

从巴西回国的路上，随感而写。送给那些在艰难创业路上的人，感谢旅途中那些素不相识的各国创业者过来握手和交流。

（选自新华网思客2015-7-6，有删节）

提出任务

从上述案例中，我们看到马云对万千淘宝创业者提及的“生意经”以及他对未来30年电子商务发展的信心。在今天国家提倡大众创业、万众创新的新机遇中，我们更应该正确认识电子商务，熟悉并掌握电子商务的基本概念、基本方法和工具以及电子商务基本的运作流程和框架，为将来的就业和创业打下基础，适应网络时代要求，探寻新的商业发展机会，迎接数字经济挑战。这些都需要我们系统地学习电子商务知识，并进行全面训练。

解决问题

1.1 电子商务的概念与分类

1.1.1 电子商务的产生与发展

电子商务最早产生于20世纪60年代，从20世纪90年代开始随着互联网技术的发展得到迅猛发展和壮大。

电子商务产生和发展的重要条件主要有以下4个方面：

1. 商业变革的内生动力

传统商业模式的弊端是商品从生产者到消费者需要很多中间环节，因而造成商业效率低、企业和消费者成本高。从 20 世纪 50 年代开始，商业的变革需求催生和促进了一大批新技术产生和应用，如 POS 系统、条码技术、智能卡等等，为电子商务的发展带来巨大的机遇。这种商业变革的内生动力，在今天以至将来仍然是促进电子商务发展的主要动力。

2. 互联网技术发展

从 20 世纪 90 年代开始，互联网基础设施建设高速投入，网络技术和网络环境获得巨大改善，网络用户的数量爆炸式增长，这些为电子商务的发展提供了良好的基础。

3. 计算机和移动终端普及

计算机的广泛应用加上手机、平板等移动终端的迅速普及，促进了电子商务的快速发展。根据 eMarketer 统计，2016 年全球智能手机用户为 21.6 亿人，接近全球消费者的三分之一。

4. 政府的支持与推动

自 1997 年欧盟发布了欧洲电子商务协议，美国随后发布了《全球电子商务纲要》，我国政府早在 2001 年就将电子商务纳入国家"十五"规划中。各国政府在基础设施建设、法律环境、税收政策、金融开放等环节上不遗余力，推出了许多促进电子商务发展的举措。

1.1.2　电子商务的定义

电子商务是利用互联网和计算机技术开展的商贸活动，简称 EB(E-Business)或 EC (E-Commerce)。

EB 通常指广义的电子商务，即由电子信息技术支持的所有商业活动，不仅包括商品交易的各个环节电子化，还包括企业内部、供应商、客户和合作伙伴之间共享信息，以及企业间业务流程的信息化。

EC 可以理解为狭义的电子商务，通常是指通过互联网开展的贸易活动。

关于电子商务的定义，各国政府、学者、企业界人士根据自己所处的环境和对电子商务参与程度的不同，给出的定义往往也不尽相同。人们一般表述的电子商务是指狭义的电子商务。

1.1.3　电子商务的内涵

1. 电子商务的本质是商务

电子商务的目标是商务，所以它要服务于商务，满足商务活动的需求，实现商务活动的价值。商品和服务贸易是电子商务的永恒主题。

2. 网络技术和计算机技术是电子商务的工具

电子商务的开展和进步必须依靠网络和计算机技术的支持，而且，信息技术和科技不断发展,也会对现有的电子商务产生多方面的影响。

1.1.4 电子商务的分类

1. 按电子商务的交易对象划分

(1) 企业与消费者之间的电子商务 B2C

这是企业通过自身网站或借助其他电子商务网站平台向消费者宣传推销自己的产品和服务的模式。宣传自己的企业品牌,网站推广和网络营销成为他们关注的问题,如果企业网站上的产品价格够实惠,就会吸引消费者直接选择在企业网站上进行交易。例如联想电脑(www.lenovo.com.cn)、华为商城(www.vmall.com)、华泰集团洽洽旗舰店(https://qiaqia.world.tmall.com)。

(2) 消费者对消费者的电子商务 C2C

这种类型的活动发生在消费者与消费者之间。C2C 模式应向精细化和区域化发展,比如淘宝可能会在全国各城市区域出现一批面向当地客户的 C2C 平台,该模式市场整体规模呈现用户数量多、交易弹性大、交易平台多样、用户可信度和产品质量难以掌控的特征。

(3) 企业对企业的电子商务 B2B

企业之间通过网络实现询价、报价、洽谈、签订合同、电子结算等商业活动。B2B 电子商务企业可以通过数据接口与自身的企业信息系统或者 ERP 系统连接,有效提高企业运行效率和效益。例如海尔采购平台(www.haierb2b.com)、阿里巴巴(www.1688.com)等。

(4) 企业对政府机构的电子商务 B2G

这种商务活动覆盖企业与政府组织间的各项事务。例如企业与政府之间进行的各种报批,政府通过网络平台开展的招标采购,企业或个人通过网络向政府税务机关纳税等,这也成为政府机关政务公开的有效手段和方法。

2. 按电子商务商品的属性划分

(1) 直接电子商务

直接电子商务涉及的商品是无形的货物和服务,如计算机软件、电子机票、娱乐内容的联机订购、付款和交付。直接电子商务能使双方越过地理界线直接进行交易,从而充分挖掘全球市场的潜力,具有实时同步、便捷高效的特点。比如教育、医疗、咨询服务等领域,特别是随着虚拟现实(VR)等新技术的发展,直接电子商务是未来具有很大发展空间的电子商务形式。

(2) 间接电子商务

间接电子商务涉及的商品是有形货物,如鲜花、书籍、食品、家用电器、生活日用品等,交易的商品需要通过传统的渠道,如邮政服务和商业快递服务来完成送货,因此,间接电子商务要依靠物流等外部要素。

3. 按电子商务活动的内容划分

(1) 贸易型电子商务

该类型电子商务是指发生产品所有权变化的电子商务，包括有形货物的电子商务和无形信息产品的电子商务。

(2) 服务型电子商务

服务型电子商务包括为开展电子商务提供服务的经营活动和通过网络开展各项有偿服务的经营活动。其特点是不发生财产权的变化，只提供某种功能、某种服务等。

1.1.5 电子商务的特点

电子商务为现代商业活动带来巨大的活力，使得商业贸易更加高效、商业秩序更加规范、商业活动更加透明、商业手段更加丰富。电子商务的基本特点有：

1. 技术性

电子商务本身就是利用互联网和计算机技术从事商务活动的过程。随着互联网和计算机技术高速、智能、海量、便携趋势日益突显，电子商务也将向更加多样化、个性化方向发展。显然，电子商务离不开技术，二者互相融合、互为促进，给未来的电子商务带来难以估量的绚烂前景。

2. 便捷性

电子商务突破贸易伙伴间的地域和时间限制，无论你的客户是在同一个城市还是远在异国，无论是白天还是黑夜，无论是天晴还是雨雪，都能在网络上进行交流沟通，从而大大拓展了商业活动的空间，增加了商业机会。企业可以随时将自己的产品和服务推介到网上，提供365天×24小时的服务，互联网用户更可以通过无处不在的计算机终端或者手机终端及时、准确、充分地掌握市场需求信息，及时提供客户所需要的商品或服务。同时，电子商务可以提供交互式的销售渠道，拓宽了企业与用户的交流渠道，使企业可以及时获得市场反馈从而改进营销手段，增加市场竞争力。

3. 智慧性

电子商务初期强调数据的安全，今天在保证数据安全的同时更加强调数据的融合和分析利用，即所谓的智能商务。从电子商务过程的前期数据中，人们可以对各种消费者行为和消费倾向进行更为详细的分析并做出精准的营销，可以对商务活动成本做更好的分析预测和规划，能够挖掘新的商机、创造新的商品和服务；能够让商务活动的各个功能和环节相互关联整合，数据的依存度和利用率更高，从产品信息到市场调研与分析、订货、生产组织、财务核算、货物的交递、付款和售后服务更加科学高效，与相关的部门如物流、港口、银行、税务、工商、海关等构建统一的信息业务处理平台，实现管理精细化。

4. 节约性

相对于传统实体商务活动，电子商务能够明显节约商务成本，减少商品分销环节，加快商品和资金的周转，节约人力开支。通过网络，企业可以提供更多的个性化服务，减少人员现场服务。有资料显示，B2C网上经销的商品较之于传统实体店销售，价格通常能优惠10%～40%，反映了电子商务销售模式的节约性特点。

5. 透明性

电子商务在本质上是商业要素数字化过程，即对商业信息的输入、加工、存储和转移。这些商业信息全部存在计算机数据库中，这在一定程度上保证了商业活动的透明性，电子商务过程可核查，可追溯。

尽管电子商务具有上述的特点，但电子商务并不是脱离传统商业规律的特殊贸易活动，它并不排斥人性化的交流，同样需要遵守商业道德和商用信誉，它对商业策略和技巧的运用、对个性化和创新性的要求更高，对电子商务从业人员的素质要求更全面。

微思考

结合日常生活实例，谈一谈电子商务发展对个人和企业的影响。

1.2 电子商务的组成

1.2.1 电子商务的基本组成要素

电子商务的基本组成要素包括网络、商家、用户、认证中心、网上银行、物流配送等，其系统结构如图1.1所示。

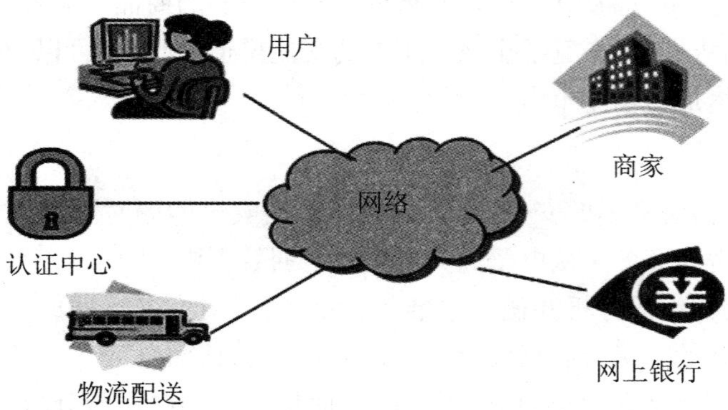

图1.1 电子商务的系统结构图

1. 网络

网络主要指互联网，也可以是局域网或其他专用网络。网络的覆盖范围就是电子商务所能达到的边界。它是人们进行电子商务活动的纽带。

2. 用户

用户是指参与电子商务活动的个人或企业，包括相关的组织，重点是消费者个人和商家。个人用户一般使用互联网进行信息浏览、网上购物、网上娱乐、网上学习等活动。企业用户一般利用互联网发布企业信息、产品信息、接受订单等，同时也可以进行企业间电子商务。

3. 认证中心

认证(Certificate Authority，CA)中心是一种具有权威性和公正性的第三方信任机构，专门为企业、机构和个人提供网络身份真实性认证服务，其出具的数字证书具有法律效力，用以保证电子商务活动过程中交易双方身份的真实性和交易数据的安全性。

4. 网上银行

网上银行包括传统商业银行的网上交易业务服务以及获得批准具备网络金融服务功能的机构，是指为电子商务用户提供网络支付和结算服务的服务机构，网络银行一般具有和传统银行对等的服务职能。

5. 物流配送

少数商品和服务可以直接通过网络传输的方式进行配送，如各种电子出版物、信息咨询服务、软件等，但大多数电子商务是间接型电子商务，涉及的商品一般是实体商品，它们必须通过物流系统进行空间的流转。物流配送就是指物流企业通过一系列机械化、自动化工具的应用以及配送人员的调度，准确、及时地将商品送到消费者手中。

1.2.2　电子商务概念模型

电子商务概念模型是对现实世界中电子商务活动的一般抽象描述，它由交易主体、交易事务、网络平台和信息流、资金流、物流等组成，如图1.2所示。

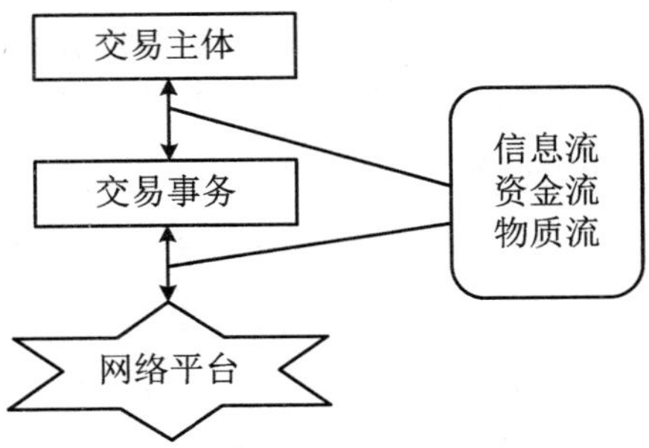

图1.2　电子商务概念模型

1. 交易主体

交易主体是指能够从事电子商务的客观对象，包括企业、银行、商店、政府机构和消费者等。

2. 交易事务

交易事务是指电子商务实体之间所从事的具体的商务活动，包括询价、报价、转账支付、广告宣传和商品运输等。

3. 网络平台

网络平台是指电子商务实体从事商品和服务交换的计算机网站或系统。

4. 信息流

信息流是电子商务最基本和最活跃的部分，在内容上包括通用信息和与商品和服务有关的商业信息，包括商品信息的提供和发布、查询单价、报价单、付款通知单等商业贸易凭证的网上传递以及交易方支付能力和支付信誉的认证等。在形式上除了互联网提供的各种信息服务外，电话、电视等传统媒体仍然是信息传播的重要途径。

5. 资金流

资金流是指电子商务交易中资金的转移过程。电子商务的安全很大程度上表现在资金支付的安全性上，在资金支付环节，交易双方和包括银行在内的三方或多方共同参与实现快速、安全支付。资金流涉及支付方式和安全管理，也涉及网络安全技术。

6. 物流

物流是指物质实体的流动过程，包括运输、储存、配送、装卸和保管等各种活动。物流是电子商务的最终表现形式，“物”不仅表现为商品的实体，而且包括可以在网络上直接传递的数据格式“文件”以及商业服务。电子商务物流更强调时效性、准确性和过程的可追踪性。

1.2.3 电子商务运作的基本框架

实际上电子商务不仅仅涉及“三流”(信息流、资金流和物流)的问题，还涉及很多其他宏观要素，如网络基础设施、标准、工具、服务以及各种平台兼容性、可靠性、安全性等问题，每一项都会对电子商务系统产生影响，认识并理解电子商务系统的框架对深刻把握电子商务的特点和规律具有重要的意义。下面结合图 1.3 对电子商务系统框架做简要介绍。

1. 网络基础设施和硬件环境

网络基础设施和硬件环境是指互联网的带宽和普及程度以及计算机和用户终端特性。目前以高速光纤为代表的数字通信网络成为网络传输的主流，下行带宽已经达到百兆或千兆，移动 4G 通信网络已经全面普及；计算机和用户终端方面，计算机全面推广，智能手机终端迅猛发展，已经成为主流，大型服务器和存储设备广泛应用。网络硬件环境建设成为世界各国实力的体现，而中国大有后来居上的超越势头，这为中国电子商务领跑世界打下了坚实基础。

2. 软件及开发环境

软件及开发环境主要指互联网应用系统开发和运营的软件系统，包括操作系统、通信协议标准、开发工具、数据库以及各种应用。目前在主要的开发工具和操作系统方面国外仍然领先，但是随着软件开源潮流的出现，中国在软件的开发上也亮点纷呈，电子商务应用深度和广度处于世界领先行列。

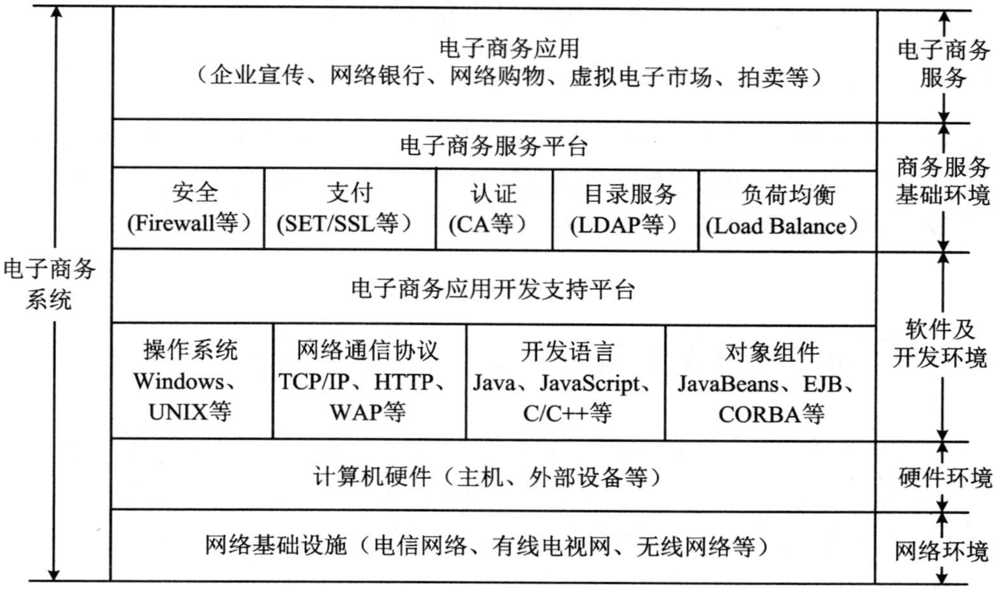

图 1.3　电子商务系统基本框架示意图

3. 商务服务基础环境

这里主要指安全环境、支付环境、认证环境等涉及电子商务运行可靠性和安全性的技术。这些技术与电子商务基础研究水平密切相关，也与底层的计算机软硬件相关联，处理不当会带来严重的后果，政府和电子商务企业应予以重视。目前，我国企业计算机网络和电子商务平台服务基础环境正日趋完善，但网络的安全性和可靠性仍存在不少隐患，特别是我国电子商务的交易规模日益扩大，局域性和系统性安全风险不容忽视。

4. 电子商务服务

电子商务服务是指与电子商务用户接口的环境，包括各种网站、搜索引擎、网络购物平台性能、支付的便捷性、即时通信工具等各种应用，其环境的好坏决定用户的体验。例如，淘宝网、京东商城、阿里旺旺、微信支付、支付宝等等都是这个环境下的具体应用。总体上中国的购物环境便捷顺畅，但是一些假冒商品、诈骗网站鱼目混珠，未来电子商务在服务环境的改善上还有很长的路要走。

微思考

有人说，电子商务就是“虚拟贸易”，请谈谈你的认识。

1.3 电子商务的发展

近年来，我国电子商务迅速发展，已影响到各行业各领域，网络零售、跨境电子商务、在线生活服务、互联网金融等已成为消费新亮点、经济转型升级的新引擎。学会分析电子商务的发展现状，才能发现我国的电子商务存在的问题，探讨我国电子商务未来发展的趋势和前景。

1.3.1 电子商务在我国的发展

自 1995 年萌芽至今，在 20 多年的时间里，我国电子商务经历了"工具"(点)、"渠道"(线)、"基础设施"(面)、经济体这 4 个不断扩展和深化的发展过程。电子商务催生出新的商业生态和新的商业景观，进一步影响和加速传统产业的"电子商务化"，进一步扩展其经济和社会影响，"电子商务经济体"开始兴起。电子商务在我国发展历程如图 1.4 所示。

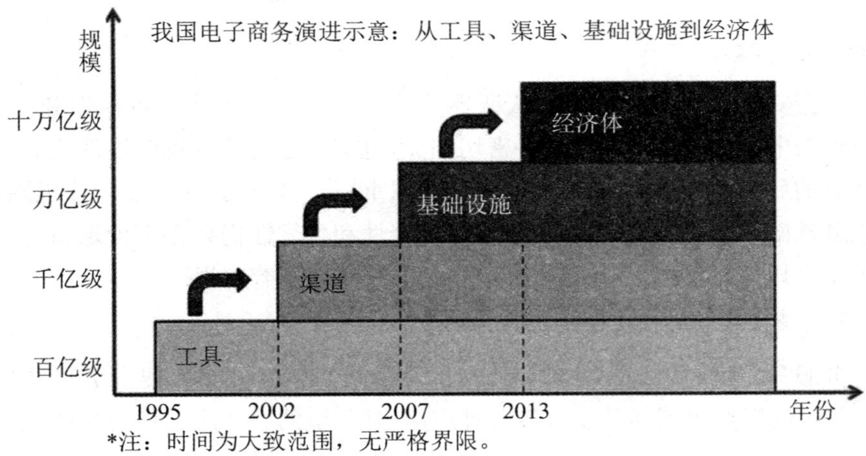

图 1.4 我国电子商务发展历程

1. 工具阶段(1995～2002 年)

这个阶段，是互联网进入中国的探索期、启蒙期。中国电子商务以企业间电子商务模式探索和发展为主。早期，应用电子商务的企业和个人主要把电子商务作为优化业务活动或商业流程的工具，如信息发布、信息搜寻和邮件沟通等，其应用仅局限于某个业务"点"。1995 年 5 月 9 日，马云创办中国黄页，成为最早为企业提供网页创建服务的互联网公司；1997 年垂直网站中国化工网成立；1999 年 8848、携程网、易趣网、阿里巴巴、当当网等一批电子商务网站先后创立。1999 年底，国内诞生了 370 多家从事 B2C 的网络公司，到 2000 年，变成了 700 家。但随着 2000 年互联网泡沫的破灭，纳斯达克急剧下挫，8848 等一批电子商务企业倒闭，从2001年开始电子商务经历了一个比较漫长的"冰河时期"。

2. 渠道阶段(2003～2007年)

这个阶段，电子商务应用由企业向个人延伸。2003年，电子商务界经历了一系列的重大事件。如2003年5月，阿里巴巴集团成立淘宝网，进军C2C市场。2003年12月，慧聪网在香港创业板上市，成为国内B2B电子商务首家上市公司。2004年1月，京东涉足电子商务领域。2007年11月，阿里巴巴网络有限公司成功在香港主板上市。我国也出台了一系列重要文件，对电子商务发展带来深远影响。2004年3月，国务院常务会议审议通过《中华人民共和国电子签名法(草案)》；2005年1月，国务院办公厅下发《关于加快电子商务发展的若干意见》(国办发〔2005〕2号)；2007年6月，国家发改委、国务院信息化工作办公室联合发布我国首部电子商务发展规划——《电子商务发展"十一五"规划》，首次提出发展电子商务服务业的战略任务。2007年，商务部先后发布了《关于网上交易的指导意见(暂行)》《商务部关于促进电子商务规范发展的意见》，构筑了电子商务发展的政策生态。

同时，随着网民和电子商务交易的迅速增长，电子商务成为众多企业和个人的新的交易渠道，如传统商店的网上商店、传统企业的电子商务部门以及传统银行的网络银行等，越来越多的企业在线下渠道之外开辟了线上渠道。2007年，我国网络零售交易规模达561亿元。电子商务延伸至供应链环节，促进了物流快递和网上支付等电子商务支撑服务的兴起。

3. 基础设施阶段(2008～2012年)

电子商务引发的经济变革使信息这一核心生产要素日益广泛运用于经济活动，引爆了社会创新，提高了社会资源的配置效率，成为信息经济重要的基础设施或新的商业基础设施，极大地推动了电子商务的迅猛发展。

2008年7月，中国成为全球"互联网人口"第一大国。中国互联网络信息中心(CNNIC)统计，截至2008年6月底，我国网民数量达到了2.53亿，互联网用户首次超过美国，跃居世界第一位。2012年，淘宝商城更名"天猫"独立运营，2012年度淘宝和天猫的交易额突破10000亿元，"双十一"当天交易规模达362亿元。

4. 经济体阶段(2012年以后)

2013年中国超越美国，成为全球第一大网络零售市场。2013年，我国电子商务交易规模突破10万亿元大关，网络零售交易规模达1.85万亿元，相当于社会消费品零售总额的7.8%。据中国电子商务研究中心报告，2016年中国电子商务交易额为22.97万亿元，其中B2B市场交易额为16.7万亿元，网络零售市场交易额为5.3万亿元，生活服务电商交易额为9700亿元；电子商务直接从业人数超过了305万人，跨境电商交易规模达6.7万亿元。2014年，全国快递业务量近140亿件，成为全球第一快递大国。2016年全国快递业务量更是达到313亿件。

网络零售的蓬勃发展促进了宽带、云计算、IT外包、网络第三方支付、网络营销、网店运营、物流快递、咨询服务等生产性服务业的发展，形成了庞大的电子商务生态系统。电子商务基础设施日益完善，电子商务对经济和社会的影响日益强劲，电子商务在"基础设施"之上进一步催生出新的商业生态和新的商业景观，进一步影响和加速传统产业的"电子商务化"，促进和带动经济整体转型升级，电子商务经济体开始兴起。

1.3.2 电子商务在其他国家或地区的发展

2016 年,全球电子商务市场规模超过 25 万亿美元,成为世界经济的亮点和新增长点。

1. 市场规模不断扩大

国际知名调查公司 E-marketer 的数据显示,2011 年到 2016 年,全球网络零售交易额从 0.86 万亿美元增长至 1.92 万亿美元,年平均增长率达 17.4%。未来 5 年,随着全球智能手机保有量不断提升、互联网使用率持续提高、新兴市场快速崛起,全球网络零售仍将保持两位数增长。预计 2020 年,全球网络零售交易额将超过 4 万亿美元,占全球零售总额的比例从 2016 年的 7.4%增长至 14.6%。根据埃森哲的研究报告,2015～2020 年全球跨境 B2C 年均增速约为 27%,2020 年市场规模将达到 9940 亿美元。

2. 地区差距逐渐缩小

(1) 欧美地区电子商务起步早、应用广

2016 年美国网络零售交易额达到 3710 亿美元,比 2015 年增长 8.5%,占美国零售总额的比例约为 8%。目前,80%的美国制造商拥有自己的网站,60%的小企业、80%的中型企业和 90%的大型企业已经开展电子商务应用。2015 年欧盟 28 国电子商务 B2C 交易额为 4074 亿欧元,增幅为 13.4%。英国、法国、德国、西班牙、意大利 5 国的市场份额最大,占欧盟电子商务市场总量的 77.5%;英国、丹麦、卢森堡、德国和荷兰 5 国的网购用户渗透率最高,均超过了 70%。

(2) 亚洲地区电子商务体量大、发展快

电子商务起源于欧美,但兴盛于亚洲。亚洲地区网络零售交易额已占全球市场的 46%。中国、印度、马来西亚的网络零售年均增速都超过 20%。中国网络零售交易额自 2013 年起已稳居世界第一。全球 10 大电商企业,中国占 4 席,日本占 1 席。其中,阿里巴巴以 26.6%的市场份额排名全球第一,京东商城名列亚马逊、易贝之后,位居第 4,小米和苏宁也入围前 10。印度电子商务市场过去几年保持约 35%的高速增长。中印两国网民人数占到全球网民人数的 28%,每年还将新增 1 亿人,巨大的网民红利将继续支持亚洲市场发展。

(3) 拉丁美洲、中东及北非地区电子商务规模小、潜力大

拉丁美洲是全球 B2C 电子商务发展最快的区域之一,近 5 年交易额均保持两位数增长,2015 年达到 590 亿美元。网民增长红利、互联网普及度提升、本土技术创新等是拉美电子商务市场被看好的主要原因。非洲地域广阔,人口分布不均,实体店数量少,居民购物不便,电子商务发展存在刚性需求。近年来,非洲各国更加重视电子商务发展,加大了电子商务基础设施建设力度。研究机构预计,2025 年非洲主要国家的电子商务交易额将占其零售总额的 10%。

3. 企业并购趋于频繁

互联网经济具有天然的规模效应,随着竞争加剧以及投资人的撮合,竞争对手有动力、有条件进行合并,市场集中度不断提高。《福布斯》杂志评选的最有投资价值的 10 大公司,9

家是互联网企业，其中阿里巴巴位居榜首，脸书和优步分列第2和第3。2012～2016年，全球私营电子商务企业共获得467亿美元投资，其中，美团大众点评获得33亿美元投资，位列首位。获得1亿美元以上投资的企业主要分布在中国、美国和印度，分别有25家、20家和10家。2016年，中国电子商务领域重大并购达15起，涉及资金超过1000亿元人民币。其中包括腾讯以86亿美元收购芬兰移动游戏开发商84.3%的股权，京东以98亿元人民币并购沃尔玛控股的1号店，阿里巴巴以10亿美元收购东南亚知名电商企业来赞达(Lazada)等，每一项市场并购都对行业发展产生重要影响。

4. 共享经济异军突起

共享经济伴随着移动互联网的发展而迅速崛起，共享领域不断拓展。从最初的汽车、房屋共享发展到金融、餐饮、空间、物流、教育、医疗、基础设施等多个领域，并向农业、能源、生产甚至城市建设扩张。共享经济让全球数十亿人既是消费者也是经营者，最大限度地提升了资源利用效率，带来了就业方式的变革，但同时也带来了一些新问题，对监管提出了挑战。全球咨询公司罗兰贝格测算，2018年全球共享经济市场规模有望达到5200亿美元。其中，中国共享经济有望达到2300亿美元，全球占比由33%提升至44%，成为领军力量。

1.3.3　我国电子商务的发展趋势

展望未来，随着“互联网＋”和数字经济的深入推进，我国电子商务将步入规模持续增长、结构不断优化、活力持续增强的新发展阶段。据阿里研究中心报告显示，我国电子商务应用总体规模将保持高增长态势，预计到2020年将达到43.8万亿元。到2020年我国网络零售交易额将突破10万亿元，在社会消费品零售总额中的比重将达到16.3%，如图1.5所示。总体来看，我国电子商务将呈现全球化、个性化、数据化、移动化等发展趋势。

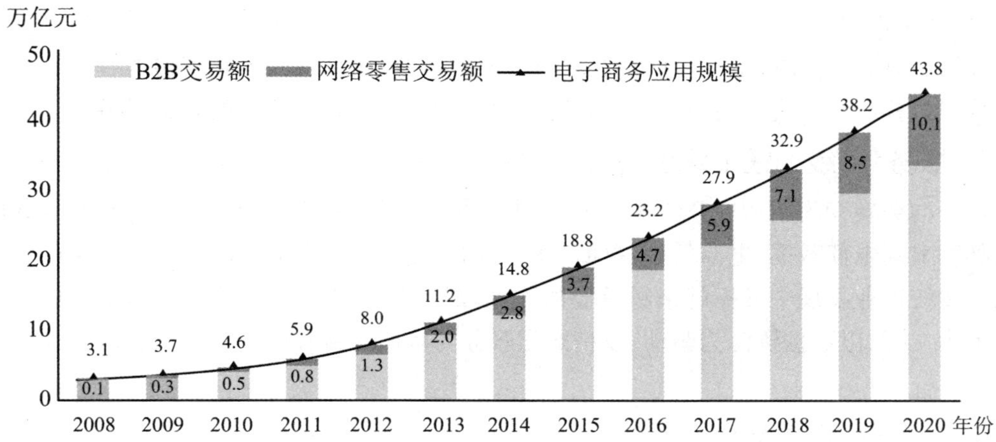

图1.5　预测到2020年电子商务应用规模将达到43.8万亿元

1. 全球化：跨境电子商务实现买全球、卖全球

跨境电子商务是外贸发展的新模式，也是扩大海外营销渠道、实现外贸转型升级的有效

途径。跨境电子商务不仅冲破了国家间的障碍，使国际贸易走向无国界贸易，同时它也正在引发全球经济贸易的巨大变革。跨境电子商务构建的开放、高效、便利的贸易环境，极大地拓宽了进入国际市场的路径，优化了外贸产业链，为产品创新和品牌创立提供了便利的平台和宝贵的机遇。随着互联网和跨境电子商务的发展，成千上万的中小微企业涌入外贸市场，并将诞生更多国际品牌，这将彻底改变中国外贸格局，帮助"中国制造"实现利润回归，还能让中国的消费者足不出户尽享全球优质商品。

2. 个性化：C2B 让消费者成为中心

未来，生产与消费更加融合，促进了 C2B 方式的兴起。信息时代的商业模式将会是以客户和消费者为中心、按需驱动、先消后产的大规模定制，乃至个性化定制。大规模定制的基石"柔性化生产"已经较为成熟；社会化的物流服务网络，在发达国家也已经成为普遍化的现实；互联网实现低成本、高效率的个性化营销，使得个性化定制模式在经济上成为了可能，实现个性化定制所需更高成本和群体采购所要求的低价格之间的平衡。

3. 数据化：数据将成为核心生产要素

伴随云计算能力的增强，无论是处理视频、图片、日志、网页等非结构化的数据，还是高达上百 TB 的离线数据，抑或是实时处理数千万乃至数亿条记录都将成为现实。与此相关的是，数据挖掘、数据融合技术将会让商业过程具备更多的"智能"化特征。数据将与资金、技术、土地、人力等一样成为零售企业的生产要素。

4. 移动化：指尖上的商务

我国移动电子商务呈现爆发性增长。2014 年，我国移动购物市场交易规模达到 8956.85 亿元，年增长率达 234.3%。我国中西部偏远地区的消费者跨越 PC 互联网支付，直接进入移动支付。支付宝的数据显示：在 2014 年各省移动支付笔数占比的排名中，西藏、陕西、宁夏、内蒙古排名前 4。随着移动搜索、基于地理位置的服务(LBS)以及移动支付等业务的融合，使本地服务市场更加丰富。用户通过 LBS 自动识别地理位置后，可以及时发现周围的商店、酒店、影院等，更加便捷地获取有价值的信息，而且从预订到支付的各个环节都可以直接通过移动终端进行，移动电子商务让碎片化的需求、时间得到最大化利用。

5. 服务化：线上线下深度融合

电子商务转变为新型服务资源。未来围绕消费升级和民生服务，电子商务的服务属性将更加明显。电商数据、电商信用、电商物流、电商金融、电商人才等电子商务领域的资源将在服务传统产业发展中发挥越来越重要的作用，成为新经济的生产要素和基础设施。以信息技术为支撑、以数据资源为驱动、以精准化服务为特征的新农业、新工业、新服务业将加快形成。

6. 规范化：治理环境不断优化

电子商务加快规范化发展。电子商务相关政策法律陆续出台，通过创新监管方式规范发展，加快建立开放公平诚信的电子商务市场秩序，形成共识和政策合力。发展改革委、中央网信办、商务部等 32 个部门建立了电子商务发展部际综合协调工作组，为加强电子商务治理提供了组织保障。电子商务企业成立"反炒信联盟"等自律组织，不断强化内部管理，促进电商生态规范可持续发展。

经过20年的发展，电子商务逐步向实体经济渗透，实体产业被网络化被吸纳入互联网的经济范畴，从而构成了一个全新的经济形态——互联网经济体。展望未来，随着电子商务应用广度、深度的不断拓展，更多消费者、商品、交易和供应链将不断数据化、在线化，电子商务对经济增长的贡献将更加明显。

微 思 考

畅想一下未来的电子商务将如何创新发展。

大 讨 论

优衣库借"双11"导流线下

2016年双11当天，优衣库有史以来首次出现天猫旗舰店内所有商品售罄的情况，消费者进入店铺后搜索不到任何商品。11时18分，优衣库官方微博发声：官方旗舰店的双11活动商品已经售罄，顾客如有需求，请前往优衣库实体门店选购精选优惠商品。11月12日凌晨开始官方旗舰店将逐步补货上架并恢复正常营业。12时13分，优衣库官方微博表示，优衣库线下各门店已经排起了长龙。11月14日起，优衣库天猫官方旗舰店全品类开通门店自提服务，打通线上与线下实体店铺网络，未来全国超过100个城市、400余家门店将推出该项服务。

优衣库大胆借用天猫双11的关注度，顺势引流线下门店，其新零售玩法主要有两个：一是部分精选商品线上、线下同步优惠，消费者可直接到店购买；二是消费者线上下单，可选择到门店自提。

有不少商家介绍，他们在今年双11的备货量并不是非常多，基本与平常无异。某知名服装品牌的零售店负责人表示，"电商曾经用尽各种方法抢夺线下店的流量，我们曾被迫关闭上百家线下店。而现在，不仅被抢走的流量回来了，还有更多的用户愿意走到线下来"。

问题：

1. 根据案例探讨：面对电子商务的飞速发展，企业应如何布局线上线下的市场？
2. 根据本案例谈谈你如何理解当今的"新零售"概念。

（资料来源：搜狐 http://www.sohu.com）

小 实 训

熟悉电子商务相关平台

一、实训目的

了解各电子商务平台的内容和作用。

二、实训内容

仔细浏览百度、阿里巴巴、淘宝、京东商城、招商银行网站(一网通)、申通快递官网、安徽省国税局等官网,学会从各网站获取以下问题的答案:

1. 各网站的导航栏目有哪些特点?
2. 服务对象是哪些群体?
3. 网络在电子商务系统中的作用?

三、实训要求

请同学们把从网站上获取的信息,以团队分工协作的方式制作成主题PPT,并在全班汇报分享。

任务总结

本章首先给出电子商务的概念,通过对电子商务的解释,让学生了解到电子商务随着技术进步始终处于发展进程中,同时树立"电子商务是现代商业的基本形态"的观念,避免将电子商务看成与"传统商务"对立的商务形式,避免过多地把两者做逐项一对一的比较。对于电子商务的内涵,要求理解并掌握"信息流、资金流和物流"的具体内容,掌握电子商务的主要类型,即B2B、B2C和C2C模式,还要掌握电子商务的基本组成要素、电子商务概念模型以及电子商务运作的基本框架。通过了解我国电子商务的发展历程和全球电子商务的发展现状,能够正确认识电子商务的发展趋势和前景。电子商务经济是我国电子商务发展到一个相对成熟阶段的表现,也是新一代信息技术在我国经济信息化建设中得到深入应用的结果。电子商务经济将基于其需求、供给两个层面,通过电子商务应用与电子商务服务业去促进中国经济的转型升级,在云计算、物联网、移动通信等新一轮信息技术革命的驱动下,电子商务将不断创新应用模式,充分发挥其对经济社会的巨大推动作用。

参考文献

[1] 朱孝立,罗荷香. 新编电子商务教程[M]. 2版. 合肥:中国科学技术大学出版社,2012.

[2] 宋文官. 电子商务概论[M]. 3版. 北京:高等教育出版社,2013.

[3] 司爱丽. 新编电子商务实用教程[M]. 西安:西安电子科技大学出版社,2010.

[4] 陈小芳. 电子商务概论[M]. 北京:北京交通大学出版社,2016.

[5] 孙若莹,王兴芬. 电子商务概论[M]. 北京:清华大学出版社,2012.

[6] 第39次中国互联网络发展状况统计报告[EB/OL]. 中国互联网络信息中心. www. cnnic. cn.

[7] 我国电子商务发展历程、现状分析[EB/OL]. 中国电子商务研究中心. http://www. 100ec. cn/detail-6170951. html.

[8] 王炳南. 国内外电子商务的现状与发展[EB/OL]. 中国人大网. http://www. npc. gov. cn/npc/xinwen/2017-06/29/content_2024895. htm.

[9] 1995～2015中国电子商务发展史话[EB/OL]. 阿里研究院. http://www. aliresearch. com/blog/article/detail/id/20528. html.

第 2 章　电子商务运营模式

学习目标

知识目标：掌握 B2B、B2C、C2C 三类电子商务运营模式。

能力目标：深入了解各代表性电子商务网站，能运用电子商务运营模式分析各电子商务平台。

本章内容结构

- 2.1　B2C 电子商务
- 2.2　B2B 电子商务
- 2.3　C2C 电子商务
- 2.4　其他电子商务模式

案例导入

阿里模式

马云在电子商务领域的长期思考和实践经验是阿里巴巴(简称阿里)的资源禀赋优势。阿里将向买卖双方提供开放的在线交易平台作为利基市场，将交易平台规模化收益管理作为核心战略。在早期，阿里重点解决有效供给不足的问题，淘宝通过免费策略吸引了大量卖家进入到开放平台。在成为行业领导者之后，阿里更进一步提升有效需求，从而提升了开放平台的交易质量。为此，阿里分拆了淘宝和天猫，将重要资源投注于构建开放平台的互联网经济模式，致力于打造一个无所不有、无所不能和无所不及的开放平台。阿里还联合卖家加大了广告、促销、品牌推广等方面的投入，持续刺激开放平台的整体参与率、活跃度和购买力，使网站流量和会员数量都得到了显著增加，阿里逐渐形成了“软硬结合”的创新商业模式和“开放平台利润模式”。阿里在开放平台管理方面的积极探索与创新成就了独特的“阿里模式”。

在现金流上，阿里借助天猫建立优质卖家遴选机制以后，经营性现金流入能力显著提升。除卖家进场相关费用之外，在线广告和产品搜索服务、支付宝衍生金融服务均是阿里的收入来源。

在产品流管理方面，阿里平台本身并不参与产品的买卖交易，产品供给资源由所有的第三方卖家提供，虽然阿里平台本身具有规模优势，但难以转化为单一卖家的范围经济优势，如开放平台下快递速度的不可控就令单一卖家难以获得更大范围的网络效应优势。

提出任务

运营模式指做生意的方法，是一个公司赖以生存的模式，一种能够为企业带来收益的模式。运营模式规定了公司在价值链中的位置，并指导其如何赚钱。在分析运营模式的过程中，应主要关注企业在市场中与用户、供应商、其他合作方的关系，尤其是彼此间的物流、信息流和资金流。电子运营模式，就是指在网络环境中基于一定技术基础的商务运作方式和盈利模式。研究电子商务运营模式的理论模型有很多，但获得业内一致认同的是以企业和消费者为划分依据，主要划分为企业对消费者（B2C）、企业对企业（B2B）、消费者对消费者（C2C）的电子运营模式。那这三种运营模式具体是如何运作和盈利的呢？

解决问题

2.1 B2C 电子商务

2.1.1 B2C 电子商务的概念

B2C 即 Business to Consumer，是企业对消费者的电子商务，具体是指通过网络实现企业或商家机构与消费者之间的各种商务活动、交易活动、金融活动和综合服务活动，是消费者利用互联网直接参与经济活动的形式。B2C 是企业对消费者直接开展商业活动的一种电子商务模式，一般以直接面向客户开展零售业务为主，故又称之为网络零售。

2.1.2 B2C 电子商务的分类

B2C 电子商务的分类方式有很多，较常见的分类是依据交易的客体将 B2C 电子商务分为有形商品和无形商品与服务的电子商务模式两种。前者是间接电子商务，不能完全在网上实现，要借助传统手段的配合才能完成；后者是直接电子商务，可以完全通过网络进行。

1. 有形商品的电子商务模式

有形商品是指传统的实物商品。采用电子商务模式时，有形商品和服务的查询、订购、付款等活动在网上进行，但最终的交付活动还需借助传统的方式完成。这种电子商务模式也叫“在线销售”。有形商品的电子商务模式又可进行如下细分：

（1）按 B2C 网站涉及的商品种类可以分为综合型 B2C 和垂直型 B2C

① 综合型 B2C。综合型 B2C 模式最大的特点是商品种类齐全、数量庞大、覆盖范围广，并且拥有广泛的、为数很大的用户群体，但普遍存在供应链物流管理方面的问题，如：流程复杂、成本较高等。因为综合型 B2C 电子商务需要整合整个供应链，需要与成百上千的生产商、供应商进行合作和沟通，需要对数以万计的商品进行展示、宣传促销、物流配送、售后服务，需要为每一个消费者提供一对一的服务，这些都无法在短时间内通过技术创新获得，而必须经过一定时间进行积累。综合型 B2C 购物网站有：卓越亚马逊、当当网等。

② 垂直型 B2C。垂直型 B2C 一般专注于某一行业或某一类产品，有特定的消费者群体，能产生专业优势和品牌效应。垂直电商聚焦于细分市场，对行业和产品的理解更为深刻，因而也更容易做出特色，满足某一类用户群体的个性化需求。从商品分类来看，垂直型 B2C 网站类似于“专卖店”，商品单一，有助于产品细分，方便消费者选择；从营业额来看，只卖一类产品，人力物力都比较集中，有助于销售额持续增长；而且网站的物流管理相对于综合类网站更为高效、快捷。国内知名垂直电商网站有唯品会、聚美优品、凡客等。

（2）按 B2C 网站性质可以分为平台型 B2C 和自营型 B2C

① 平台型 B2C。平台型 B2C 模式是指 B2C 网络交易在第三方交易平台型的网站上进行，这个平台仅充当一个提供交易服务的中介的角色，平台本身不参加采购、库存、物流等工作。中小企业在人力、物力、财力有限的情况下，往往青睐这种第三方 B2C 交易平台，将其作为拓宽销售渠道的途径。国内知名购物平台“天猫”就属于这种模式，天猫商城本身并不参与商品的销售和服务，商品的销售、配送和售后服务均由入驻平台的卖家自己负责，而卖家入驻天猫平台则需要支付入驻费用和保证金。

② 自营型 B2C。自营型 B2C 也称自主销售式 B2C，指电商企业自己生产或进货、销售、发货、核算等。这种模式下的产品质量相对有保障一些，盈利的主要来源是生产过程的价值增值或进货与销货的差价。例如京东是中国最大的自营式电商企业，不过近年来，京东也在逐渐开放自己的平台，让其他供应商入驻京东平台。

（3）按 B2C 企业类型可分为传统生产企业网络直销型 B2C、传统零售商网络销售型 B2C 和纯网商

① 传统生产企业网络直销型 B2C。它指传统生产企业通过互联网直接向消费者销售商品，而不是通过中间商来销售。在电子商务大潮的影响下，传统企业纷纷进军电子商务，建立官网在网上直接销售产品。互联网应用的成熟和网民品牌意识的提高，也为传统企业提供了机遇。如：海尔、华为等生产企业都建立了自己的官网销售产品。

② 传统零售商网络销售型 B2C。传统零售网络销售型 B2C 是指传统零售商自建网站销售，将丰富的零售经验与电子商务有机地结合起来，有效地整合传统零售业务的供应链及物流体系，通过业务外包解决经营电子商务网站所需的技术问题，典型代表有：苏宁易购、国美在线、1 号店等。

③ 纯网商。纯网商指只通过网上销售产品的商家，它们没有实体店。纯网商主要有自产自销和经销两种。如：凡客就属于自产自销的纯网商；京东、当当属于经销的纯网商。

2. 无形商品与服务的电子商务模式

网络本身既有信息传递的功能，又有信息处理的功能。因此，无形商品与服务，如信息、计算机软件、视听娱乐产品、信息服务等一般可以通过网络直接向消费者提供。无形商品与服务的电子商务主要有以下3种：

(1) 网上订阅模式

消费者通过网络订阅企业提供的无形商品与服务，并在网上直接浏览或消费。这种模式主要是一些在线企业用来销售电子刊物、视频节目、网络游戏等。

(2) 广告支持模式

在线服务商免费向消费者提供在线信息服务，其营业收入主要靠网站上的广告来获得。这种模式虽然不直接向消费者收费，但却是目前最成功的电子商务模式之一。

(3) 网上赠予模式

这种模式经常被软件公司用来赠送软件产品，以扩大其知名度和市场份额。一些软件公司将测试版软件通过因特网给人免费提供，用户可自行下载、试用，也可以将意见和建议反馈给软件公司。用户对测试软件试用一段时间后，如果满意，则有可能购买正式版本的软件。

2.1.3 B2C电子商务的交易过程

目前大多B2C购物网站交易的流程主要可归纳为如下7个步骤，如图2.1所示。

(1) 注册新用户。根据页面提示，填写用户名、密码、邮箱等个人信息，完成注册。

(2) 挑选商品。通过搜索框、分类导航或页面促销活动找到想要购买的商品。

(3) 放入购物车。挑选好商品后，在商品详细页面点击“放入购物车”按钮，将商品放入购物车，并可以通过点击“＋”或者“－”来修改商品的购买数量，也可以点击“删除”将该商品从购物车中删除。

(4) 订单确认。确认购物车中的商品后，点击“去结算”，进入订单确认页面，依次输入收货信息、支付方式、配送方式、发票信息等，确认后提交。

(5) 订单支付。订单提交成功后，点击“立即支付”在线完成付款。

(6) 卖家受理订单并发货。

(7) 买家确认收货并评价。

图2.1 B2C网络购物流程图

2.1.4　B2C 电子商务的盈利模式

我国 B2C 电子商务网站的营业收入大多与企业的 B2C 电子商务运营直接相关，B2C 电子商务网站的盈利模式主要有以下 3 种：

1. 产品销售

企业 B2C 网站的商品与服务交易的收入是大多数企业的 B2C 电子商务网站的主要盈利来源，是现阶段最主要的 B2C 电子商务盈利模式之一。平台式 B2C 电子商务网站和自主销售式 B2C 电子商务网站的盈利模式不同。

(1) 平台型 B2C 电子商务网站的盈利模式

平台型 B2C 电子商务网站没有自己的产品，只为各企业商家提供 B2C 平台服务，通过收取平台入驻费用、交易手续费、加盟费等来实现盈利。平台型 B2C 电子商务网站不仅收取加入网站平台的店铺费用，还根据企业店铺的需求提供不同的服务，收取不同的服务费和保证金。其典型代表是天猫商城。

(2) 自主销售型 B2C 电子商务网站的盈利模式

自主销售型 B2C 电子商务网站是企业销售类 B2C 商城或 B2C 网站，企业在平台出售产品，以在平台上销售产品为主要盈利方式，需要自行开拓采购供应商渠道，并构建完整的仓储和物流配送体系或者发展第三方物流加盟商，还要满足消费者购买产品后的物流配送服务。这种模式下，打折优惠是吸引消费者的最佳方式，低廉的价格能够吸引客户、提高点击率，使访问量持续攀升、交易额增加。其典型代表是京东商城，近年来，京东也逐渐对外开放平台，但仍然以自主销售为主。

2. 广告费

网络广告盈利是互联网经济的常规收益模式，B2C 电子商务网站提供弹出广告、旗帜广告、对联广告、漂浮广告、文字广告等表现形式。相对于传统媒体来说，在 B2C 电子商务网站上投放广告的独特优势在于：一方面投放效率较高，投放成本与实际点击效果直接关联；另一方面 B2C 电子商务网站可以充分利用网站自身提供的产品或服务来吸引消费群体，对广告主的吸引力也很大。这种盈利模式能否成功的关键是企业自身的 B2C 电子商务网站能否吸引大量的广告，能否吸引广大消费者的注意。

3. 网站的间接收益

除了靠将自身创造的价值变为现实价值获取利润外，企业还可以通过价值链的其他环节实现盈利，具体如下：

(1) 网上支付收益

当 B2C 网上支付拥有足够的用户时，就可以通过其他途径来获取收入，如：可以利用用户付款和支付时间差产生的巨额资金进行投资。

(2) 网站物流收益

我国 B2C 电子商务的交易规模已经很大，由此产生的物流市场也很大。如：B2C 电子商务网络将物流纳为自身的服务、网站的服务，网站不仅能够获得物流的利润，还能为用户创造更多的价值。不过B2C电子商务网站将物流纳为自身服务的成本非常高，需要建立实体配送系统，而这需要有强大的资金做后盾。

2.1.5 B2C电子商务的发展

2010年以后中国网购零售市场B2C的占比迅速提升，2015年B2C市场规模达到2万亿元，同比增长近60%，约占网购零售市场的53%。在B2C模式中，天猫和京东占据80%以上的市场份额。纵观近年B2C电商发展的动态和演进路径，可以看出B2C电子商务未来发展趋势，具体如下：

1. 由垂直走向综合，由自营走向开放，成为众多B2C平台的一致选择

一方面，对规模效应和范围经济的追逐，促进各大垂直平台纷纷向综合平台演进。如：家电领域的苏宁易购收购红孩子、缤购，进军图书、美妆和服装市场，上线旅游频道、酒类频道、彩票频道；美妆领域的聚美优品拓展服饰内衣、鞋包配饰、居家母婴等。另一方面，各大领先B2C平台通过平台开放，实现角色转型和商业价值延展。如：京东近几年借助POP平台，使业绩迅猛增长，苏宁易购推出苏宁云台等。平台开放拓展了多元化的盈利模式，从传统的进销差价转变为获取平台入驻费、店铺销售提成、网站展示位置的广告收益、关键词竞价收益以及店铺增值服务费用（如：仓储租赁费、物流费、数据分析工具等）。同时，通过平台开放降低了自营业务在资金投入和团队运营方面的压力，可以迅速延展品类，更好地向综合型平台发展，以获取范围经济，并提升用户的活跃度和黏性。

2. 新型B2C平台模式引爆蓝海市场

我国电子商务经过10多年的发展，在图书、3C及服装、洗护、家居等百货领域日益成熟，无论是平台竞争还是用户网购渗透率都已接近饱和；而以农产品、生鲜、医药、本地生活服务为典型代表的民生领域仍存在较大的发展空间，成为当前各大电商平台拓展的重点市场。同时，跨境电商将是未来电商平台追逐的新风口。跨境B2C平台包括进口跨境B2C平台和出口跨境B2C平台。进口跨境B2C平台，包括传统综合型电商平台上线跨境业务，如：天猫国际、京东海外购、走秀网、聚美极速、唯品会、顺丰海淘、苏宁海外购、1号海购等，也包括新型主体自建进口跨境B2C平台，如：海豚村、西游列国、蜜芽宝贝等。出口跨境B2C平台，分为传统电商平台，如eBay、Amazon等；自建独立出口跨境B2C平台，如兰亭集势、环球易购、米兰网、全麦网等。

3. 从标品到非标品，从低价到高价，从商品到服务，成为B2C平台的品类演进路线

从标品到非标品体现的是用户从追求功能价值到追求情感价值的变迁。电商1.0时代，是用户习惯培养阶段，图书和3C等标品更利于降低用户的信任成本。同时，用户对标品的消费更多追求的是商品的功能价值，随着用户网购习性的培养和消费文化的升级，用户对情感价值和文化价值的追求逐渐引爆了非标品市场，如食品、美妆、生鲜、本地生活服务等。

从低价到高价体现的是用户追求价格向追求价值消费的升级。用户消费能力的升级、品牌电商的崛起、线下服务的完善，共同推动了诸如奢侈品、珠宝、艺术品等电商的兴起。从商品到服务体现的是用户从追求商品消费体验到线下服务体验的转变。本地生活服务类电商涵盖衣食住行（如：餐饮、零售、票务、旅游、出行、奢侈品等）、居家理财（如：房产、家居、装修、社区、汽车后市场、金融等）、结婚育子（如：婚庆、教育、母婴等）、健康美业（医疗、体检、美甲、美容等）诸多领域。

4. 精细化运营和价值深耕成为各大 B2C 平台未来的核心战略

经过数年野蛮式的增长，国内电商发展的流量红利将逐渐消失，各类电商平台在进一步延伸品类规模的同时，将不断提升精细化运营能力，如仓储物流、会员管理、产品规划、精准营销、大数据分析等，以打造自身的核心竞争优势。大数据将成为各类电商平台提升精细化运营能力的利器。

5. B2C 平台纷纷布局线下渠道，O2O 成行业大势

B2C 平台纷纷构建 O2O 发展体系，进行流量入口和场景入口的整合。如：天猫投资高德，与银泰网在“双 11”联合试水 O2O；万达影城入驻支付宝。天猫已实现了“四通八达”的 O2O 场景，实现了会员 CRM 和导购 CRM 的系统支撑。2014 年 8 月，腾讯、百度、万达开启抱团式 O2O 战略合作，将打通账号体系、会员体系、积分体系，实现数据融合、WiFi 共享、产品整合、流量引入等。

6. 移动电商成为各大 B2C 平台布局的重点

移动互联网时代，智能手机、3G/4G 网络、LBS 服务的完善以及诸如移动游戏、移动打车、手机银行等的逐渐成熟对用户移动支付习惯的培养，催生了国内移动电商业务的井喷式发展。各大主流电商平台纷纷布局移动端渠道：一方面纷纷推出独立 APP；另一方面发展移动社交和社会化营销，获取更大流量和用户黏性。

7. 预售和定制化电商方兴未艾，C2B 模式日渐兴起

电商发展已从价格导向进入价值导向阶段，且消费者从关注功能价值向关注情感价值转变，个性化需求日渐凸显，预售模式和定制化成为未来 C2B 模式的核心趋势。

8. 领先 B2C 平台纷纷推出金融服务产品

从经营产品向经营用户转型，是各大平台的战略重心。掌控了用户流量入口的各类互联网平台，包括门户、社交、搜索、电商等，均通过对用户行为数据的沉淀和挖掘，来大力发展金融类业务，互联网金融和供应链金融已渐成各类互联网平台的标配。

9. 电商平台的马太效应日益凸显，差异化竞争是唯一出路

B2C 电商平台已成马太效应格局，赢家通吃的丛林法则尽显无疑。在互联网标榜去中心化和流量碎片化的外衣下，实则是“帝国的本色”。B2C 平台要打破天猫、京东寡头垄断，必须在商业模式上构建差异化策略。

10. 跨平台合作整合流量资源，成为平台竞合的典型特征

一方面，当前国内 B2C 平台呈现出典型的马太效应和二元格局，垂直类 B2C 平台流量

获取的难度和成本加剧，主动寻求与寡头型 B2C 平台开展合作，提升平台知名度、获取新流量、开展全渠道运营，成为必然之选。如：当当网、1 号店、唯品会、银泰网、走秀网、麦包包等纷纷入驻天猫；酒仙网、乐蜂网、手礼网、我买网、顺丰优选、优购网等纷纷“拥抱”京东。而对于天猫、京东寡头型 B2C 平台而言，积极与品牌商、供货商、零售商及物流在内的各类第三方服务商共建生态体系，快速补全品类资源，覆盖更广阔的目标客群和细分市场，也是未来平台发展的核心战略。

另一方面，电商平台的投资并购也日益成为行业竞合的新常态。尤其对于在电商领域相对弱势的百度（信息入口）和腾讯（社交入口）而言，纷纷通过收购来布局电商，获取交易入口。

微思考

京东与天猫的商业模式对比

现在的天猫（原淘宝商城）与京东是最火的网络购物网站。无论是在产品档次还是价格等重要因素上，一般的消费者对两者的感觉是差不多的。其实不然，二者在属性上有很大不同。

天猫像一个商场的地产服务商，把商场内的店铺出租给各个商家，然后让商家各自经营自己的店铺，天猫则是商场的管理者，负责制定商场规则与物业管理方面的工作，是一个第三方开放平台。对于企业，企业进驻天猫后，需要自己成立专门的部门进行网络营销，如推广、客服、物流、售后等。而对于消费者，如果在购买了多个企业的多种产品时出现了问题，则需要面对与众多商家打交道的状况。天猫的盈利模式有：技术服务年费和实时划扣技术服务费；广告收入和关键词竞价收费；软件和服务收费；天猫商城本身并不参与商品的销售和服务，商品的销售、配送和售后服务均由卖家自己负责，从而大大降低了天猫商城的配送和售后服务成本。

京东则像是传统的沃尔玛超级市场。供货商把货物供给京东，然后货物的管理、销售、售后服务都由京东包干。在本质上，京东是一个大型批发商。对于企业，企业进驻京东后，只需要负责供货和相关工作就可以了，不用自己进行直接网络营销。而对于消费者，如果在购买了多个企业的多种产品时出现了问题，则只需要与京东打交道就可以了。京东的盈利模式有：以低价甚至牺牲毛利润的方式来获得大规模销量，从而获得利润；虚拟店铺出租费，如店铺租金、产品登录费、交易手续费；资金沉淀收入，利用收到的顾客货款和支付供应商的时间差产生的资金沉淀进行再投资从而赢利；广告费；靠厂商返点和其他补贴获利。

（资料来源：http://www.eczhidi.com/edu/135.html）

天猫和京东一个是平台，一个是自营，你更看好哪家呢？

2.2　B2B电子商务

2.2.1　B2B电子商务的概念

B2B即Business to Business，是指企业与企业之间通过互联网进行产品、服务及信息交换的电子商务活动，也称批发电子商务，如图2.2所示。它将企业通过B2B网站与客户紧密结合起来，通过网络的快速反应，为客户提供更好的服务，从而促进企业的业务发展。通俗地说，B2B是指进行电子商务交易的供需双方都是商家(或企业、公司)，它们使用各种商务网络平台完成商务交易。

图2.2　B2B

2.2.2　B2B电子商务的优势

通过B2B的交易方式买卖双方能够在网上完成整个业务流程，从建立最初印象到货比三家，再到讨价还价、签单和交货，最后到客户服务。B2B电子商务帮助企业减少许多事务性的工作和管理费用，降低了企业经营成本。其优势具体表现在如下方面：

(1) 降低了信息成本。距离越远，通过网络进行信息传递的成本相对于信件、电话、传真的成本而言就越低。此外，还缩短了时间并减少了数据的重复录入。

(2) 买卖双方通过网络进行商务活动，减少了交易的中间环节。

(3) 卖方可通过互联网络进行产品介绍、宣传，避免了传统广告、印发宣传品等产生的大量费用。

(4) 电子商务实行“无纸贸易”，这样可以大大减少文件处理费用。

(5) 互联网使得买卖双方可以即时沟通供需信息，使无库存生产和无库存销售成为可能，从而使库存成本显著降低。

(6) B2B交易减少了交易环节，缩短了从发出订单到货物装运的时间，提高了交易效率。

2.2.3 B2B电子商务的分类

目前市场上运营的B2B电子交易大体分为3类:综合平台交易模式、行业性平台交易模式和企业专用平台交易模式。埃森哲研究表明:企业大多将以模式组合的方式参与电子化交易,而对不同交易模式的选择要看企业的不同业务需要。目前并不存在一种万能的交易模式。

1. 综合平台交易模式

综合平台交易模式主要是提供一个综合贸易平台,参与者可享受产品信息发布、厂家信息发布与认证、交易促成等服务,同时该平台也可以为企业提供一般性问题解决方案。该模式也被称为"水平B2B",其价值主张为:帮助客户在全球范围内寻找贸易伙伴,提供一站式的业务服务平台,对业务关系实施虚拟化管理以及获取全球各地的价格信息,其实质是第三方电子商务平台。阿里巴巴、慧聪网等都是这种类型的B2B电子商务平台。

2. 行业性平台交易模式

行业性交易平台是传统企业充分利用互联网新技术手段以及行业资源和购买力而实施的一种电子商务战略。这种电子商务平台一方面利用网上交易为企业创造价值,提升行业供应链的竞争力;另一方面通过制定行业标准、组织中间采购对B2B服务进行有效管控,同时为业内企业集中提供丰富的信息内容,包括行业新闻、行业教育、职位招聘以及提供面向行业的专门化服务。我的钢铁网、中国化工网等都是这种类型的B2B电子商务平台。

3. 企业专用平台交易模式

每种B2B交易模式都在不同程度上延伸着企业价值链,与上下游企业实现不同程度的信息共享和流程电子化协同。而企业专用平台交易模式能使企业与其贸易伙伴间实现最深程度的整合。它能充分发挥企业间的供应链协作机制,提高透明度和规范性。因此大多创建企业专用交易平台的企业一般都是供应链管理的领先者,它们在企业内部通过实施ERP等方法首先实现了企业内部供应链的有效整合与集成,通过提高预测、库存等数据的准确性和业务规范性为企业间协同作业奠定了坚实基础,并希望通过供应链拓展与合作伙伴建立端对端的供应链交付服务协同作业,以提高在供应链水平层面而非产品层面的竞争力。海尔、联想就是这种自建网站运作B2B模式。

2.2.4 B2B电子商务的交易过程

以综合B2B平台为例,各交易主体关系如图2.3所示,B2B电子商务的交易具体过程如下:

(1) 买卖双方将各自的供应和需求信息通过网络提交给网络商品交易中心,网络商品交易中心通过信息发布服务向参与者提供大量的、详细的、准确的交易数据和市场信息。

(2) 买卖双方根据网络商品交易中心提供的信息,选择自己的贸易伙伴,同时网络商品交易中心从中撮合，促使买卖双方签订合同。

(3) 买方在网络商品交易中心指定的银行办理转账付款手续。

(4) 指定银行通知网络交易中心买方货款到账。

(5) 网络商品交易中心通知卖方将货物发送到交易中心设在买方最近的配送部门。

(6) 配送部门送货给买方。

(7) 买方验证货物后通知网络商品交易中心货物收到。

(8) 网络商品交易中心通知银行买方收到货物。

(9) 银行将买方货款转交卖方。

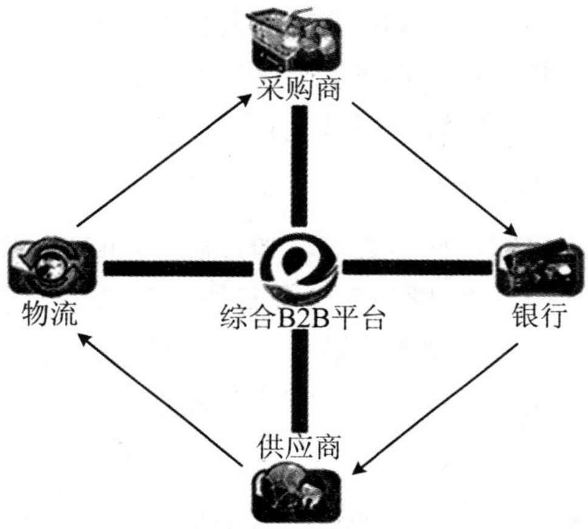

图 2.3　综合 B2B 平台各交易主体关系

2.2.5　B2B 电子商务的盈利模式

目前 B2B 电子商务盈利模式主要有：会员费、广告费、竞价排名、增值服务、线下服务、商务合作、按询盘付费、交易佣金等。

1. 会员费

企业通过第三方电子商务平台参与电子商务交易，必须注册为 B2B 网站的会员，每年要交纳一定的会员费才能享受网站提供的各种服务，目前会员费已成为我国 B2B 网站最主要的收入来源。如：阿里巴巴网站国际站（www.alibaba.com）的中国供应商会员费和国内站（www.1688.com）的诚信通会员费等。

2. 广告费

网络广告是门户网站的主要盈利来源，同时也是 B2B 电子商务网站的主要收入来源。如阿里巴巴网站的广告根据其在首页的位置及广告类型来收费。广告一般有弹出广告、漂浮广告、旗帜广告、文字广告等供用户选择。

3. 竞价排名

企业为了促进产品的销售，都希望在 B2B 网站的信息搜索中将自己的排名提前，而网站在确保信息准确的基础上，根据会员交费的不同对排名顺序做相应的调整。阿里巴巴的竞价排名是诚信通会员专享的搜索排名服务，当买家在阿里巴巴搜索供应信息时，竞价企业的信息将排在搜索结果的前三位，从而被买家第一时间找到；中国化工网的化工搜索是建立在全球最大的化工网站基础上的化工专业搜索平台，可对全球近20万个化工及化工相关网站进行搜索，搜录的网页总数达5000万，也采用搜索竞价排名方式来确定企业排名顺序。

4. 增值服务

B2B网站通常除了为企业提供贸易供求信息以外，还会提供一些独特的增值服务，包括企业认证，独立域名，提供行业数据分析报告，搜索引擎优化等。如：现货认证是针对电子行业提供的一种特殊增值服务，因为通常电子采购商比较重视库存。伊西威威(ECVV)B2B平台针对电子型号做的谷歌排名推广服务，就是搜索引擎优化的一种。根据行业的特殊性去深挖客户的需求，可以提供具有针对性的增值服务。

5. 线下服务

线下服务主要包括展会、期刊、研讨会等。通过展会，供应商和采购商面对面交流，一般的中小企业比较青睐这种方式。期刊主要包含行业资讯等信息，期刊里也可以植入广告。环球资源网的展会收入现已成为其重要的盈利模式，占其收入的三分之一左右；ECVV国际贸易网所组织的线下展会和采购会也取得了不错的效果。

6. 商务合作

商务合作包括广告联盟、政府、行业协会合作、传统媒体的合作等。广告联盟通常是指网络广告联盟，亚马逊通过这个方式已经取得了不错的成效；但在我国，联盟营销还处于萌芽阶段，大部分网站对于联盟营销还比较陌生。国内做得比较成熟的几家广告联盟有百度联盟、谷歌联盟、淘宝联盟等。

7. 按询盘付费

区别于传统的会员包年付费模式，按询盘付费模式是指从事国际贸易的企业不按照时间来付费，而是按照海外推广带来的实际效果，即海外买家实际的有效询盘来付费。尽管B2B市场发展势头良好，但B2B市场还是存在发展不成熟的一面。这种不成熟表现在B2B交易的许多先天性交易优势，比如在线价格协商和在线协作等还没有充分发挥出来。因此传统的按年收费模式越来越受到以ECVV为代表的按询盘付费平台的冲击。

按询盘付费主要有四大特点：零首付、零风险；主动权、消费权；免费推、针对广；及时付、便利大。企业零投入就可享受免费全球推广，成功获得有效询盘后，在辨认询盘的真实性和有效性后，只需在线支付单条询盘价格，就可以获得与海外买家直接谈判成单的机会，主动权完全掌握在供应商手里。

8. 交易佣金

企业通过第三方电子商务平台参与电子商务交易，必须注册为B2B网站的会员，每年不需交纳会员费，就可以享受网站提供的服务，只在买卖双方交易成功后收取佣金费用。如敦煌网采取佣金制，免注册费，佣金比例为2%～7%。

2.2.6　B2B 电子商务的发展

国内 B2B 电子商务的发展主要经历了两个阶段：第一个阶段是信息阶段，主要是解决信息不对称性的问题，通过建立网络 B2B 平台，让买卖双方发布供求信息，彼此沟通交流商业信息，在这个过程中产生了新的商业机会；第二个阶段是服务阶段，也就是目前国内各行业 B2B 正在经历的阶段，由于第一个阶段大数据的积累沉淀，如今 B2B 不只是解决信息不对称问题，从销售管理到客户服务，再到供给侧生产供应链的改革，这是行业企业提升效率、重配资源、降低成本的一整套解决方案，而不再是一个商业模式，其更像一个生态系统，实现更好地服务于各个行业的各个细分产业的合作伙伴，实现合作共赢，共建 B2B 生态圈。

供给侧改革将成为 B2B 电商发展的新机遇，通过行业上下游资源的整合与合作、从对 B 端的交易服务，到深度服务甚至是定制化服务阶段，B2B 行业将面临 6 大重要发展趋势，具体如下：

1. 行业巨头"变身"平台方

供给侧改革关系到中国经济转型的平稳落地，尤其是中国传统企业的转型升级，未来以重点行业、特色产业为基础的 B2B 电商，将为中国高端制造业和现代服务业的发展赋予新动能。海尔集团为了将资源整合的效率最大化，拆掉企业的墙，"把海尔的墙打开，和全球连在一起"，通过整合全球资源，海尔实现了企业效益和社会效益的双赢。海尔创业平台不仅能够提供小企业不具备的战略协同能力，将平台上的制造、物流、分销等能力整合成生态系统，为创业企业提供服务；同时，海尔还搭建起共享平台，将财务、人力等基础服务变成信息化服务，让小企业降低成本、少走弯路。目前海尔平台上已有超过 100 个小微企业年营收过亿元，22 个小微企业引入风投，有 12 个小微企业估值过亿元。

2. 行业垂直细分越加服务化

垂直类 B2B 平台通过聚焦优势品类，在产品和服务上专注各自行业特点，形成专业壁垒。如：基于集散地分销模型的细分钢铁行业里，找钢网通过之前数据和交易的积累，开始与京东合作，尝试金融服务，另外开始做仓库、加工、物流，甚至自己设计管理软件，模仿易道用车、滴滴打车等，开发了钢铁行业的"滴滴打车"，服务范围越来越广，壁垒越积越强；在化工、塑料、石油、农产品等行业中，垂直领域 B2B 电商也从单纯的信息撮合，发展到行业的广度和深度的服务中来，如由盟大集团自主开发的塑料化工线上大宗交易平台"大易有塑"，通过优化开发制造流程，降低行业供应链成本，到提升产品和服务质量，再到确保交易安全，对于传统塑化行业资源和效率的提升有很大的价值和意义。

3. B2B 平台合作共享趋势

2016 年两会中，李克强总理在政府工作报告中强调，要大力推动包括共享经济等在内的"新经济"领域的快速发展，"促进分享经济发展""支持分享经济发展，提高资源利用效率，让更多人参与进来、富裕起来"。分享经济已经处在时代的风口。在 B2B 市场中，尽管有些 B2B 平台目前没有成为生态中最有话语权的一方，但 B2B 平台的资源优势为合作带来了空间，甚至这种合作可以在不同功能的B2B平台间发生。如：一个跨境B2B平台与具有跨境通关、货代、海外仓库等资源的B2B平台就存在合作的基础；本地服务型B2B平台与本地化物流B2B平台的合作。国内专业农食品快销服务平台俺有田与专业冷链物流配送信息平台码上配的合作，双方一个是专注于KA卖场和便利店供应链服务的公司，另一个是专注于中小客户冷链物流配送的信息平台，双方合作后彼此发挥其在商品流和物流方面的独特优势。

4. 地方特色产业链集群

国内很多地区都有自己的产业集群，如：虎门的女装、南通的家纺、温州的鞋帽等，这种依托于地方特色产业发展的产业带，面临着转型升级的迫切需求，随着"供给侧改革"和"中国制造2025"的提出，以重点行业、特色产业为基础的B2B电商，通过打通上下游产业链，促进产业优化重组，聚合当地产业带的好商家、好货源，在B2B电商平台上构建专属卖场，同时整合线上线下服务型资源，调动整个产业链由简单的空间集聚向专业化、系统化集聚，形成上下游的良性互动。这种组团式的B2B发展模式能显著提升传统产业带的辐射范围和竞争优势，同时还能随时根据市场反馈的需求，激励产业带内制造商的优化调整，带动传统产业带成功转型升级。

5. 产业深度服务趋势

国内目前有一部分B2B平台，已经从B2B第一阶段的交易平台阶段向深度服务发展，一般针对特定B类客户需求，通过细分市场深耕产业，聚焦各自品类优势，专注于各行各业的销售，提供专业化精细化的产品和服务，其专业性是综合类平台所不能及的。如：俺有田以"非标的农产品更加需要标准化的销售服务"为理念，打造"3专(专人、专柜、保量)9管理"重要客户服务部门(KA Store Service)服务标准，解决重点供应商卖不掉和卖不好的最大痛点。同时以"集采邦"(拼单+集采+垂直SaaS)比现有运营便利店的电商模式更务实、更高效地为一线快销品牌和中小超市、便利店服务。

6. B2B企业服务Saas模式

在中国，SaaS模式的B2B企业服务是云计算范畴中的一个重要组成部分，随着移动互联网的发展，在中国特殊国情下的企业也面临着海量的信息需求，云计算、移动互联网以及社交等技术，不断为B2B企业级服务平台创造良好条件，引领着中国企业步入黄金时代。近两年BAT等互联网巨头相继布局云计算产业，八百客、纷享销客、今目标、北森等本土SaaS模式B2B服务商悄然崛起，显示了资本市场对国内SaaS产业的投资热潮。未来10年中，互联网汽车、智能家居、智能硬件等基于大数据和云计算技术的产业的快速发展将会带来规模效应，中国SaaS—B2B市场会进入高速发展阶段。

2016年供给侧改革，将成为B2B电商发展的新机遇，从供给、生产端入手，通过解放生产力，提升竞争力，促进经济发展，核心在于提高全要素生产率，强调对于供大于求的产业需要进行整合，消除过剩生产力，对于供不应求的产业，需要增加供给来满足社会需求。未来占据中国电子商务近80%的市场份额的B2B行业电商，其用户在不同产业环节间形成黏性，以平台为中心整合上下游产业链，形成生态大圈，会为新供给、新业态提供更广阔的发展空间。

微 思 考

按效果付费是 B2B 电子商务的趋势

众所周知，目前 B2B 电商平台基本采用的是会员费、年费或者两者结合的收费形式。会员通过在 B2B 平台缴纳一定的会员费和年费，就能优先获得相应 B2B 平台建站、发布资讯和产品信息等服务。

确实，这种模式可以解决中小企业建站难的问题，然而昂贵的会员费、年费和不可预知的效果让企业领导们望而却步。他们普遍认为，B2B 网站不能对中小企业做针对性推广，企业投入的会员费和年费没有花到刀刃上，造成网络营销费用的浪费。其次，效果的不可预知让很多企业不知道自己投入会员费会有什么样的效果。

广告业有句名言："我的广告投入有一半是无效的，但我不知是哪一半。"这句话同样适用于中小企业电商应用中。众多中小企业选择 B2B 电商平台开展电商业务，投入年费和会员费，但能收到怎样的效果却是不可预知的，投入和收益之间的矛盾困扰着中小企业。B2B 平台传统收费模式遭受着不小的挑战。

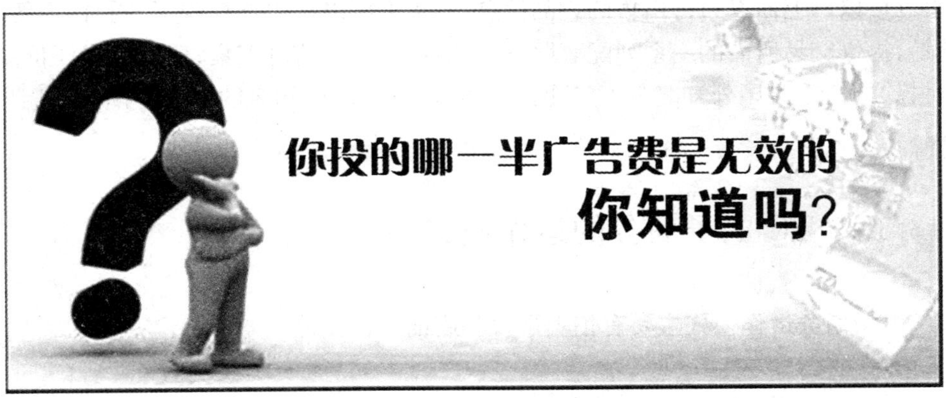

图 2.4　广告费的效果

为了解决中小企业投入和收益矛盾，一种新型模式——按效果付费正在悄然产生，并受到众多中小企业的青睐。

所谓按效果付费(Pay for Performance，简称 P4P)，就是服务需求方不是按照接受服务时间来付费，而是按照接受服务后带来的实际效果，也就是通过服务产生的实际的用户数量或是量化的潜在客户来付费。通过按效果付费，企业用少量投入就可以得到大量潜在客户，真正实现高效和无风险的网络营销投入，同时能快速有效提高企业销售额和品牌知名度，非常适合中小企业做网络推广，因而倍受中小企业欢迎。

有业内人士曾表示，按效果付费是网络营销的一次历史性革命。传统网络营销，主要靠宣传、曝光来收取年费和广告费，能否收到预期效果很难说。按效果付费，宣传、曝光、建站等都是免费的，只有潜在客户与企业达成交易后，才会收取一定的费用，突破了 B2B 平台的传统收费模式，使得企业投入和收益达到一种平衡。

按效果付费能使商家用最低的成本获得最高的收入，是互联网发展的又一创新，未来也可能会成为电子商务的主流营销模式。

（资料来源：站长之家 http://www.chinaz.com/news/2014/0319/344041.shtml）

中小企业为何青睐按效果付费模式？你知道哪些按效果付费的B2B电子商务平台？课后试着去了解这些平台。

2.3 C2C电子商务

2.3.1 C2C电子商务的概念

C2C即Consumer to Consumer，是指个人与个人之间的电子商务，一般需要通过C2C电子商务平台来进行。C2C电子商务通过电子商务网站为买卖双方提供一个在线交易平台，使卖方可以在上面发布待出售的物品信息，而买方可以从中选择购买，同时，为便于买卖双方交易，提供交易所需的一系列配套服务。如：协调市场信息汇集、建立信用评价制度、提供多种付款方式等。国外知名的C2C网站有eBay等，国内知名的C2C网站有淘宝、拍拍、易趣等。

2.3.2 C2C电子商务的运作模式

C2C电子商务运作模式主要有拍卖平台和店铺平台2种。

1. 拍卖平台运作模式

C2C电子商务企业为买卖双方搭建拍卖平台，按比例收取交易费用，可以保证卖方的价格不会太低，且不受地域限制卖给出价最高的人；买方也可以确保自己不会付出很高的价格。

2. 店铺平台运作模式

店铺平台运作模式是目前较为普遍的C2C运作模式。店铺平台运作模式是电子商务企业为个人开店铺提供平台，收取会员费，或通过广告或其他服务收取费用。国内第一家C2C平台易趣采取的是会员收费和交易佣金；国内最大的C2C平台淘宝，虽然免会员费，但是由于平台上卖家数量巨大，为了获得店铺流量，卖家不得不投入巨大广告资金，所以其广告收入非常可观。

2.3.3　C2C电子商务的交易流程

为了保障买方利益，C2C电子商务大多采用以第三方支付平台为中介的交易形式。下面以淘宝网为例，其通过支付宝这个第三方支付平台来完成交易。

(1) 买方在卖方的店铺浏览、选择商品并可以通过“旺旺”与卖方沟通。

(2) 买方确认订单后付款至支付宝，支付宝通知卖家发货。

(3) 买家确认收货，支付宝将款项划到卖家账户(若买方不确定收货，一段时间后，支付宝将自动将货款汇至卖方账户)。

(4) 交易成功后，买卖双方相互进行评价，具体流程如图2.5所示。

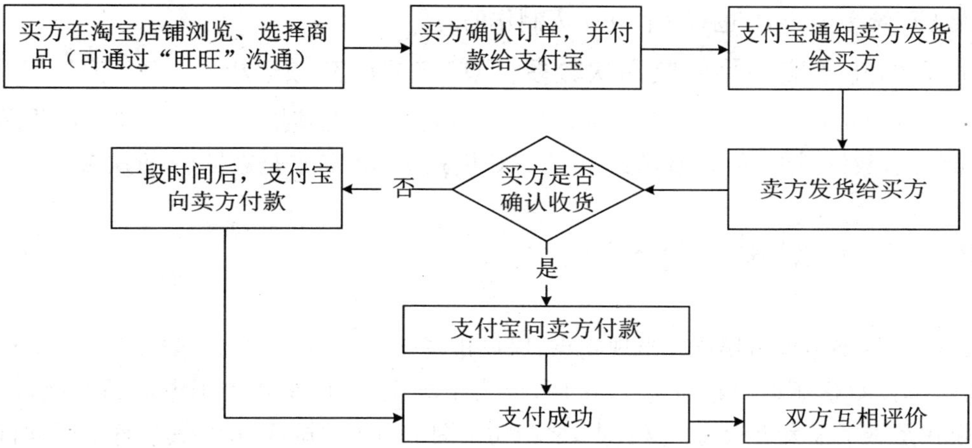

图2.5　淘宝网交易流程

2.3.4　C2C电子商务平台的特点

C2C电子商务平台在应用及实现的社会交易服务上具有如下特点：

1. C2C电子商务平台为个人消费者提供信息交流与商品交易的场所

C2C电子商务平台为有在线物品买卖需求的消费者提供了一个发布产品和获取信息的交流、交易场所。C2C平台改变了信息交流方式，扩大了信息交流范围。

2. C2C电子商务平台为买卖双方进行网上交易提供一系列的配套服务

信息流、资金流和物流是电子商务最基本、最核心的三个要素。C2C电子商务平台不仅向买卖双方提供信息交流的渠道，还要满足买卖双方资金和货品的交换需求，因此C2C电子商务平台为买卖双方提供相应的支付平台和物流系统、相应的工具、相应的客户服务等，还为交易双方做信用记录。

3. C2C电子商务平台上用户庞杂

C2C电子商务平台具有开放性等特征(而且大多是免费的),所以C2C电子商务平台的用户注册量庞大、用户身份复杂、很多卖家同时又是买家。另外,在C2C电子商务网站上开店的用户有些并不以赚钱为目的,而只是为了出售一些自己不需要了的物品,甚至有些只是将其作为一种消遣娱乐。

4. C2C电子商务平台上商品多,质量参差不齐

由于C2C平台上卖家众多,所以出售物品的信息也十分庞杂。C2C电子商务平台相当于把特色小店、地摊和跳蚤市场等统统融合在了一起。C2C电子商务平台上不仅有衣服、鞋帽、化妆品、家电、书籍等常用物品,也有各种各样的特殊产品,如:游戏点卡、个人收藏、顶级奢侈品等。此外,商品的质量参差不齐:既有全新的,也有二手的;既有正品的,也有仿冒的;既有大工厂统一生产的,也有小作坊个人制作的。

5. C2C电子商务平台交易次数多,但单次的成交额较小

C2C电子商务平台中参与交易的双方往往都是个人,尤其是买家,他们购买的物品通常都是单件的,数量很少;和B2B模式相反,C2C模式交易的特点是数量小、批次多。

2.3.5 C2C电子商务的发展

2015年网络零售市场首次出现拐点,B2C市场交易规模占51.6%,C2C市场交易规模占48.4%,B2C份额首次超过C2C份额,成为市场主体;但是在中国电商的发展过程中,C2C模式是做了很大贡献的。这一点,要归功于淘宝当年的振臂一呼,其培育了网购行为的习惯和意识,孕育了新的商业模式。然而,C2C的衰落和B2C的崛起是这几年的趋势。一方面,C2C模式滋生了大量不规范的交易,导致销售假冒伪劣商品、侵权、刷单等现象集中爆发,引发了国际知识产权的纠纷和非议;另一方面,整个中国电商行业也正从功能性主导进化到服务经济的阶段,以个人需求为中心的电商将是未来的发展趋势。假冒伪劣、侵权、售后服务差等C2C市场弊端显然与用户对品质日趋增高的要求背道而驰。

目前C2C模式存在的弊病具体表现在:首先,影响市场的公平竞争。众所周知,目前国家对C2C的监管政策相当松散,特别是不进行工商登记,相当于网店店主面对监管是隐身的,很容易逃脱执法和监管。导致现在个人网店严重售假、严重的知识产权侵权等问题和宽松的监管不无关系。此外,不纳税、逃避纳税和借助非正规渠道获取利润成为C2C模式中一些商户得以生存的“红利”。其次,泛滥的假货问题不仅给实体经济带来伤害,而且损害了中国电商和中国制造的品牌声誉。

2.4　其他电子商务模式

2.4.1　EDI

EDI,全称 Electronic Data Interchange,即电子数据交换技术。它是由国际标准化组织(ISO)推出使用的。它是一种为处理商业或行政事务,按照一个公认的标准,形成结构化的事务处理或消息报文格式,从计算机到计算机的电子传输方法。例如:国际贸易中的采购订单、装箱单、提货单等数据的交换。简单地说,EDI 就是按照商定的协议,将商业文件标准化和格式化,并通过计算机网络,在贸易伙伴的计算机网络系统之间进行数据交换和自动处理,俗称"无纸化贸易"。EDI 工作流程如图 2.6 所示。其交易过程如下:

(1) 发送方将要发送的数据从信息系统数据库提出,转换成平面文件(亦称中间文件)。

(2) 将平面文件翻译为标准 EDI 报文,并组成 EDI 信件,接收方从 EDI 信箱收取信件。

(3) 将 EDI 信件拆开并翻译成为平面文件。

(4) 将平面文件转换并送到接收方信息系统中进行处理。

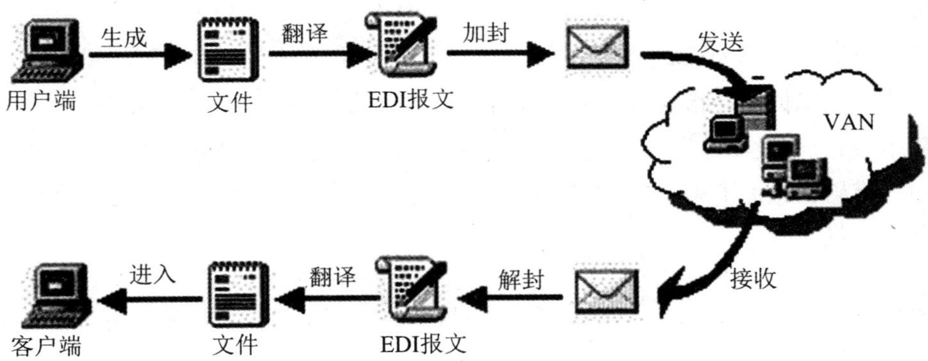

图 2.6　EDI 工作流程

EDI 一般具有以下特点:

(1) EDI 的使用对象是不同的组织,EDI 传输的报文,是企业间信息交流的一种方式。

(2) EDI 所传送的资料是一般业务资料,如:发票、订单等,而不是一般性的通知。

(3) EDI 传输的报文是格式化的,是符合国际标准的,这是计算机能够自动处理报文的基本前提。

(4) EDI 使用的数据通信网络一般是增值网、专用网。

(5) 数据传输由收送双方的计算机系统直接传送、交换,不需要人工介入操作。

2.4.2 O2O模式

O2O,即Online to Offline模式,是一种将线上电子商务模式与线下实体经济相融合,通过互联网将线上商务模式延伸到线下实体经济,或者将线下资源推送给线上用户,使互联网成为线下交易的前台的商业模式。

目前,我国的O2O模式主要有:团购网站模式、二维码模式、线上线下同步模式等。

1. 团购网站模式

"你如果不知道O2O,至少知道团购。但团购只是冰山一角,只是第一步。"著名学者李开复如是评论。团购网站模式是指消费者通过线上的团购网站获取线下商家的商品或服务的优惠信息,消费者通过网络挑选商品或服务并进行支付,并在线下实体店获取商品或享受服务的形式。

2. 二维码模式

二维码模式是指消费者在线下使用手机等移动终端扫描商家的二维码信息,实现在线购买或者关注线上商家的产品或服务的商业模式。二维码模式作为O2O的另一种形式,它是把线下引入到线上,与团购网站模式正好相反。消费者可以通过扫描商家的二维码,直接登录商家的网站,在线购买商品或服务;或者移动终端添加商家的微博、微信,获取商家的最新促销信息。

3. 线上线下同步模式

线上线下同步模式是指互联网电子商务模式的企业和商家,将商品或服务形式扩展到实体经济中,通过开设实体店等形式实现线上线下同步发展。消费者可以到实体店中通过扫描店内二维码在线上下单,也可以在线上商城直接下单,到实体店提货或享受服务,将线上和线下全面打通。

大讨论

综合性电商势头正劲 垂直电商该如何突围?

垂直电商聚焦于细分市场,对行业和产品的理解更为深刻,因而也更容易做出特色,满足某一类用户群体的个性化需求,有其存在的市场价值。不过在电子商务飞速发展的10年多时间里,垂直电商的发展却一直难以令人满意,虽然有唯品会、聚美优品等少数几个明星行业,但不如意的占绝大多数。我们已经看到红孩子贱卖给苏宁、麦考林逐渐枯萎、凡客正在经历转型之困,更有一大批曾经的明星企业如维棉网、品聚网、初刻等淡出了人们的视野。

最近两年综合性电商平台的发展势头越来越猛,抢走了几乎所有的风头,占据了绝大部分的市场份额。在它们的挤压下,垂直电商更是一片沉寂,几乎没有还手之力,逝者已逝,生者也在遭遇着流量和交易额的持续下滑。这其中的原因是什么?垂直电商又该如何破题呢?

垂直电商的商业逻辑困境

垂直电商企业今日的困境是由多重因素造成的,其中有商业模式固有的缺陷,也有自身经营的问题,具体如下:

(1) 垂直电商的模式之殇

垂直电商是相较于综合性电商而言的,相比后者的全品类覆盖,大多数的垂直电商聚焦在某一个细分品类上,这样使得垂直电商在商业模式上有一些天然的缺陷需要克服,以至于很多人在讨论垂直电商是不是一个“伪命题”。

首先,消费者对一站式购物有着天然的需求,因为这样最方便,再加上综合性电商平台上各种有效的会员激励措施,更能刺激消费者在一个平台上完成所有商品的采买。在选择商品时,消费者也更倾向于面对丰富多样的商品,而不是有限的几个选择,这点在线下也是一样的。对于垂直电商而言,时常面临着品类管理的困惑,因为一般来说20%的畅销品类占据了80%的销售额,如果砍掉了剩下80%的品类,则品类的丰富度会大幅降低,影响用户体验;如果补充剩下80%的品类,则会造成库存成本的大幅上升。总之由于上述这些原因,综合性电商平台具有越来越强的规模效应,用户的黏性也越来越大。

其次,对于零售来说要完成交易就需要有足够多的流量,这点不管是在线上还是线下都是相同的,不过线上和线下的流量结构是完全不一样的。线下最重要的是“地段”,本质上是人流,选好了位置就注定会有很多自然流量。但是线上则完全不一样,线上的流量更加集中,除了依靠品牌效应逐渐提升自然流量的占比以外,还需要去搜索引擎、门户网站或者通过联盟的方式购买大量的流量。目前互联网的整体流量价格都很贵,获取新用户的成本也就非常高,如果花钱买过来的流量形成不了较高的转化,或者是用户转化一次就流失掉了,那么企业就始终要花很多的钱去做营销,一旦营销费用减少随之而来的就是流量和销售收入的锐减,这是很多垂直电商面临的问题。在这种情况下,对于很多企业来说一旦资本市场停止输血,遭遇困境就是注定的。而对于综合性电商来说,由于品类更加丰富,用户基数也更大,相对摊薄了昂贵的流量购买成本。因此,我们看到京东的营销费用营收占比基本维持在2%,而绝大多数的垂直电商则在10%以上,更为疯狂的时候甚至可以达到50%,这样的商业模式是很难持续的。

(2) 垂直电商的经营问题

我们上面谈到了垂直电商商业模式上的缺陷,但其实模式很大程度上无所谓好坏,也并不会十全十美,只是针对不同的商业模式需要有完全不同思维和逻辑,可惜的是很多企业一上来就踏错了节奏,所以失败在所难免。

垂直电商讲究的是更专业化的运营,通过差异化的商品或者服务与消费者产生更多情感上的交互,从而产生综合电商所无法复制的用户忠诚度和黏性。不过我们看到的却是,大多数垂直电商与综合电商相比经营的商品毫无差别,甚至由于物流体系的缺陷,提供的服务反倒不如京东等综合电商平台,而所谓的垂直只是做到了表面货品的垂直,运营并不专业,反而落入了价格竞争的怪圈,毛利率持续走低。

这背后的原因与几年前整个电子商务行业浮躁的氛围有很大的关系,大家所有的焦点都在企业的规模上，或者是为了拼命地拉开与竞争对手的距离，也或者是为了下一轮融资的数额，又或者是为了为数不多的那几个上市的名额。这其实都无可厚非，因为零售本身就是一个非常讲求规模效应的生意，没有规模就难以形成对供应商的议价能力，也无法有效地摊薄各项运营费用，没有一定规模的企业注定很难获得太大成功。但需要明确的是电子商务并不仅仅是一个规模的游戏，更是一种成本上的竞争，对管理的精细化有着非常高的要求。对于垂直电商来说，还需要在商品或服务的差异化上下大功夫。很多企业没有意识到这一点，迷失在了对规模的一味追逐上，最后变成难以为继的局面。

(3) 综合电商平台的挤出效应

由于模式上的固有缺陷和经营上的失误，大多数垂直电商并没有抓住较短的时间窗口期展现自己的专业化运营能力，做出特色并形成品牌。当京东等电商平台涵盖的品类逐渐渗透到人们日常生活的方方面面，当传统品牌开始拥抱京东、天猫等综合电商，综合性电商平台对垂直电商的挤出效应开始显现，而且越来越强，因为二者提供的商品一样，服务也很难体现出差异，反倒是以自建物流为特色的京东为消费者提供更好的服务。

在综合性电商平台进行某一个品类的扩充时，也往往会选择该领域内经营最好的垂直电商作为靶子，展开最直接的竞争。对于它们来说可以牺牲某一个品类的毛利，因为可以通过关联品类的盈利来将公司的整体盈利水平维持在一定的标准之上，而这对于垂直电商来说却是灭顶之灾。京东当年就是靠这样的策略将以图书为核心品类的当当由盈利直接打成了亏损，使其股价连连下挫，这基本上也是当当发展历史上的转折点。红孩子也是由于综合性电商平台对母婴品类的涉足而使销售大幅下滑，最后不得不贱卖给了苏宁。

最后，投资者逐渐搞懂了电子商务的内在商业逻辑和玩法，资本市场的"寒冬"开始来临，垂直电商无法继续依靠外部输血，而自身造血能力又不足，使得很多企业难以为继，遭遇"关停并转"的厄运。

垂直电商的模式突围

经过了10年多的发展，阿里巴巴、京东等综合性的电商平台越来越大，马太效应也已经十分明显，打造综合性电商平台的机会窗口期已经基本关闭。不过，综合性电商只能满足人们的一般购物需求，随着社会的进步和人们消费层次的提升，对个性化商品和服务的追逐将成为越来越多人的消费理念，这是属于垂直电商的机会。国外电子商务的发展也基本上呈现这样的趋势，综合性电商平台越来越大，但与此同时一些个性化、有特色的垂直电商不断出现。对于市场上的玩家来说，面对已经逐渐成熟的电子商务市场和强大的竞争对手，以陈旧的思维和逻辑已经很难在竞争中脱颖而出了，因此一定要采用差异化的策略，寻求模式上的突围。这是垂直电商的第二个发展阶段，也是一开始就应该采取的经营逻辑。

垂直有两层含义：第一是商品品类的垂直，例如聚焦在鞋类的Zappos、化妆品的聚美优品等，这类垂直电商非常注重产业链上下游资源的整合，从而可以为消费者提供具有更多附加值的产品和服务，将标准品做出特色，将非标品做出品牌；第二是目标人群的垂直，例如聚焦在母婴群体的Zulily、军事爱好者的铁血君品行，这类垂直电商通过挖掘特定人群的核心需求，进行品类的扩张，满足这类人群的综合购物需求。一些创新型的垂直电商企业，在垂直品类或者垂直人群的基础上又进行了多种维度的创新，在市场上站稳了脚跟，取得了很大

的发展。结合它们的情况,垂直电商可以重点关注以下4个方向:

(1) 销售模式的创新

电子商务将交易行为从线下搬到了线上,买卖关系的形式发生了很大的变化,但是在本质流程上却是一样的,不过通过对互联网的充分利用可以改善或者改变购物流程中的某个环节带来购物效率的提升或者购物体验的创新,从而满足人们个性化的购物需求,提升消费者的忠诚度和活跃度,这是综合性电商平台很难做到的。

目前比较典型的销售模式创新是限时特卖,这类模式的电商通常聚焦在一个品类或者特定人群上,在限定的时间内提供具有较高性价比的商品,刺激着人们购买。而且由于产品定时上新,消费者每次登录都可能有新的发现,好奇心驱使刺激他们不断回头,因此这类电商一般具有很高的用户黏性和重复购买率。这一模式在我国的代表企业是唯品会,唯品会上市后的强势表现引发各大电商的竞相模仿,但是往往只得其表。在美国,上市的电商公司有很多,除了Amazon和eBay等综合性电商平台,市值表现最好的企业采取的基本上都是限时特卖的模式,而且这类企业往往具有更高的P/S估值倍数,也具有更好的盈利能力。

除此之外,近年来兴起的周期购、社会化电商等都属于销售模式创新的范畴,有不少此领域的创业企业拿到了不菲的投资。

(2) 服务垂直人群的个性化需求

找到目标消费群体无疑是任何商业模式成功的最重要前提,上一波的垂直电商大都没有做到这一点,所以无可避免地面临倒闭或者被收购的命运。它们大都专注在某一个细分品类上,虽然做到了货品的垂直,但这只是商业模式成立的表面。垂直电商更重要的是做到目标消费群体的垂直,也就是说找到与综合性电商平台差异化的消费群体,这种区隔越明显,也就越可能通过有特色的商品和服务满足他们的需求,商业模式也就越有效,当然前提是这个市场有足够大的空间。

目前成功的垂直电商大都在目标消费群体定位上有着自己鲜明的特色,例如:唯品会专注三四线城市;Zulily聚焦母婴群体;铁血君品行则面向军事爱好者等。社群电商更是一种以垂直人群为核心的电商运营模式。找到了垂直化的消费人群,垂直电商也就不局限在单一的品类上了,而是围绕这类人群的特殊需求进行多品类的扩充,这样往往能收到很好的效果。例如:唯品会最初以服装鞋帽为主,但是目前正在加大化妆品、母婴等品类的比例;Zulily则同时提供婴幼儿用品、女性时装以及家装家居等品类;铁血君品行更是几乎从一开始就覆盖了包括服装鞋帽、手表、眼镜以及皮包等在内军品。

(3) 非标准品类的品牌化

对于非标准品类的商品,消费者经常会有选择的障碍,因为有时候他们面对的是数以千万计的商品,质量又参差不齐,这是综合性电商平台在提供丰富商品的同时所带来的令人头痛的问题。而这恰恰给了垂直电商机会,聚焦在某一种非标准品类上,将产品和产业链同时做深,利用自身的专业化服务水平帮助消费者来简化选择的流程,从而带来购物效率和体验的提升,并基于此树立品牌。垂直电商由此积累的对消费者需求的精准把握能力和对产业链的深度把控是综合性电商平台难以企及的。

唯品会的成功一方面是限时特卖的胜利,另一方面也是精选导购模式的胜利,因为唯品会通过专业化的买手团队和自营的机制为消费者筛选出了符合他们需求的高质量商品,简化了购物的流程，并实现了与阿里巴巴、京东等电商平台的区隔；Zulily 的商业模式也具有异曲同工之妙，通过专业化的买手团队从大量的中小供应商中为消费者筛选出性价比最高的商品，由此满足了他们的需求，并形成了鲜明的品牌形象。

(4) 个性化的垂直品牌电商

对于很多垂直电商来说，拥有的仅仅是渠道价值，而这恰恰是最容易受到大型电商平台挤压的。但是无论在何种情况下，商品的品牌都是非常有价值的，平台依赖的也是大量的品牌商家。互联网是一个非常好的打造品牌的工具，不受地域和货架的限制，具有非常强的辐射范围和聚客能力。相比线下传统品牌几十年甚至数百年的积累，利用互联网可以在更短的时间内建立起强大的品牌效应。我们已经见证了很多淘品牌成长的奇迹，虽然它们现面临着一些经营上的问题，但这基本上是一个品牌成长过程中所必须经历的阵痛，是由一个淘品牌成长为一个真正经久不衰的互联网品牌的必经之路。提起垂直品牌电商，凡客本来极有可能成为这一领域的标杆，不过凡客今天遇到的困难与商业模式无关，主要是在战略执行中出现了迷失和偏差。

总之，垂直电商一定要非常清楚自身的商业逻辑和生存方式，在差异化上做足文章，建立起综合电商和其他竞争对手难以复制的核心竞争力。

垂直电商尤其要关注的问题

现在，垂直电商需要在大型电商平台强大的聚集效应和辐射范围下找到自己的位置，此时除了需要通过独特的定位来实现商业模式上的突围外，也更需要专业化的运营能力来建立稳固的差异化竞争优势。这一过程更像是马拉松而不是百米赛，需要企业能够沉下心来，告别单纯追逐规模拿融资的浮躁心态，回归到商业的本质上来，关注经营中的一些核心问题。

(1) 放弃对规模的一味追逐

零售一定是与规模相伴的，规模太小就无法支撑起一个企业的独立运行，也很难获得资本的青睐。但是规模的意义对于垂直电商和综合性电商是完全不同的，综合性电商是一定要有规模支撑的，做大了规模才能有足够多的流量和消费者，也才能服务好平台上的商家和消费者。因此在奔向综合电商的道路上一定要百米冲刺，比拼的是谁能最先做大规模，具有了强大的平台效应后，后来者就很难再达到这样的量级与其对话。

对于垂直电商来说，不管是针对垂直人群，还是垂直品类，归根结底面向的都是一个细分市场，满足的是用户的细分需求，因此需要将细分领域做得足够专业和独特，要放弃对规模的一味追逐，更加关注增长的质量和效益。垂直电商首先要确保自己所从事的行业具有足够的市场容量和空间，能够支撑企业未来的发展，而对于发展的速度则更要讲求适度。

(2) 深耕供应链

综合电商能够覆盖人们对商品的一般需求，垂直电商要做出特色就要把供应链做得更深、更专业。首先要从供应链的高度去设计自己的产品和服务，加强对企业上下游资源的影响和把控，从源头上控制产品和服务的质量；其次要不断地优化供应链上的每一个节点，提升运作的效率，实现成本与效益的最佳配比。总之，通过对供应链的重塑和完善，垂直电商要么能够提供独特的产品和服务，要么具有更高的供应链效率，只有这样才能实现与综合性电商的差异化。

(3) 注重精细化运营能力的提升

精细化的运营能力是今后摆在所有电商面前一道永恒的难题,一个企业的成与败,很大程度上决定于运营、管理等方方面面的细节。这是一个缓慢的过程,效果的显现来自于经年累月的积累。互联网也好,互联网思维也罢,都只能加快企业成长和品牌塑造的速度,但无法从根本上改变这一过程。电子商务归根结底是一个有着浓厚传统色彩的实体经济,供应链很长,涉及采购、销售、仓储、配送以及客户服务等诸多环节,每一个环节以及环节与环节之间都涉及很多细节性的东西需要不断地优化。所谓精细化管理就是要不断地精益求精,把任何事情都做到最细,在相同投入的情况下产生最大的效益,带来最好的用户体验。

(4) 密切关注用户转化率、留存率和黏性三个指标

上面提到用户对一站式购物有着天然的诉求,因此流量越来越向综合性的电商平台集中。而且在流量价格如此之贵的情况下,综合性电商平台可以通过品类间的关联销售来实现流量成本效益的最大化,而垂直电商则不具备这样的优势。因此,垂直电商一定不能与综合电商拼流量和资源,而应该拼专业化和差异化,以及在此基础上的用户转化率、留存率和黏性,这些才是垂直电商的核心。

对于垂直电商而言,一定要非常关注用户的转化率、留存率和黏性,而且在这三个指标上一定要体现出相对于综合性电商的优势,如此才能说明发挥了垂直电商针对性强和专业化的特点,也才意味着企业会有越来越多的自然流量,最大化了营销费用的价值,从而避免落入高营销成本的怪圈。事实上,目前比较成功的垂直电商都在这些指标上具有良好的参数。

(5) 谨慎看待垂直电商的扩张

垂直是与专业化相伴而生的,且不说这种能力的打造需要很长时间的积累,即便是已经做出了特色,也往往是为某一类人群量身定制的,一旦要踏出这个圈势必会遇到很大的困难。我们看到有不少的垂直电商在一个领域做得很成功,但在开始扩张后不久,就不得不又重新退回到原来的领地。

当然也不是说垂直电商一定不能考虑扩张,只是要非常的慎重,比较稳妥的做法是慢慢寻求在关联性强的品类或者人群上的扩张机会。

(6) 全网分销

垂直电商除了独立建站外,也可以结合品类和目标消费群体的特点考虑进行全网分销。一方面,综合性电商平台的规模化效应愈发明显,不仅自身的平台上已经汇集了大量的消费者,而且流量购买的回报率(ROI)也比较高,这就形成了价值的洼地。相比独立的站点,垂直电商在阿里巴巴、京东等电商平台上的销售费用更低;另一方面,阿里巴巴、京东等电商平台经过多年的发展,已经围绕电子商务交易建立起了一套比较完善的生态体系,可以很好地为入驻的商家提供包含物流、支付、数据服务以及资金支持等在内的各项配套服务,便于商家将主要的精力集中在商品的交易和服务上,从而提升企业整体的运作效率。因此,垂直电商与综合性电商平台的合作预计将会越来越多。在这方面,最典型的企业当属当当网,这家老牌电商本身有自己的交易平台,但同时也入驻了天猫。

问题：

1. 垂直电商为何面临困境?
2. 垂直电商该如何突围?
3. 垂直电商突围时需要注意些什么?

提示：

垂直电商企业今日的困境是由多重因素造成的，其中有商业模式固有的缺陷，也有自身经营的问题。垂直电商是相较于综合性电商而言的，相比后者的全品类覆盖，大多数的垂直电商聚焦在某一个细分品类上。而消费者对一站式购物有着天然的需求，在选择商品时，消费者也更倾向于面对丰富多样的商品。目前互联网的整体流量价格都很贵，获取新用户的成本也非常高，转化率和回头率低的话企业需要花很多的钱去做营销，一旦营销费用减少随之而来的就是流量和销售收入的锐减。大多数垂直电商只是做到了表面货品的垂直，运营并不专业。综合性电商平台在进行某一个品类扩充时，往往会选择该领域内经营最好的垂直电商作为靶子，展开最直接的竞争。对于它们来说可以牺牲某一个品类的毛利，因为可以通过关联品类的盈利来将公司的整体盈利水平维持在一定的标准之上，而对于垂直电商来说却是灭顶之灾。

垂直电商可以从电子商务模式创新、服务垂直个性化需求、非标准品类的标准化、塑造个性化的垂直品牌电商方面进行突围。在突围的过程中要注意放弃一味追求规模扩张；要深耕供应链；注意精细化运营能力的提升；密切关注用户转化率、留存率、黏性三个指标；进行全网营销。

小实训

分析代表性互联网企业的盈利模式

一、实训目的

掌握典型电子商务平台的盈利模式。

二、实训内容

BAT 互联网三巨头指哪三家互联网企业？熟悉三家企业主要业务并分析它们的盈利模式。

三、实训要求

请把相关内容制作成 PPT 并进行汇报。

任务总结

随着电子商务应用领域的不断扩大和信息服务方式的不断创新，电子商务模式层出不穷，主要可以分为以下 3 种类型：企业与企业之间的电子商务 B2B；企业与消费者之间的电子商务 B2C；消费者与消费者之间的电子商务 C2C。面向企业的 B2B 模式使企业间的沟通方式产生了巨大变革。面向消费者的 B2C 和 C2C 改变了人们的工作、生活方式。电子商务跨时空、方便、高效、低成本、互动等特点使它成为时代发展的趋势。研究和分析电子商务模式，有助于挖掘新的电子商务模式，为电子商务模式创新提供途径，也有助于企业制定特定的电子商务策略和实施步骤。

参考文献

[1] 宋文官.电子商务概论.[M].3版.北京:高等教育出版社,2013.
[2] 司爱丽.新编电子商务实用教程[M].西安:西安电子科技大学出版社,2010.
[3] 朱孝立,罗荷香.新编电子商务教程.[M].2版.合肥:中国科学技术大学出版社,2012.
[4] 陈小芳.电子商务概论[M].北京:北京交通大学出版社,2016.
[5] 杨荣明,吴自爱.电子商务实用教程.[M].2版. 合肥:安徽大学出版社,2014.
[6] 孙若莹,王兴芬.电子商务概论[M].北京:清华大学出版社,2012.
[7] 李源彬.电子商务概论[M].北京:人民邮电出版社,2012.
[8] 王悦.电子商务概论[M].成都:西南财经大学出版社,2012.
[9] 艾瑞咨询网. http://www.iresearch.com.cn.
[10] 亿邦动力网. http://www.ebrun.com/20150122/122036.shtml.
[11] 百度百科. http://www.baike.baidu.com.
[12] 中国互联网络信息中心. http://www.cnnic.net.cn.

第3章 网 上 支 付

学习目标

知识目标：了解电子货币的概念，掌握电子货币的种类；了解网上银行的概念及业务类型；了解电子支付的概念。

能力目标：会正确使用网上银行和第三方支付平台。

本章内容结构
- 3.1 电子货币
- 3.2 网上银行
- 3.3 第三方支付

案例导入

2016年6月中国网上支付用户规模统计分析：半年增长9.3%

中商情报网讯，近日，中国互联网络信息中心(CNNIC)在京发布第38次《中国互联网络发展状况统计报告》，据统计数据显示，截至2016年6月，我国使用网上支付的用户规模达到4.55亿，较2015年底增加3857万人，增长率为9.3%，我国网民使用网上支付的比例从60.5%提升至64.1%，如图3.1所示。

2016年上半年，网上支付用户规模持续高速增长主要有三个原因：第一，高速发展的电子商务应用对网上支付的需求进一步增加，拉动了网上支付用户规模的增长；第二，各网上支付厂商在线下消费场景积极布局，不断拓展和丰富线下消费支付场景，并推出诸多补贴政策，吸引着非网上支付用户进行尝试；第三，网上支付厂商加大营销投入力度，持续扩大网上支付产品的影响力，进一步打通社交关系链条，带动非网上支付用户的转化，如：支付宝的春晚“集福”、微信的“摇福金”等活动。

(资料来源：中商情报网 2016-8-4)

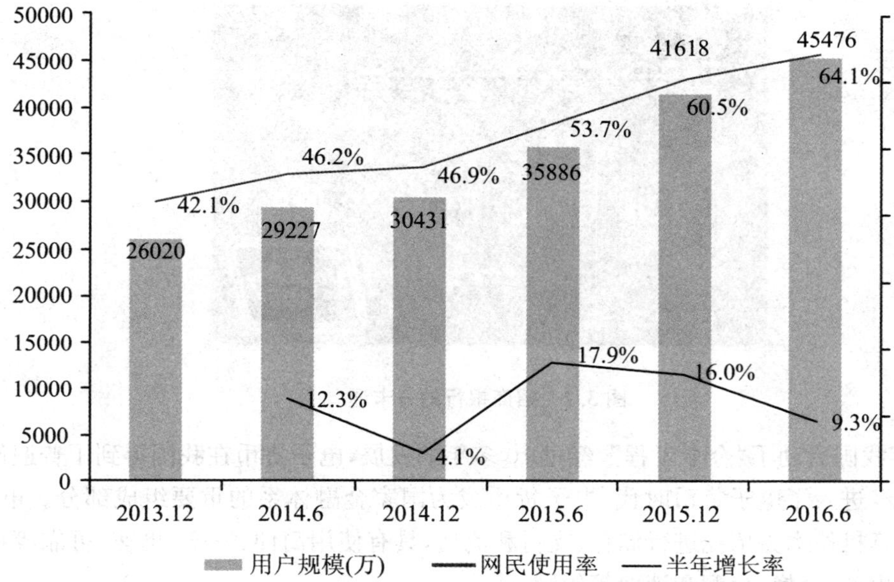

图 3.1　2016 年 6 月中国网上支付用户规模情况统计

提出任务

受到电子商务发展的有力拉动,我国个人网上支付的市场规模发展迅速。网上支付以金融电子化网络为基础,以各种电子货币为媒介,通过计算机网络特别是因特网以电子信息传递的形式实现货币的流通和支付功能。现在网上支付方式有很多,如微信支付、支付宝支付、个人网银支付等。那么什么是电子货币？网上银行如何支付？第三方支付发展概况如何呢？

解决问题

3.1　电子货币

3.1.1　电子货币的概念

电子货币(Electronic Money),是指用一定金额的现金或存款从发行者处兑换并获得代表相同金额的数据,通过使用某些电子化方法将该数据直接转移给支付对象,从而清偿债务。如:招商银行发行的一卡通等,如图 3.2 所示。

图 3.2　招商银行的一卡通

1993 年我国启动了“金卡工程”，经过 10 多年的发展，电子货币在我国得到了普遍使用。目前我国已经进入了电子货币时代，电子货币成为国家金融体系的重要组成部分。电子货币以电子计算机技术为依托进行储存、支付和流通，具有使用简便、安全、迅速、可靠等特征，广泛应用于生产、交换、分配和消费等领域。

3.1.2　电子货币的流通

电子货币在使用中主要经过以下三个过程：发行、流通和回收，如图 3.3 所示。

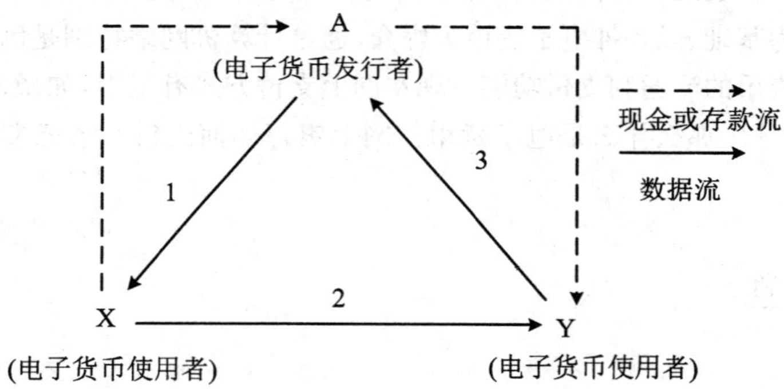

图 3.3　电子货币的使用

1. 发行

电子货币使用者 X 用一定量的现金或存款，向电子货币发行者 A（如：银行、信用卡公司等）申请电子货币，A 接受 X 的申请，并将与现金或存款等额的电子货币数据授信于 X。

2. 流通

电子货币使用者 X 接受了来自 A 的电子货币之后，为了清偿对电子货币的另一使用者 Y 的债务，将电子货币的数据授信于 Y。

3. 回收

A 根据 Y 的支付请求，将电子货币兑换成现金支付给 Y，或者存入 Y 的存款账户。

在电子货币的实际使用过程中,使用者往往并不是直接从电子货币的发行者总行或总公司等申请或兑换电子货币,而是就近从电子货币的发行者的分行或分公司申请或兑换,因而电子货币的使用过程要比图3.3所示的稍许复杂,如图3.4所示。

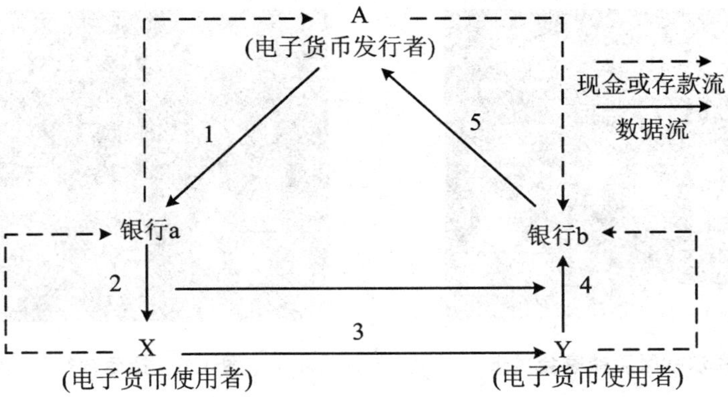

图3.4 有分行或分公司介入的电子货币体系

(1) A根据银行a的请求,用现金或存款交换,将电子货币发行给银行a。

(2) X向银行a提供资金或存款,请求得到电子货币,银行a向X授信电子货币。

(3) X将由银行a获得的电子货币用于清偿债务,授信给Y。

(4) 银行b根据Y的请求,将电子货币兑换成现金支付给Y(或存入Y的存款账户)。

(5) A根据银行b的请求,将电子货币兑换成现金支付给b(或存入b的存款账户)。

需要注意的是:电子货币的发行不同于纸质货币的发行,电子货币的发行主体除了央行以外,一般的金融机构或企事业单位也可以发行电子货币在小范围内使用。电子货币发行主体的多样性使国家的货币管理政策受到了挑战,加强对电子货币发行主体的监管,可以降低金融风险。根据电子货币的发行主体、使用范围、流通过程等的不同可以把电子货币主要划分为:储值卡型电子货币、银行卡型电子货币、非流通电子货币等。

3.1.3 电子货币的种类及特点

1. 储值卡型电子货币

储值卡型电子货币是电子货币中发行量相对较大、使用面较广的一大类电子货币。储值卡一般是指由非金融机构发行的在指定的系统或范围内使用的电子货币。生活中储值卡种类繁多,如:各种购物卡、电话充值卡、公交卡、加油卡、校园一卡通,甚至美容卡、健身卡等,如图3.5所示。在所有的电子货币中储值卡发行量最大。储值卡的特点一般表现为面值较小、很多都是匿名的、使用起来也较方便、快捷;从材质及制作技术上来看,早期的储值卡就是一个普通的塑料卡片,不能存储信息,多为一次性消费;后来发展到用磁介质存储有限信息(磁卡),可部分消费,但卡片不能重复利用;最新的储值卡大多采用电脑芯片来存储更多信息(IC卡),IC卡可以重复使用且可修改卡片中信息。

2. 银行卡型电子货币

银行卡包括借记卡和贷记卡(信用卡),借记卡即是一般的银联卡,贷记卡就是信用卡,可用于网上支付,这里重点介绍信用卡。

图 3.5 海尔社区店益家会员卡

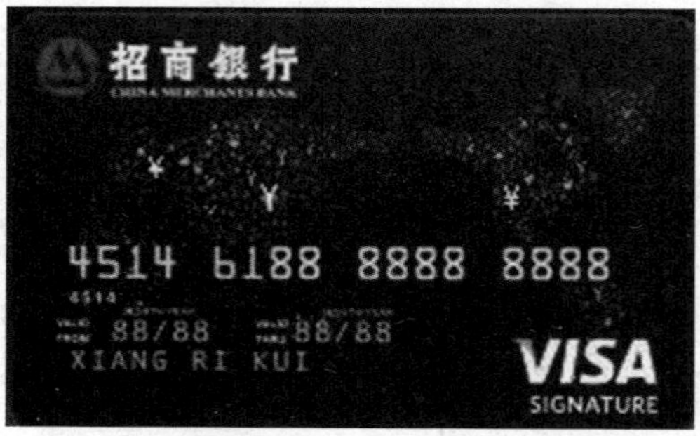

图 3.6 招商银行发行的信用卡

信用卡指的是由银行或信用卡公司(如:MasterCard 和 VISA 等)依照用户的信用度与财力发给持卡人,具有信贷和支付两种功能的银行卡,也称"贷记卡",如招商银行发行的信用卡,如图 3.6 所示。持卡人持信用卡消费时无须支付现金,也不会从用户的账户直接扣除资金,而是由银行先期垫付,待到还款日时再行还款,银行和持卡人之间便发生了信贷关系。另外,信用卡都有一定的信用额度,持卡人可在信用额度内进行先期消费,在还款期限内偿还透支的部分,银行不收取任何利息或费用。如一张信用卡的透支额度是 2 万元,消费者可消费的额度则是先期的存款加上 2 万元。

3. 非流通电子货币

随着网络的发展,很多网站都发行了专门的货币,仅限在本网站上使用,由此出现了非流通电子货币。

(1) 非流通电子货币的概念

非流通电子货币是一些门户网站、网络游戏运营商等为了提供更好的服务,为用户提供的在网站内专用、代替现金使用的非真实货币,也称虚拟货币。据不完全统计,目前市面流通的非流通电子货币不下几十种,如:腾讯 Q 币、百度币、魔兽币、天堂币、盛大(游戏区)点券、网易泡币、新浪 U 币、开心币等。

(2) 非流通电子货币的种类及使用

根据发行主体的不同可把非流通电子货币主要分为 3 大类:

一是由门户网站发行的非流通电子货币,如:百度文库的财富值。使用者可通过完成一定任务获取财富值,如图 3.7 所示。拥有财富值以后方可对需要一定财富值的资料进行下载,下载完成后相应财富值便被扣除。

二是由即时通信软件提供商发行的非流通电子货币,要通过银行卡、第三方支付账户、储值卡、手机账号等方式充值,用人民币 1 : 1 兑换,有的网站也提供打折优惠,如:Q 币、开心币等,如图 3.8 所示,充值之后即可在该网站进行消费。

三是游戏币,是由游戏运营商发行的,可通过多种方式获取,如:用人民币直接购买充值卡充值、采用网银充值、完成游戏任务方式获得等,如图 3.9 所示。

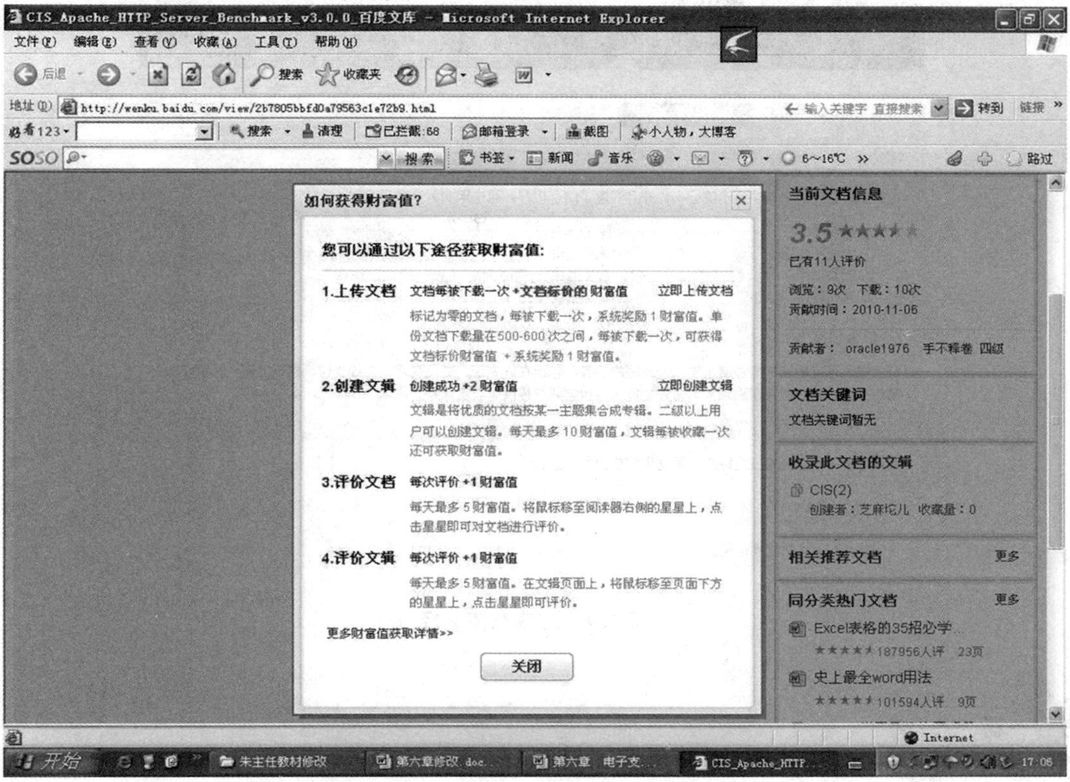

图 3.7　百度文库获取财富值途径

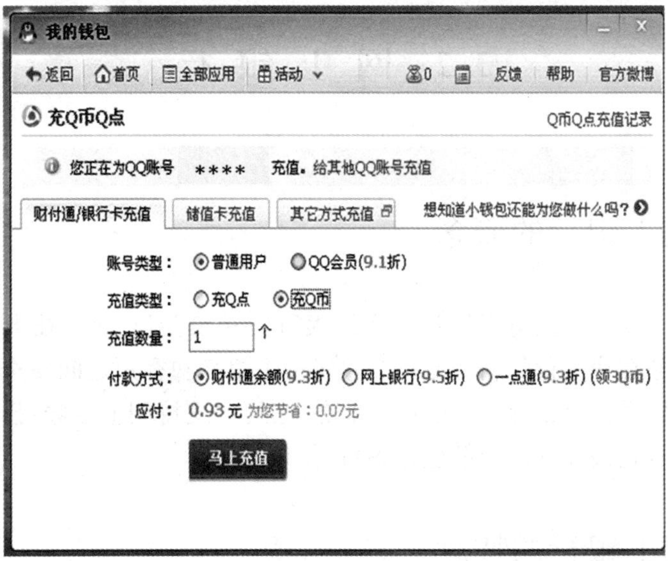

图 3.8　Q 币充值途径

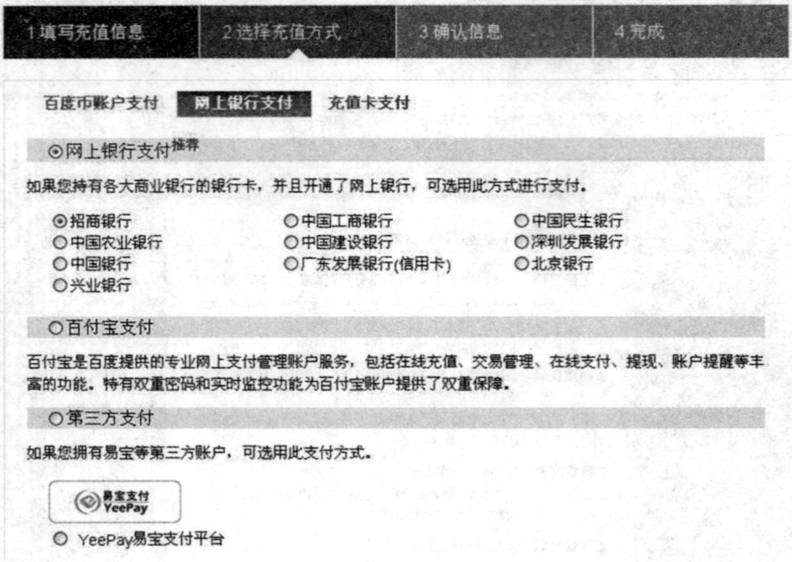

图 3.9　游戏充值途径

微思考

电子货币的表现形式有哪些？各有什么特点？

3.2　网上银行

3.2.1　网上银行的概念

网上银行也称网络银行、电子银行或在线银行，是指利用互联网技术，处理传统银行的业务，支持电子商务在线支付的新型银行。它实现了银行和客户之间安全、方便、友好、实时的连接，可向客户提供传统银行柜台的所有业务，还可以支持网上证券、投资理财、在线支付等全方位银行业务，它是互联网上的虚拟银行。

3.2.2　网上银行的特点

网上银行相对于传统的银行有着如下明显的优势和特点：

1. 无分支机构

网上银行通过建立的银行网站，提供所有的服务，因此可以突破地域限制，将银行业务拓展到任何可上网的地方，无需传统银行的分行或支行等分支机构。

2. 智能化

网上银行充分发挥计算机网络和通信技术的优势，为客户提供更快、更好、更多的服务，用户靠一个鼠标就可方便、快捷地完成账户管理、网上支付、贷款申请、投资理财等，具有很强的交互功能。网上银行可以满足用户在任何时间(Anywhen)、任何地点(Anywhere)、通过任何方式(Anyhow)获得优质服务的需求，因此也称之为"3A银行"。

3. 创新化

网上银行本身就是创新的结果，在个性化消费需求日趋凸显、技术不断变革、竞争不断升级的信息时代，网上银行只有不断创新服务方式、推出新产品，为客户提供优质服务，才能使自己在竞争中立于不败之地。

4. 运营成本低

和其他银行服务手段相比，网上银行的运营成本最低。首先网上银行节约了分支机构产生的大量成本；其次网上银行只需要极少的员工来维护系统的正常运行，节约了人力资本。据美国US Web网络服务与咨询公司的一次调查发现，传统银行网点每一笔交易所需的费用是1.07美元，电话银行为0.54美元，ATM自助银行为0.27美元，而网上银行仅为0.1美元。

5. 以现有的业务处理系统为基础

网上银行系统不是一个独立的业务处理系统，它本身不能独立处理某项银行业务，必须以已经存在的业务处理系统为基础，所有的业务处理最终都由现有的业务处理系统来实现。

6. 整合现有的业务系统

国内银行现有的业务系统总的来说都是分散的，而网上银行通过Web站点为客户提供服务，Web站点就是一个面向客户的综合服务系统，这就要求网上银行必须将现有的、分散的业务系统进行整合。

3.2.3 网上银行的业务类型

目前网上银行提供业务种类已非常丰富，功能也日益完善。网上银行的功能按客户对象可分为如下3大类：

1. 个人网上银行

个人网上银行是向个人提供的银行业务。个人业务是为个人用户推出的服务，也称对私业务，包括：账户开户、账户查询、交易记录查询、账户挂失、转账缴费、投资理财、网上支付、信用卡还款、个人贷款查询及还款等。

2. 企业网上银行

企业网上银行是向企业提供的银行业务。企业业务是为企业或团体提供综合账户服务的业务，也称对公业务，包括查询本企业或下属企业账户余额和历史业务记录；划转企业内部各单位之间的资金；账户管理；代发职工工资；了解支票利益情况，支票挂失；为企业提供金融报告和报表；网上支付和转账；企业资金托管等。

3. 其他

网上银行除针对个人、企业专门开设个人版与企业版之外，还会提供信用卡服务、网上商城、信息发布等服务。

3.2.4 网上银行的使用

1. 个人网上银行

个人网上银行的使用步骤基本是：申请、注册、使用。对于不同的安全措施，在具体步骤上会有稍许的差异。这里以中国工商银行的个人网上银行为例来说明个人网上银行的使用，如图 3.10 和图 3.11 所示。

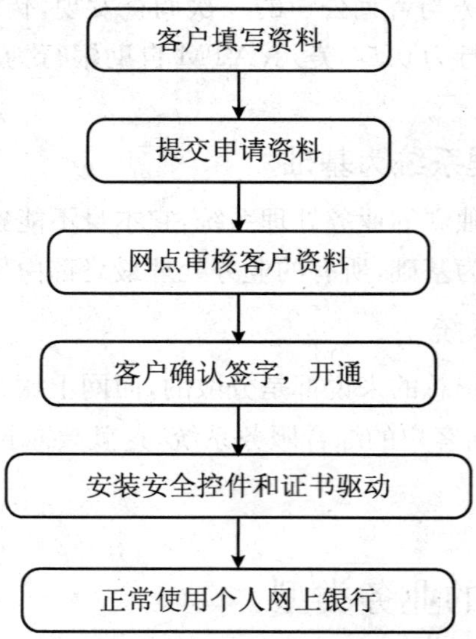

图 3.10　中国工商银行个人网上银行开通操作指南

(1) 申请

用户携带个人身份证到银行网点申请个人网上银行，并填写、提交相关资料。银行网点审核通过后，经客户确认则用户申请成功。这时要注意的是：用户要向银行工作人员讲明自己要采取的安全措施。

(2) 注册

用户在机器上登录该银行的网上界面进行注册。对于不同的安全措施，在步骤上会有一定的差异，但整体来讲首先要在机器上安装银行的安全控件，其次进行注册的相关操作，系统会有相关提示。

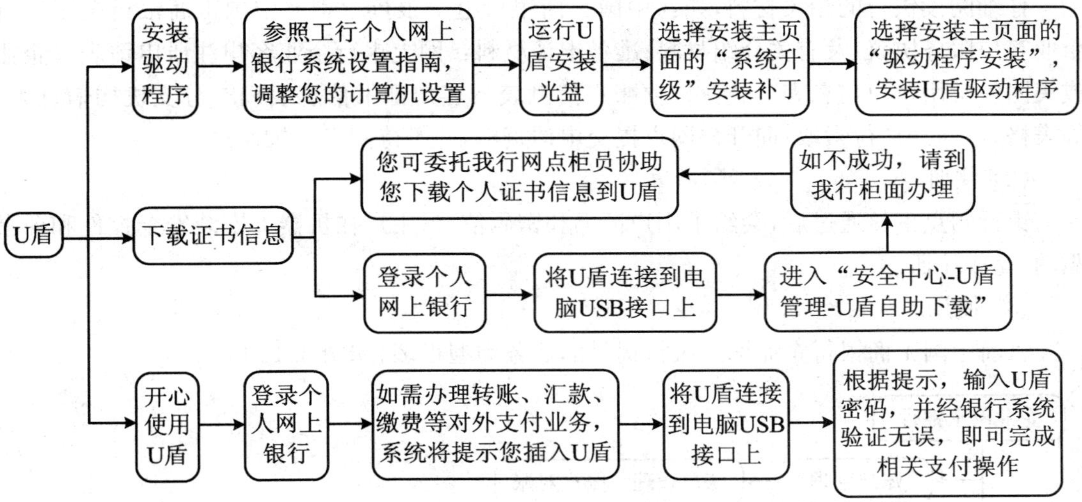

图3.11　中国工商银行U盾用户操作指南

（3）使用

注册完成之后，用户即可登录使用网上银行了，如：查询余额、缴费等。

2. 企业网上银行

企业网上银行是网上银行通过互联网或专线网络为企业客户提供账户查询、转账结算、在线支付等金融服务的渠道。网上银行往往会根据企业客户享受的服务做进一步的划分，如：普及版、标准版等。下面以中国工商银行为例来说明具体操作步骤，如图3.12所示。

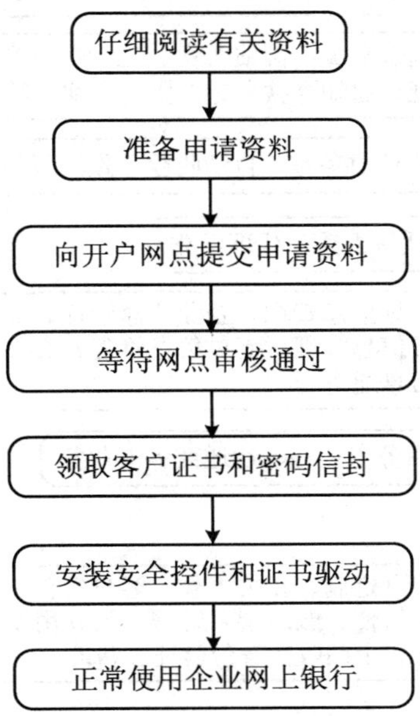

图3.12　企业网上银行的操作指南

(1) 申请

仔细阅读银行的相关材料，如：《中国工商银行电子银行章程》《中国工商银行电子银行企业客户服务协议》及有关介绍材料；准备申请材料：《网上银行企业客户注册申请表》《企业或集团外常用账户信息表》《企业贷款账户信息表》《客户证书信息表》和《分支机构信息表》等表格，可向开户行索取；向开户网点提交申请资料，并等待网点审核通过。

(2) 注册

银行网点审核通过后，会给予用户证书和密码信封；用户在机器上安装安全控件和证书驱动，完成注册。

(3) 使用

目前中国工商银行企业网上银行提供的业务类型很多，如图 3.13 所示。

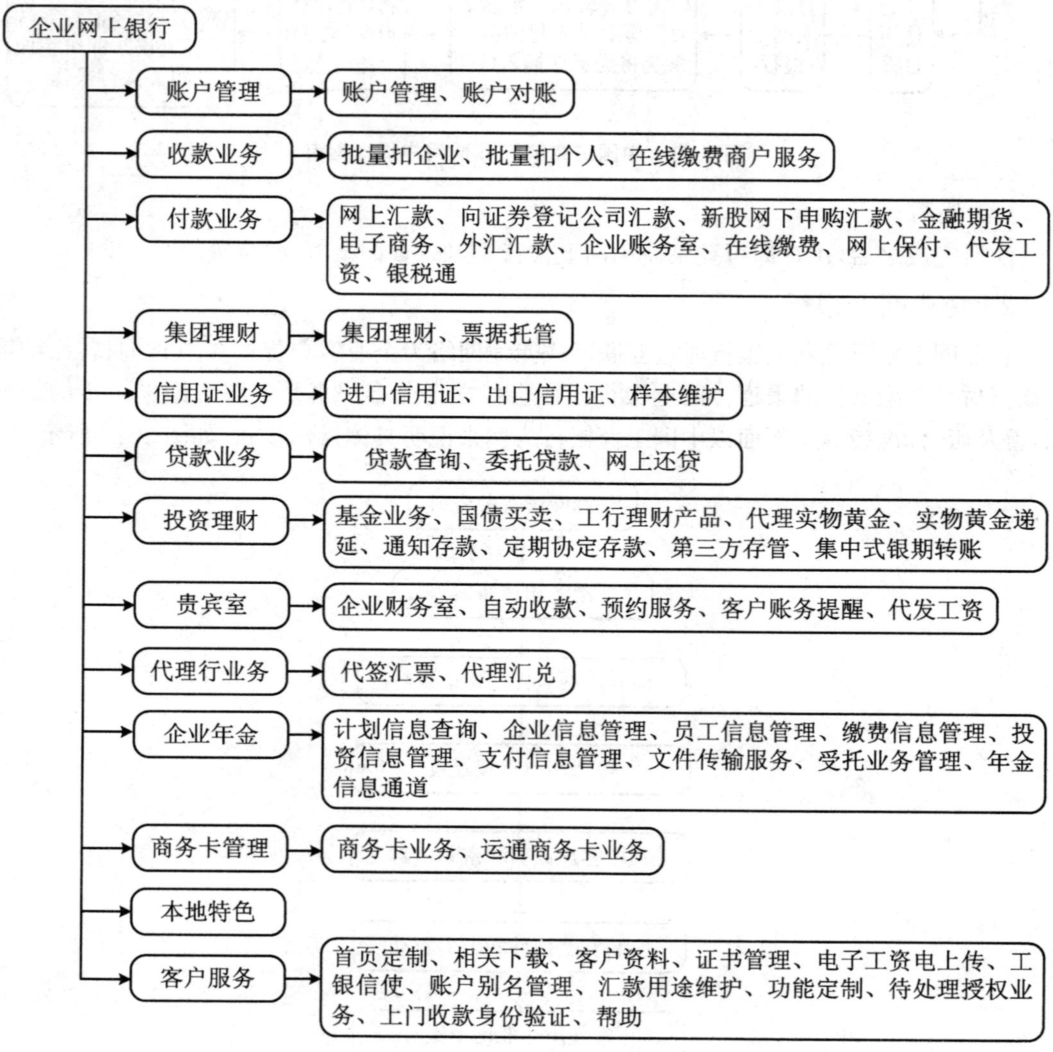

图 3.13 中国工商银行企业网上银行业务类型

中国工商银行企业网上银行分为普及版和标准版，具体使用如下：

(1) 普及版

登录:进入工商银行网站主页→选择"企业网上银行"登录→选择"企业网上银行普及版"登录→输入卡号、密码和验证码→点击"登录"进入。

使用:如在使用过程遇到问题,可点击"热点解答"和"更多帮助"按钮。

退出:在使用完毕后,点击"安全退出",以确保账户安全。

(2) 标准版

登录:进入工商银行网站主页→选择"企业网上银行"登录→插入企业网上银行证书→选择"企业网上银行"登录→选择证书→输入证书密码→点击"确定"进入。

使用:如在使用过程遇到问题,可点击"热点解答"和"更多帮助"按钮。

退出:在使用完毕后,点击"安全退出",拔出客户证书以确保账户安全。

根据中国互联网络信息中心(CNNIC)在京发布的第38次《中国互联网络发展状况统计报告》,截至2016年6月,我国使用网上支付的用户规模达到4.55亿,较2015年底增加3857万人,增长率为9.3%。另外,今后各家网上银行都会尽其所能创新产品,整个网上银行会出现产品多元化。

3.2.5　网上银行的发展

自1995年世界第一家网上银行——美国安全第一网上银行诞生以来,全球银行业在电子化道路上开始了爆发式的发展。网上银行在我国也获得了迅速发展。1996年,我国只有一家银行通过国际互联网向社会提供银行服务;到2002年底,在互联网上设立网站的中资银行占中国现有各类银行的27%。网上银行以其低廉的成本和广阔的前景,越来越受重视,发展势头迅猛,但由于时间短、制度不完善及应对措施不足等缺陷,网上银行依然存在不少问题,发展道路依然漫长。

随着信息化、数字化以及网络技术的飞速发展,1995年10月18日,诞生了全球首家网上银行——美国安全第一网络银行。时至今日全世界1000多家大银行基本上都在互联网上设立了网址并开办了网上银行业务。无限的商机、丰厚的利润是推动网上银行发展的强大动力。目前,网上银行在我国的发展主要有以下特点:

1. 网上银行高速发展

目前国内几乎所有大中型商业银行都推出了自己的网上银行或在建立了自己的网站。从1998年开始,中国银行、招商银行开通网上银行服务,工商银行、建设银行、交通银行、光大银行以及农业银行也陆续推出了网上银行业务。截至2014年末,中国银行业金融机构网上银行交易608.46亿笔,同比增加21.59%,交易金额同比增加17.05%。其中,个人客户数达到9.09亿户,新增1.5亿户,同比增加19.71%;交易笔数达608.46亿笔,同比增加21.59%;交易总额达1248.93万亿元,同比增加17.05%。企业客户达到1811.4万户,同比增加16.75%。网上银行已成为各银行实现创新、提升品牌形象、提高综合竞争力的主要方式。《2015中国电子银行调查报告》显示:各家银行积极布局互联网金融战略、创新经营模式,纷纷开展基于自身特色的互联网金融业务,成立网络金融部,进军直销银行,积极拓展移动金融，形成线上线下“双轮驱动”格局，网上银行业整体保持平稳发展态势。

2. 网上银行功能不断完善

目前，交易类业务已经成为网上银行服务的主要内容，提供的辅助服务包括存贷款利率查询、外汇牌价查询、投资理财咨询、账户查询、账户资料更新、挂失、转账、汇款、银证转账、网上支付(B2B，B2C)、代客外汇买卖等，部分银行已经开始试办网上小额质押贷款、住房按揭贷款等授信业务。同时，银行日益重视业务经营中的品牌战略，出现了名牌网站和品牌产品。

3. 网上银行地域不均衡突出

由于我国经济发展不平衡，导致我国互联网应用也呈现出东强西弱的格局。无论网民的比例还是站点数，排在前面的几乎均为东部发达省区，我国网名增量最多的省区也大都集中在东部地区，中西部地区与之相比有着较大程度的差距。根据 CNNIC 发布的《中国互联网络发展状况和统计报告》，华北、华东、华南的注册域名占全国 85%以上。网民比例排名前十的城市有：北京、上海、天津、广东、浙江、福建、山东、江苏、辽宁、黑龙江。这在一定程度上反映了我国地区之间的互联网发展水平存在很大的差距。互联网是网上银行的载体，互联网应用的不均衡导致了网上银行发展的不均衡。

无论是传统的交易，还是新兴的电子商务，资金的支付都是完成交易的重要环节，所不同的是：电子商务强调支付过程和支付手段的电子化。有效地实现支付手段的电子化和网络化是网上交易成功的关键，直接关系到电子商务的发展前景。网上银行创造的电子货币以及独具优势的网上支付功能，为电子商务中电子支付的实现提供了强有力的支持。作为电子支付和结算的最终执行者，网上银行起着连接买卖双方的纽带作用，网上银行所提供的电子支付服务是电子商务中的关键要素。

电子商务与网上银行的发展是互动互利、互相影响的，电子商务也给网上银行带来了巨大的业务发展空间，因此随着电子商务的发展，网上银行的发展亦是必然趋势。

微思考

近年来网上银行发展迅速，目前还存在哪些问题？

3.3 第三方支付

近些年在电子支付领域兴起了一种新的支付平台和载体，即第三方支付平台，它已成为电子商务尤其是 C2C 交易中的主要支付工具。2009 年以来，第三方支付市场的交易规模以 50%以上的年均增速迅速扩大，并在 2013 年成功突破 17 万亿元，达到 17.2 万亿元，同比增长 38.71%；2014 年交易规模达到 23.3 万亿元；2015 年交易规模达 31.2 万亿元。

3.3.1　第三方支付的概念

第三方支付平台是指一些和产品所在国家以及国外各大银行签约，并具备一定实力和信誉保障的第三方独立机构提供的交易支持平台。在交易中，买方选购商品后，使用第三方支付平台提供的账户进行货款支付，由第三方通知卖家货款到达、进行发货；买方检验物品后，通知付款给卖家，第三方支付平台再将款项转至卖家账户。

3.3.2　第三方支付的特点

1. 提供一系列的应用接口程序

第三方支付平台提供一系列的应用接口程序，将多种银行支付方式整合到一个界面上，负责交易结算中与银行的对接，使网上购物更加快捷、便利。消费者和商家不需要在不同的银行开设不同的账户，可以帮助消费者降低网上购物的成本，帮助商家降低运营成本；同时，还可以帮助银行节省网关开发等费用，并为银行带来一定的潜在利润。

2. 操作简单，易于接受

较之SSL、SET等支付协议，利用第三方支付平台进行支付操作更加简单而易于接受。SSL是现在应用比较广泛的安全协议，在SSL中需要验证商家的身份。SET协议是基于信用卡支付系统的比较成熟的技术，但在SET中，各方的身份都需要通过CA进行认证，程序复杂，手续繁多，速度慢且实现成本高。有了第三方支付平台，商家和客户之间的交涉由第三方来完成，使网上交易变得更加简单。

3. 解决了交易中的信用问题

第三方支付平台本身依附于大型的门户网站，且以与其合作的银行的信用作为信用依托，因此第三方支付平台能够较好地解决网上交易中的信用问题，有利于推动电子商务的快速发展。

3.3.3　第三方支付的运作

不同的第三方支付平台使用过程大同小异，这里以网上购物过程中使用支付宝为例予以介绍。用户使用支付宝主要包括三大步骤：支付宝账户注册、账户充值、交易支付。

1. 注册

用户可以在支付宝网站或淘宝网站上免费注册账户，点击“注册”，就会进入账户注册流程。账户注册第一步是选择注册方式，支付宝支持如下两种注册方式：

(1) 手机号码注册

用户使用手机号码作为登录支付宝的账户名。注册时输入手机号码，支付宝网站会将校验码通过短信发到该手机上，用户输入短信中的校验码成功后，再设置账户密码，即可完成注册。

(2) E-mail 注册

用户使用 E-mail 地址作为登录支付宝的账户名。支付宝建议采用常用的 E-mail 地址，用户需要使用该 E-mail 接收“注册确认”邮件，才能完成注册。收到“注册确认”邮件后，需要通过邮件的链接激活账户，该账户才能使用。

2. 充值

用户使用注册的账户名和密码，登录个人支付宝账户管理页面。点击“立即充值”，将会进入充值流程。支付宝账户支持线上和线下共四种充值方式，见表 3.1。

表 3.1　支付宝账户充值方式

充值方式	特　　点
网上银行	支持工行、招行、建行等 19 家网上银行为支付宝账户充值。在充值前，需要先开通银行卡的网上银行
网点充值	用户需先到与支付宝合作的营业网点(如：便利店、药店、邮局等)，用现金或刷卡购买充值码，然后登录支付宝充值
快捷支付充值	快捷支付是支付宝与工行、建行、招行等 50 余家银行联合推出的一项网上支付服务。只需一个支付密码，快速完成充值。充值前，需先开通快捷支付
消费卡充值	目前支持话费充值卡(如：全国神州行卡、联通一卡充等)

3. 使用支付宝购物

用户在网上购物时，确认订单后，即可利用支付宝付款。若用户没有完成第 2 步骤的充值，可直接采用网上银行付款，只要商家是与支付宝合作的，在这笔交易中，支付宝同样担当信用中介的作用。

我们从支付宝交易流程可知，采用支付宝这样的第三方支付平台付款，消费者的权益能够在一定程度上得到保障。类似支付工具的使用直接增加了消费者购物的信心，促进了我国网络购物的发展。

3.3.4　第三方支付的发展

1. 第三方支付发展现状

我国电子商务市场的快速发展引发了电子支付领域的巨大变革，以支付宝、财付通为代表的第三方支付平台迅速壮大，其服务已覆盖 B2B、B2C、C2C 以及跨行转账、信用卡还款、网络融资和公共事业缴费等领域。第三方支付平台不仅成为电子商务行业的重要配套设施，而且自身也形成了一个发展前景广阔、潜在价值巨大的分支产业。

(1) 第三方支付平台的交易规模及市场份额分布

2015 年我国第三方互联网支付交易规模达到 118674.5 亿元，同比增长 46.9%，增速有所放缓。我国第三方互联网支付交易规模,如图 3.14 所示。

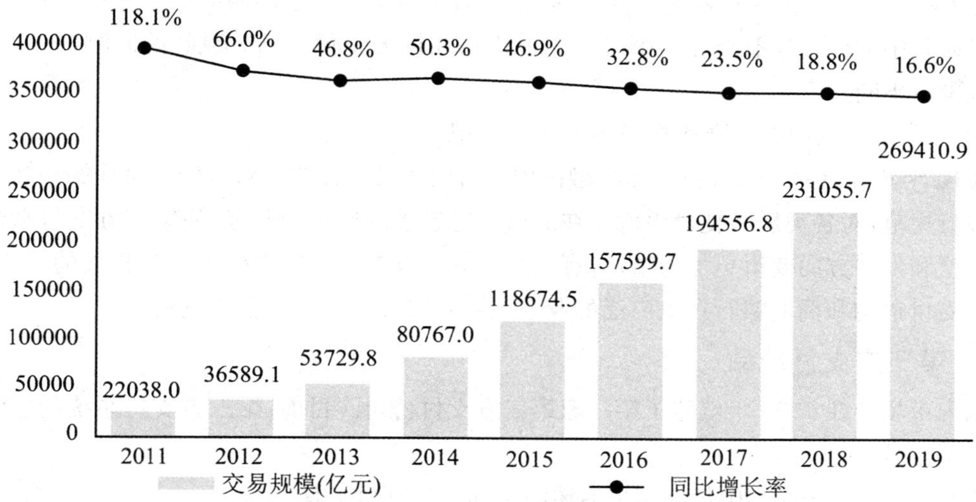

注释:1.互联网支付是指客户通过台式电脑、便携式电脑等设备,依托互联网发起支付指令,实现货币资金转移的行为;2.统计企业中不含银行、银联,仅指规模以上非金融机构支付企业;3.艾瑞根据最新掌握的市场情况,对历史数据进行修正。
(来源:综合企业及专家访谈,根据艾瑞统计模型核算。)

图 3.14 2011~2019 年我国第三方互联网支付交易规模

2016 年第 1 季度,移动支付市场总体格局相对稳定,支付宝在移动支付市场份额出现下滑,但仍以 63.41%的市场占有率继续占据移动支付市场首位;财付通位列第二,由于春节红包及社交转账交易的拉动,市场份额上升明显,为 23.03%;拉卡拉本季度市场份额为 5.37%,位列第三。我国第三方支付机构的市场份额分布,如图 3.15 所示。

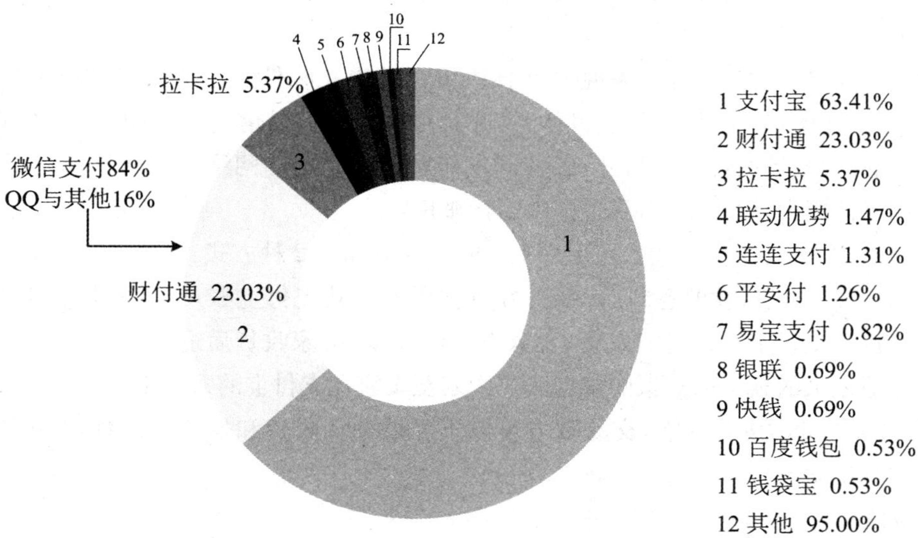

说明:以上数据根据厂商访谈、易观自有监测数据和易观研究模型估算获得,易观将根据掌握的最新市场情况对历史数据进行微调。

图 3.15 2016 年第 1 季度我国第三方移动支付市场交易份额

(2) 第三方支付平台在社会支付体系中的作用日益凸显

随着在线交易和网络购物的快速发展,第三方支付平台的应用渗透率不断提高,在全社会支付体系中的作用日益凸显。第三方支付机构在做大支付市场"蛋糕"的同时,在"蛋糕"中的比重也不断加大。

(3)《非金融机构支付服务管理办法》出台的影响

2010 年 6 月,央行正式发布《非金融机构支付服务管理办法》,对非经融机构的一些金融服务进行规范,对各类新型支付手段潜在的风险隐患予以预防和监督,使第三方支付平台的业务定位和发展方向变得更加清晰,对有实力的第三方支付机构产生了十分积极的影响,为第三方支付机构和商业银行在更广泛的业务领域开展合作提供了重要契机。

2. 第三方支付产品

国内市场早在 1999 年就有了第一家第三方支付公司。目前,第三方支付系统的主流产品有如下 5 种:

(1) PayPal——受全国亿万用户追捧的国际贸易支付工具

PayPal 是即时支付、即时到账的一种支付工具。它是易趣旗下的一家公司,致力于让个人或企业通过电子邮件,安全、简单、便捷地实现在线支付和收款等服务。

通过 PayPal 支付一笔金额给商家或者收款人,可以分为如下 4 个步骤:

① 付款人以电子邮件地址开设 PayPal 账户。

② 付款人启动向第三人付款程序。

③ PayPal 向商家或者收款人发出通知。

④ 商家或收款人接收后,支付立即完成。

(2) 支付宝

支付宝可以为淘宝的交易者以及其他网络交易的双方乃至线下交易者提供收代付的中介服务和第三方担保。

支付宝的支付模式从流程上来说类似于 PayPal 的电子邮件支付模式,业务上的不同之处在于 PayPal 业务基于信用卡的支付体系,并且很大程度上受信用卡组织规则(在消费者保护方面)和外部政策的影响。另外,PayPal 支持跨国(地区)的网络支付交易,而支付宝虽然不排斥国际使用者,但规定"需具备国内银行账户"。

基于交易的进程,支付宝在处理用户支付时主要有如下 2 种方式:

① 买卖双方达成付款的意向后,由买方将款项划至其支付宝账户(其实是支付宝在相对银行的账户),支付宝通知卖家发货,卖家发货给买家,买家收货后通知支付宝,支付宝于是将买方先前划来的款项从买家的虚拟账户中划至卖家在支付宝的账户中。

② 支付宝的即时支付功能,交易双方可以不经过确认收货和发货的流程,买家通过支付宝立即付款给卖家。

(3) 微信支付

微信支付是集成在微信客户端的支付功能,用户可以通过手机完成快速的支付流程。微信支付以绑定银行卡的快捷支付为基础,向用户提供安全、快捷、高效的支付服务。

2014 年 9 月 26 日,腾讯公司发布的腾讯手机管家 5.1 版本为微信支付打造了"手机管家软件锁”，在安全入口上独创了“微信支付加密”功能，为微信提供了立体式的保护，为用户“钱包”安全再上了一把“锁”。

用户只需在微信中关联一张银行卡，并完成身份认证，即可将装有微信APP的智能手机变成一个全能钱包，之后即可购买合作商户的商品及服务，用户在支付时只需在自己的智能手机上输入密码，无需任何刷卡步骤即可完成支付，并且整个过程简便、流畅。

目前微信支付已实现刷卡支付、扫码支付、公众号支付、APP支付，并提供企业红包、代金券、立减优惠等营销新工具，满足用户及商户不同支付场景的需求。

(4) 财付通

财付通是腾讯公司于2005年9月创办的在线支付平台，业务覆盖B2B、B2C、C2C等领域，提供卓越的网上支付及清算服务。

针对个人账户，财付通提供包括在线充值、提现、交易管理等丰富的功能；针对企业用户，财付通提供安全可靠的支付清算服务和极富特色的QQ营销资源支持。

(5) 快钱

快钱支付网关是快钱推出的应用于电子商务平台的在线支付系统，包含人民币网关、外卡网关、神州行网关和电话支付4个产品。快钱支付网关不仅支持国内银行卡、国际VISA卡、神州行卡以及快钱账户的在线货款支付，同时还支持各种线下货款支付方式，是国内支持货款支付方式最多的网关。

微思考

近日，平台漏洞屡屡被犯罪团伙用于转移赃款、套现获利，18家第三方支付公司被公安部列为重点监管和整改对象。国家出台了哪些文件对第三方支付平台予以规范？

大讨论

医保8月1日起试点网络支付 首批试点医院共3家

8月1日起，广州市正式启动社会医疗保险业务网上支付试点工作，市民持新版社保卡到省人民医院等三家定点医疗机构看病缴费时，将可以用手机APP支付，免去排长队这一步骤。

昨日，记者从广州市医保局获悉，今后持新版社保卡的广州市职工医保参保人在试点定点医疗机构就医，其个人负担的符合医保规定的费用，可选择使用医保个人账户网上支付。

据广州市医保局介绍，如需使用该功能，需下载相应试点定点医疗机构的手机APP，通过手机APP完成支付，支付范围为参保人本人在相应试点定点医疗机构发生的应当由个人负担的医疗、预防接种、体检和药品等符合国家、省、本市规定的费用，并需保证其医保个人账户中有足够的资金。目前，中国农业银行等9家银行制发的已启用医保个人账户的社保卡支持该功能。首批纳入试点的定点医疗机构有3家，分别是广东省人民医院、广东省中医院、广州市妇女儿童医疗中心(含广州市儿童医院、广州市妇婴医院)。

记者了解到，假如一名市民因感冒咳嗽症状到上述定点医疗机构看病后，可通过手机APP支付除医保报销费用外应自付的那部分医疗费用；假如市民到上述定点医疗机构进行洁牙等自费的医疗项目，在确保医保个人账户中有足够资金的前提下，也可以使用手机APP来支付费用。

广州市医保局介绍，该功能的启用可使参保人一键完成医保与自费的网上支付，将有效缓解看病缴费排长队的现象，可进一步优化参保人的就医体验。接下来，试点定点医疗机构的范围有望逐步扩大。参保人也可以关注广州医保微信公众号或广州医保管理网，了解更多的医保服务功能。

就医网上支付应如何操作？

第一步：前往社保卡对应制发卡银行市内任一营业网点办理社保卡持卡人手机号码登记手续（已办理的无需再办理），社保卡背面的左上角（个人头像照片上方）有对应社保卡制发卡银行标识。

第二步：通过定点医疗机构提供的手机APP或POS机等设备绑定社保卡。

第三步：通过手机APP进行医疗费用网上支付。

（资料来源：广州日报 2016-8-1. http://news.panjk.com/201608/20160801444293.shtml）

问题：

1. 案例中的医保网络支付有哪些优势？
2. 网上支付还可以应用到哪些领域？
3. 网上支付的安全如何保障？

小实训

熟悉网上支付的功能

一、实训目的

能正确使用网上银行和第三方支付平台。

二、实训内容

选取一家B2B或者C2C网站购买一件商品，分别用网上银行和支付宝进行购物支付，比较两者之间的不同之处。

三、实训要求

请把网站名、商品名和购物支付步骤记录下来并进行汇报。

任务总结

资金流是电子商务的三流之一，如何安全、正确、快捷、低成本地在线完成支付过程，是电子商务的一个关键问题。只有实现了快捷、安全的网上支付，电子商务的优势才能够完全发挥出来。整个电子支付系统的构成涉及很多主体及相关安全技术、安全协议，第三方支付发展呈现出强劲的增长势头,其中支付宝占据着绝对的市场优势。通过对第3章的学习,我们可以更加深刻地理解网上支付的内涵,理解电子货币的概念,掌握网上银行的特点和基本业务,熟悉第三方支付平台。

参考文献

[1] 宋文官.电子商务概论.[M].3版.北京:高等教育出版社,2013.
[2] 司爱丽.新编电子商务实用教程[M].西安:西安电子科技大学出版社,2010.
[3] 朱孝立,罗荷香.新编电子商务教程.[M].2版.合肥:中国科学技术大学出版社,2012.
[4] 杨荣明,吴自爱.电子商务实用教程.[M].2版.合肥:安徽大学出版社,2014.
[5] 艾瑞咨询网. http://www.iresearch.com.cn.
[6] 百度百科. http://www.baike.baidu.com.
[7] 中国互联网络信息中心. http://www.cnnic.net.cn.
[8] 艾瑞咨询网. http://www.iresearch.com.cn.
[9] 中商情报网. http://www.askci.com.

第4章　电子商务安全

学习目标

知识目标：掌握电子商务安全的基本概念；了解电子商务所面临的网络安全隐患；了解一般的网上购物的安全问题和注意事项；理解电子商务安全技术；理解网络杀毒软件和企业防火墙的一般原理和构建。

能力目标：能够安全地进行网上购物；能使用一般的杀毒软件、防火墙和电子商务安全工具。

本章内容结构
- 4.1　电子商务安全概述
- 4.2　电子商务安全举措

案例导入

360齐向东：敲诈者病毒将泛滥成灾

2016年9月22日，首届国际反病毒大会在天津召开，360公司创始人兼总裁、360企业安全集团董事长齐向东在大会做主旨演讲时表示：当前，网络威胁层出不穷，随着匿名互联网等技术的兴起，病毒产业造成的危害也在不断升级。他预警道："当前正在爆发的敲诈者病毒创新的技术模式、盈利模式正在被大批病毒制造者学习复制，未来将泛滥成灾。"

敲诈者病毒猖獗　动辄勒索上万元

最近，南方一家科技公司的信息主管向360公司求助，他办公室电脑内部网盘被Cerber病毒感染，重要的资料文件都不能正常使用了，病毒作者要求每个文件支付1.25个比特币才给解密，按照当前比特币的价格，每个文件要被勒索6000多人民币。他系统里一共有几千个重要的文件，要是全部解密需要100多万元。

这个Cerber病毒是敲诈者病毒的一种，是不法分子通过对感染者的重要文件加密等方式，向用户敲诈钱财才予以解密的一种恶意软件。

齐向东透露，从2014年开始，360就陆续收到类似求助，一开始，这个病毒主要在国外比较流行，在中国范围内，被感染的多是与外贸相关的机构，属于偶然性的"中招"。但现在，这种病毒已经对国内有针对性地进行攻击了，被攻击数也在快速增长。有一家央企，曾在两周之内“中招”三次。

根据360威胁情报中心监测，全球范围内，敲诈者病毒多达80个家族，特别流行的是其中7个家族。2015年第4季度，全球敲诈者病毒数量较上季度增加了26%，有600万敲诈者病毒尝试安装到电脑。仅2016年上半年，我国国内有超过58万台电脑遭到了敲诈者病毒攻击，且有多达5万多台电脑最终感染了敲诈者病毒，平均每天有约300台国内电脑感染敲诈者病毒。

2016年2月以来，360威胁情报中心监测到，一大波敲诈者病毒大规模爆发，敲诈者病毒向企业、医院、银行、政府机构、企事业单位、律师、作家等进行攻击，窃取高价值文件。目前，敲诈者病毒攻击范围不断扩大，已经涵盖了Windows、Mac、Android、iOS和虚拟桌面等。如果被感染的设备连接了企业的网络共享存储，那么共享存储中的文件也可能会被加密。

创新的盈利模式和技术模式正在被复制

以往的病毒传播，拼的是技术，谁用的技术新，漏洞厉害，传播就广，病毒制作者获利就大。但敲诈者病毒用的却都是已经有很长时间的成熟技术，如：已经有几十年历史的非对称加密技术，有十几年历史的匿名网络技术洋葱头(也叫Tor)，有七八年历史的比特币技术等。他们把这些技术重新组合起来，形成了一个新的技术模式，只要运行一次，把文件加密了就能开始勒索，因为加密在这一次运行的时候就完成了，也就不需要修改系统来常驻，不用想办法隐藏自己，也不用和远端建立连接。杀毒软件层层防护在这种技术模式面前就没什么用了，因为就算杀毒软件把它删除了，用户还是得乖乖交钱才能解密文件。在这个技术模式里，匿名技术的使用使得无法对黑客进行追踪，让这些犯罪分子有恃无恐，也加剧了敲诈者病毒的泛滥。

同时，这个新的技术模式也构造了新的盈利模式，就是直接从终端用户那里捞钱。之前的病毒也好、木马也好，其盈利模式都要感染很大的量，然后把这些终端当作“肉鸡”，刷流量、装软件，一个终端赚十几块钱。要想盈利，一方面要感染很大的量；另一方面要能够在这些终端上持久地存活下来。但是敲诈者只要感染几个重要的用户，让他们交赎金，就能从一个终端上至少赚到几个比特币，折算下来就是一万多块钱，这笔钱以前是要感染一千个终端才能赚到的。

齐向东说，因为这个商业模式很创新，技术门槛也不高，匿名互联网技术又保证了自己不会暴露，大量的黑客开始学习敲诈者病毒的攻击思路和技术手段。360威胁情报中心发现，有大量假的敲诈者病毒，它们对文件的加密实际上是可以解密的，但在弹出的敲诈页面上声称自己用的是敲诈者病毒使用的RSA4096结合AES的加密方式，让用户误以为自己的文件无法解密而支付赎金。这很明显就是技术能力并不高的黑客在学习敲诈者病毒的思路用于犯罪。正是因为黑客普遍都学到了这个套路，所以敲诈者病毒开始了，未来很可能会泛滥成灾。

每天拦截6000余次 “敲诈先赔”提供保障

齐向东提到，为了治理敲诈者病毒，360成立了特别行动小组。360公司拥有13亿终端用户和全球最大的网址库和第三方数据库，目前样本库的总样本已经超过了95亿条，每天还在源源不断地更新中。360利用大数据和云安全技术,加上网民的协同,能多维度地进行安全数据监控,快速地捕获样本,对样本进行快速地分析和机器学习,并迅速响应升级,从而做到360安全卫士、360天擎等安全软件能对各类敲诈者病毒及其最新变种进行拦截和查杀。目前,每天拦截敲诈者病毒高达6000多次。

360还独家研发了独有的文档防护功能。这个功能是从源头上保护用户的重要数据,只要判断为非正常地试图修改文档时,就会进行拦截。也就是说,不管敲诈者有多少种新的变种,也无法达到破坏重要数据的目的。

“这种技术上线之后,取得了很好的效果,安装了360的用户几乎没有“中招”的。基于对我们技术的信心,今年9月初我们推出了敲诈先赔服务。”齐向东告诉记者:“对于所有安装了360安全卫士的互联网用户,如果开启了360文档保护功能和360反勒索服务,仍然感染了敲诈者病毒,360可以代替用户向黑客缴纳最高3个比特币(大约13000元人民币)的赎金。对于安装了360天擎的企业用户,如果用户在开启了敲诈先赔功能后仍然感染了敲诈者病毒,360企业安全集团负责赔付赎金,提供每个企业最高100万元的先赔保障。”

自从推出“敲诈先赔“服务以来,360公司已经收到了大约100起被敲诈者病毒加密的用户案件,所有都是由于没有安装360或者退出360的防护导致“中招”的,没有一起是由于360没有防住导致的。

提出任务

思考与讨论:你所了解的电子商务安全主要有哪些方面?

解决问题

4.1 电子商务安全概述

电子商务的发展改变了人们的消费习惯,人们开始尝试着在网上购物消费。然而,我们所注册的账号是否安全?我们的网上银行资金能否得到保障?我们的电脑是否能挡得住互联网木马病毒的攻击?我们应该如何预防这些网络购物存在的问题,又有哪些需要注意的地方?

4.1.1 电子商务安全问题

目前电子商务的安全问题日趋严重,主要表现在计算机网络安全和商业诚信的问题上。在这里只侧重于计算机网络安全问题的描述和解决,对于其他方面的问题不做详细分析。

信息安全是电子商务发展的根本，电子商务安全问题不仅涉及企业、消费者利益，更重要的是国家的经济安全。安全是制约我国电子商务发展的瓶颈之一，具体如下：

1. 信息篡改、破坏、泄露

交易的过程实质上是交换的过程，在电子商务交易之中虽未面对面进行交易，但交易是通过信息传递完成的，因此交易过程可以看作是信息交换的过程，在这一过程之中，只有保证信息的完整性、真实性，才能够让交易顺利进行。但是，当前在电子商务交易过程中存在着信息篡改、破坏、泄露的危险。根据国家计算机病毒应急处理中心公布的数据显示，我国约 31%的互联网用户在 2015 年中遭遇过信息泄露的问题，从而给个人生活带来影响。信息泄露是信息在交换过程中被黑客所劫持，黑客将信息篡改、破坏，从而造成信息不完整、丧失真实性，让交易双方无法达到预先的目标。例如在交易过程中点击页面时出现信息错误或失败则有可能是信息遭到了篡改。而除了上述情况之外，网络软硬件缺陷也会使信息在传递过程中丢失，或是一些恶意程序对信息进行破坏。信息被篡改、破坏、泄露等不仅违反交易规则，而且让交易双方容易受到恶意攻击，一些商业机密或是消费者个人信息等一旦泄露则会引发严重的后果。

2. 电子商务网站安全性问题

当前我国电子商务市场竞争激烈，除了占市场份额较大的电子商务平台，如：天猫商城、京东商城、淘宝网、聚美优品等，同时也出现了一些刚起步的电子商务网站。这些电子商务网站由于资金不足，网站安全性难以保障。而即使是较大的电子商务网站，也有可能存在漏洞，这些漏洞让不法攻击者利用 SQL 注入、cookies 欺骗、木马上传等手段获得网站的管理员账户和后台 web shell，窃取用户信息及交易信息，给网站和用户造成损失。

3. 钓鱼欺诈

国家计算机病毒应急处理中心 2015 年发布的一份报告显示：我国目前支付类病毒数量大大增多，且其智能化程度已经达到了混淆视听的地步，病毒可能通过仿冒我国当前主流的支付 APP 程序来入侵用户电脑，从而让支付流程被黑客操纵。而在 2014 年，约有 30.4%的互联网用户遭受过钓鱼欺诈，而移动客户端的用户遭受钓鱼欺诈的风险要高于 PC 端。钓鱼欺诈是指不法分子利用各种手段来仿冒网站、伪基站等来欺骗用户。而网络钓鱼具有犯罪成本低、传播速度快、范围广等特点，犯罪团伙甚至花费不到千元就能组建钓鱼网站，自 2010 年以来，网络钓鱼欺诈进入了高发期。

4. 病毒感染

2015 年瑞星公司发布的《瑞星 2014 年中国信息安全报告》显示：2014 年，我国的网络新增网络病毒数量呈现上升趋势。根据瑞星截获的病毒样本显示，病毒的总体数量与 2013 年同期相比增长了 55.44%，新增的手机病毒上涨了 128.75%。当前极易遭受到病毒攻击的为路由器、NFC 支付、云计算等环节。病毒感染不仅使得用户隐私被曝光，更容易在支付时密码遭窃，造成经济等损失。

5. 信息伪造

信息伪造是不发分子掌握了用户的数据之后假冒用户。信息伪造通常有以下几种常见情况:第一,虚开网站和商店,给用户发送邮件,进行虚假交易;第二,伪造商家给用户发送信息,骗取用户的个人信息和账号密码;第三,伪造身份,给交易另一方发送邮件,窃取相关信息。这类伪造问题很容易让没有识别能力的商家或用户上当受骗。

4.1.2 电子商务安全体系

1. 网络安全维度下电子商务安全体系构建

安全维度理论即从不同角度(维度)来提出提升电子商务网络安全性策略的方法。对于电子商务而言,网络安全体系的构建可以从安全技术和管理方式两个维度进行。安全技术维度又包含多个维度,这些维度都是用户安全防护的技术手段,从而形成一个立体的多维安全技术防护网。管理方式维度又有 4 个维度,分别是电子商务网站维度、电子商务企业维度、电子商务环境维度和电子商务用户维度,这 4 个维度覆盖了电子商务领域。

2. 提升电子商务网络安全的对策

(1) 安全技术对策

电子商务安全防护技术越来越多,为防范电子商务交易风险,需要完善技术手段,具体如下:

① 用加密技术、安全认证、交易协议等保护交易信息的安全。要建立起一套完整的 PKI,结合国内外的先进技术,定期检查更换交易密钥。如:DES 定期在通信网络远端和目的端同时更换新的密钥,保证核心数据的安全性,进一步提升数据保密性。

对称加密算法应用于网络传输中的数据加密,发送数据时需要将密钥传输给接受者,第三方只需要截取相应密钥就可以解密数据或者非法篡改,这种算法存在安全漏洞。非对称加密算法是庞大复杂的社会系统工程,较难实现。实际应用中把高速简便的 DES 和对密钥管理具有方便性和安全性的 RSA 结合使用,既可以提高加密、解密速度,又可以保证数据的安全。如 PEM(保密增加邮件)就是将二者结合,形成的一种保密的E-mail通信标准。SET 和 SSL 两种协议的加密算法的延伸,也要集合二者之长,开发一种以 PKI 为基础的框架,融合 SET 和 SSL 长处的新的安全协议。采用第三方支付平台可以解决网上支付的安全问题。如网关型支付平台能为电子商务交易提供统一支付平台和手续费用标准,结算方便;信用担保型支付平台能保护双方,尤其是买方的合法权益,以确保资金和货物的顺利对流,为交易提供保证,改造支付流程,保护交易资金的安全。

② 加强互联网络的安全性,防止信息泄漏。防火墙可以拦截对安全有危害的信息,因此利用防火墙能够提升局域网的运行速度,能有效防止病毒或是木马入侵,又能够提升网络的自我保护能力。利用防欺骗和 MAC 控制可以帮助管理员通过发现恶意流量来获取攻击源头,并采取相应措施。利用防火墙后,病毒攻击需要突破防火墙,相当于增加了病毒突破的难度,因此网关防御的作用尤为重要。目前还流行 CSG 内容安全网关,这是一种新型的解决网关病毒攻击的手段,用于电子商务客户端能够为客户提供足够的防御保护。

电子商务网站和企业内部的 IT 技术人员,要增强责任心,做好本职工作,要定期、及时地下载补丁,并扫描内部网络,出现问题时要及时进行整改。对于内部网络资源的访问也要加强防护，以防止病毒从内部入侵，可以采用口令认证的方式来限制和控制内部资源的访问；对于服务器中的数据要及时进行备份，以防止意外情况出现时造成数据丢失，产生不可挽回的后果。在管理上要加强和完善内部责任制，信任管理、授权管理等要明确责任，以追溯源头。对于电子商务所涉及的敏感数据要采取数据保护、身份认证等方式进行加密，防止客户信息泄露。

虽然我国当前的网络安全技术水平略落后于国外，但是我国政府正逐步加强对于网络安全技术的研究，鼓励企业加快对互联网安全技术的研发，争取早日开发出具有独立产权的安全技术产品，服务于我国的互联网产业。

(2) 管理方式措施

① 政府层面。当前要想营造有利于电子商务发展的网络环境，仅靠电子商务交易各主体的自觉、自律和各自出台的规定是远远不够的，最行之有效的方法是完善我国电子商务法律体系，将网络安全纳入其中。法律所具有的权威性、强制性和导向性是任何机制都无法比拟的。当前，我国电子商务的相关立法正在逐步完善，但是与网络安全相关的法律法规仍未出台。我国政府相关部门应当对涉及电子商务网络安全的内容，如：原始文件、数据电文、签名、认证等进行立法规范，并对一些危害电子商务网络安全的行为进行严厉的惩罚。随着电子商务和信息技术的发展，只有建立起完整的电子商务法律体系，才能与电子商务发展相衔接。

② 电子商务平台和行业企业方面。第一，电子商务网站指的是：京东商城、天猫商城、聚美优品、美团网等电子商务平台。对于此类电子商务网站来说可以从如下方面进行改进：提高安全防范意识，对于网站中存在的漏洞或是易被攻击之处要采取技术手段加强其安全性，并且建立网络风险防范机制，在网络安全问题发生之时能够及时应对；重视基础设备的安全管理，由于一些电子商务网站流量大，因此相关的设备必须进行定期维护，以免出现因设备故障而导致的网站被攻击等情况；再者是加大对技术维护的资金投入，网络安全防范离不开安全技术，因此电子商务网站应当吸纳更多的人才，建设自身的技术团队，以与各类黑客或不法分子抗衡。第二，开展电子商务业务的企业，主要需要从人员、管理两个方面做起。对于人员，主要是防止内部人员实施破坏，如：泄露用户隐私、内部数据等，要加强对内部人员的培训、教育，并完善企业内部的权限分配，建立完善的监督机制；管理方面，要坚持诚信经营，不欺诈、不泄露客户信息，并把不发送可疑链接、在交易过程中提醒客户注意交易安全等细节融入到日常的交易环节之中，建立起责任制，以便发生问题时能够及时追溯原因并进行改进。

③ 用户方面。对于电子商务用户来说，最重要的是要提升安全防范意识。这主要可以从如下 7 个方面做起：第一，设置安全性强的密码，尽可能地降低密码被盗的风险，可采用长密码、复杂密码等来增加密码安全性；第二，在进行网络购物时要根据网站的要求安装数字证书，保证购物环境的安全；第三，进行账户实名认证，经过实名认证的账户与用户本人的关联性提高，在遭遇异常情况时不法分子难以伪造用户本人盗取账户；第四，不随便点开链接，在与商家交谈过程中或是在使用电脑过程中不轻易点开来路不明的链接，以免遭到病毒、木马的攻击；第五，进行网络支付要开通多道防护，如动态口令、动态密码等；第六，绑定手机，及时发现账号异常并通过手机进行紧急挂失等处理，避免损失；第七，安装杀毒、防护软件

等,提升系统安全性。

综上所述可知,虽然可以从两个维度来构建电子商务安全体系,能够一定程度地提升电子商务网站防范恶意攻击的能力和水平,但是在信息技术高速发展的今天,任何安全技术都不能长久地保证安全,依然可能会遭到攻击。因此电子商务各主体要不断提高防御水平,并且从多维度来进行安全防护,将管理手段与技术手段相结合,才能将风险控制在一定范围之内,让电子商务能够在安全的网络环境中发展。

4.1.3 电子商务安全控制要求

1. 机密性

电子商务作为贸易的一种手段,其信息直接代表着个人、企业或国家的商业机密。传统贸易都是通过邮寄封装的信件或通过可靠的通信渠道发送商业报文来达到保守机密的。电子商务建立在一个比较开放的网络环境上,维护商业机密是电子商务全面推广应用的重要保障,要预防非法的信息存取和信息在传输过程中被非法窃取。机密性一般通过密码技术对传输的信息进行加密处理来实现。

2. 完整性

电子商务简化了贸易过程,减少了人为的干预,同时也带来了如何维护贸易各方商业信息完整、统一等问题。数据输入时的意外差错或欺诈行为,可能会导致贸易各方信息差异。此外,数据传输过程中的信息的丢失、信息重复或信息传送的次序差异也会导致贸易各方信息的不同。贸易各方信息的完整性将影响贸易各方的交易和经营策略,保持贸易各方信息的完整性是电子商务应用的基础。因此,要预防对信息的随意生成、修改和删除,同时要防止数据传送过程中的信息丢失和重复并保证传送次序的统一。完整性一般可通过提取信息、消息摘要的方式来实现。

3. 认证性

由于网络电子商务交易系统的特殊性,企业或个人的交易通常都是在虚拟的网络环境中进行的,所以对个人或企业实体进行身份确认成为电子商务中很重要的一环。对人或实体的身份进行鉴别,为身份的真实性提供保证,即交易双方能够在相互不见面的情况下确认对方的身份。这意味着当某人或实体声称具有某个特定的身份时,鉴别服务将提供一种方法来验证其声明的正确性,一般都通过电子商务认证授权机构和证书来实现的。

4. 不可抵赖性

电子商务直接关系到贸易双方的商业交易,如何确定要进行的贸易正是所期望的贸易,这一问题则是保证电子商务顺利进行的关键所在。在传统贸易中,贸易双方通过在交易合同、契约或贸易单据等书面文件上手写签名或盖章来确定合同、契约、单据的可靠性并预防抵赖行为的发生。这也就是人们常说的“白纸黑字”。在无纸化的电子商务方式下,通过手写签名和盖章进行鉴别已是不可能的。因此,要在交易信息的传输过程中为参与交易的个人、企业或国家提供可靠的标识。不可抵赖性可通过对发送的消息进行数字签名来实现。

5. 有效性

电子商务以电子形式取代了纸张，那么保证这种电子形式的贸易信息的有效性则是开展电子商务的前提。电子商务作为贸易的一种形式，其信息的有效性将直接关系到个人、企业或国家的经济利益和声誉。因此，要对网络故障、操作错误、应用程序错误、硬件故障、系统软件错误及计算机病毒等所产生的潜在威胁加以控制和预防，以保证贸易数据在确定的时刻确定的地点是有效的。

4.2　电子商务安全举措

4.2.1　电子商务安全管理

网络交易系统安全管理制度是用文字形式对各项安全要求所做的规定，它是保证企业网络营销取得成功的重要基础，是企业网络营销人员安全工作的规范和准则。企业在进行网络营销伊始，就应当形成一套完整的、适应于网络环境的安全管理制度。这些制度应当包括：人员管理制度、保密制度、跟踪审计制度、系统维护制度、数据备份制度、病毒定期清理制度等。

1. 人员管理制度

参与网上交易的经营管理人员在很大程度上决定着企业的命运，他们担负着防范严重网络犯罪的任务。网络犯罪同一般犯罪不同的是：它们具有智能性、隐蔽性、连续性、高效性等特点，因而加强对相关人员的管理十分重要。第一，对相关人员进行上岗培训；第二，落实工作责任制，对违反网上交易安全规定的行为应坚决进行打击，对相关人员要进行及时处理；第三，贯彻网上交易安全运作基本原则：双人负责原则，重要业务不要安排一个人单独管理，实行两人或多人相互制约的机制；任期有限原则，任何人不得长期担任与交易安全有关的职务；最小权限原则，明确规定只有网络管理员才可进行物理访问，只有网络管理人员才可进行软件安装工作。

2. 保密制度

网上交易时涉及企业的市场、生产、财务、供应等多方面的机密，必须实行严格的保密制度。保密制度需要很好地划分信息的安全级别，确定安全防范重点，并提出相应的保密措施。信息的安全级别一般可分为三级：绝密级，如公司战略计划、公司内部财务报表等，应只限于公司高层人员掌握；机密级，如公司的日常管理情况、会议通知等，应只限于公司中层以上人员使用；秘密级，如公司简介、新产品介绍及订货方式等，可以让消费者浏览，但必须有保护程序，防止黑客入侵。

3. 跟踪、审计、稽核制度

跟踪制度是要求企业建立网络交易系统日志机制，用来记录系统运行的全过程。系统日志文件是自动生成的，其内容包括操作日期、操作方式、登录次数、运行时间、交易内容等。它对系统的运行进行监督、维护分析、故障恢复，这对于防止案件的发生或在案件发生后为侦破工作提供数据起着非常重要的作用。

审计制度包括经常对系统日志进行检查、审核，及时发现对系统故意入侵行为的记录和对系统安全功能违反的记录，监控和捕捉各种安全事件，保存、维护和管理系统日志。

稽核制度是指工商管理、银行、税务人员利用计算机及网络系统，借助于稽核业务应用软件调阅、查询、审核、判断辖区内各电子商务参与单位业务经营活动的合理性、安全性，堵塞漏洞，保证网上交易安全，发出相应的警示或做出处理处罚的有关决定等一系列步骤及措施。

4. 网络系统的日常维护制度

对于企业的电子商务系统来说，企业网络系统的日常维护就是针对内部内联网(Intranet)的日常管理和维护，它是一件非常繁重的工作。对网络系统的日常维护主要可以从如下3个方面进行：

(1) 硬件的日常管理和维护

网管人员必须建立系统档案，其内容应包括：设备型号、生产厂家、配置参数、安装时间、安装地点、IP地址、上网目录和内容等。对于服务器和客户机还应记录内存、硬盘容量和型号、终端型号及数量、多用户卡型号、操作系统名、数据库名等。这些内容可存于小型数据库，以方便查询和管理。对于网络设备，一般都有相应的网管软件，可以做到对网络拓扑结构的自动识别、显示和管理，以及网络系统结点配置与管理系统故障诊断等，还可以进行网络系统调优、负载平衡等；对于不可管设备，应通过手工操作来检查状态，做到定期检查和随机抽查相结合，以便及时准确地掌握网络的运行状况，一旦有故障发生能及时处理。

(2) 软件的日常维护和管理

支撑软件包括：操作系统、数据库和开发工具等。应用软件的管理和维护主要是版本控制。设置一台安装服务器，当远程客户机软件需要更新时，可从网络上远程安装，注意选择网络负载较低时进行，以免影响网络的正常运行。

(3) 数据备份制度

每个系统都设置了若干角色，用户管理等任务就是添加或者删除用户和用户组号。如添加一个用户，需先在客户机上添加用户并分配组号，然后在服务器数据库上添加用户并分配组号，最后分配该用户的访问权限。

5. 病毒防范制度

病毒防范是保证网上交易安全很重要的一个方面。如果网上信息及交易活动遭到病毒袭击，将阻碍和破坏网上交易的顺利开展，因此必须建立病毒防范措施，做到如下几点，使计算机始终处于良好的工作状态，从而保证网上交易的正常进行。

(1) 给电脑安装防病毒软件

防病毒软件主要有两种：一是单机版防病毒软件；另一种是联机版防病毒软件。前者用于事后杀毒，当系统被病毒感染之后这种软件才能发挥作用，适合于个人用户；后者用于事前的防范，其原理是在网络端口设置一个病毒过滤器，即事前在系统上安装一个防病毒的网络软件，它能够在病毒入侵系统时，将其挡在系统之外。

(2) 不打开陌生电子邮件

电子邮件传播病毒的关键是附件，最好不要在进行网络交易时打开。

(3) 认真执行病毒定期清理制度

由于许多病毒都有一个潜伏期，因此有必要实行病毒定期清理制度以清除处于潜伏期的病毒，防止病毒的突然爆发。

(4) 控制权限

将网络系统中易感染病毒的文件属性、权限加以限制，对各终端用户授于只读权限，断绝病毒入侵的渠道。

(5) 高度警惕网络陷阱

对非常诱人的广告和免费使用的承诺应保持高度警惕。

6. 应急措施

在计算机灾难事件发生时，利用应急计划辅助软件和应急措施排除灾难和故障，保障计算机继续运行。灾难事件有自然灾害直接导致的系统不能运行，发电厂事故、信息服务商的问题导致的系统非正常运行，计算机本身所发生的数据丢失等灾难，其恢复工作包括：硬件恢复和数据恢复等。一般来讲，数据的恢复更为重要，目前运用的数据恢复技术主要是瞬时复制技术、远程磁盘镜像技术和数据库恢复技术等。

(1) 瞬时复制技术

瞬时复制技术就是计算机在某一灾难时刻自动复制数据的技术。现有一种瞬时复制技术是通过使用磁盘镜像技术来复制数据，它利用空白磁盘和每一个数据磁盘相连，将数据复制到空白磁盘。在复制进行过程中，为保证数据的一致性，使用数据的应用程序被暂时挂起；当复制完成时，瞬时复制磁盘与数据磁盘脱离连接，应用程序继续运行。瞬时复制的备份数据可以用来产生磁带备份或用作远程恢复结点的基本数据。目前，大部分的系统厂商、存储设备供应商和软件开发商已利用这一技术开发了多种瞬时复制产品。

(2) 远程磁盘镜像技术

远程磁盘镜像技术是在远程备份中心提供主数据中心的磁盘镜像。这种技术最主要的优点是可以把数据中心磁盘中的数据复制到远程备份中心，而无须考虑数据在磁盘上是如何组织的。系统管理员仅需要确定哪些磁盘需要备份到远程备份中心，存储在这些磁盘上的数据会被自动地备份到远程备份中心，这对应用系统的安全非常有利。

(3) 数据库恢复技术

数据库恢复技术是产生和维护一份或多份数据库数据的复制。数据库复制技术为用户提供了更大的灵活性。数据库管理员可以准确地选择哪些数据可以被复制到哪些地方。对于那些在日常应用中经常使用大量联机数据的用户，可以选择少量最为关键的复制服务器，同时可以选择哪些数据可以被复制到哪些地方。数据库复制技术提供了非常灵活的手段，可在灾难发生后恢复应用数据，但它还不是完整的解决方案，必须考虑其他方法作为补充。因为数据库复制技术不能复制非数据库格式的数据，一些应用系统的主要数据存储于数据库，但通常也使用大量的常规文件。对于一些非常重要的数据或从数据库生成的数据，通常存放在文件中,有些应用系统的数据不能转换成数据库数据,配置文件、批量控制文件、应用程序的镜像和其他的管理文件通常也不以数据库格式存储。所以,将数据库复制技术与远程磁盘镜像技术配合使用,可获得更好的效果。

4.2.2 电子商务安全技术

1. 加密技术

(1) 加密的概念

数据加密的基本过程就是对原来为明文的文件或数据按某种算法进行处理,使其成为不可读的代码,通常称为密文,而且要做到只能在输入相应的密钥之后才能显示出本来内容,通过这样的途径来达到保护数据不被非法窃取、阅读的目的。

一个加密系统数学符号描述如下:

$$S=\{P,C,K,E,D\}$$

其中:P 是明文,也就是原文,需要加密的信息;C 是密文,是 P 经过加密后产生的信息;K 是密钥,密码算法中的一个参数;E 是加密算法;D 是解密算法。

对每个密钥 K,都有对应的 EK 和 DK,并且 $C=EK(P)$;$P=DK(C)$;$DK=EK-1$。

现代密码学的一个基本原则是:一切秘密应寓于密钥之中,即在设计加密系统时,总是假定密码算法是公开的,真正需要保密的是密钥。

(2) 现代密码体制

① 对称密码体制和非对称密码体制

根据密码算法使用的加密密钥和解密密钥是否相同,将密码体制分为对称和非对称两种。对称密码体制又称为秘密密码体制,其加密密钥和解密密钥相同或者一个可由另一个导出。常用的有:DES、IDEA、AES 等算法。DES 算法属于分组加密算法,在 20 世纪 70 年代中期由美国 IBM 公司的一个密码算法发展而来。在这个加密系统中,每次加密或者解密的分组大小是 64 位,所以 DES 没有密文扩充问题。

其算法步骤具体如下:

将明文分组,每个分组输入 64 位的明文;

初始置换,初始置换过程与密钥无关,仅仅对 64 位码进行移位操作;

迭代过程,共 16 轮运算,这是一个与密钥有关的对分组进行加密的运算;

逆初始置换,它是初始置换的逆变换,这个变换也不需要密钥;

输出 64 位码的密文。

非对称密码体制称为公开密码体制,即加密密钥公开,解密密钥不公开。非对称密码体制适用于开放的使用环境,密钥管理相对简单,但工作效率低于对称密码体制。常用的有:RSA、LUC、椭圆曲线等算法。

② 分组密码体制和序列密码体制

根据密码算法对明文信息的加密方式进行分类,如果密文仅与给定的密码算法和密钥有关,与被处理的明文数据段在整个明文或者密文中所处的位置无关,则称为分组密码体制。分组密码体制是将明文分为固定长度的组，如 64 位一组，用同一密钥和算法对每一组加密，输出也是固定长度的密文。如果密文不仅与给定的密码算法和密钥有关，同时也是被处理的明文数据段在整个明文或者密文中所处的位置的函数，则称为序列密码体制。序列密码的关键技术是伪随机序列产生器的设计。

③ 加密技术中的摘要函数

摘要是一种防止改动的方法，其中用到的函数叫摘要函数。这些函数的输入可以是任意大小的消息，而输出是一个固定长度的摘要。摘要有这样一个性质，只要改变了输入消息中的任何东西，即使只有一位，输出的摘要也会发生不可预测的改变，也就是说输入消息的每一位对输出摘要都有影响。数字签名可以用于防止从一个签名上获取文本信息或改变文本信息内容和进行身份认证。摘要算法的数字签名原理在很多加密算法中都被使用，如：SO/KEY 和 PGP(Pretty Good Privacy)，如图 4.1 所示。

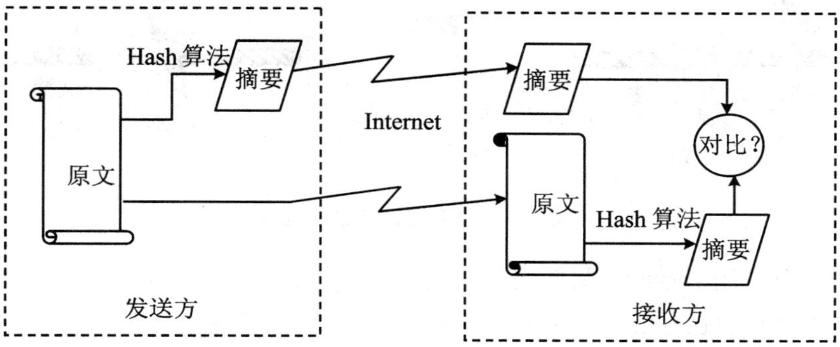

图 4.1　信息摘要过程

2. 数字签名

(1) 数字签名的含义

对文件进行加密只解决了传送信息的保密问题，而如何防止他人对传输文件进行破坏以及如何确定发信方的身份还需要采取其他的手段，这种手段就是数字签名。在电子商务安全保密系统中，数字签名技术有着极其重要的地位，在电子商务安全服务中的源鉴别、完整性服务、不可否认等服务中都用到了数字签名技术。在日常的社会生活和经济往来中，签名盖章和识别签名是一个重要的环节。数字签名和书面签名有相同之处，采用数字签名，能确认如下两点：信息是由签名者发送的，信息从签发后到收到为止未做过任何修改。因此，数字签名可用来防止电子信息因易被修改而有人作伪；或冒用别人名义发送信息；或发出(收到)信件后又加以否认等情况的发生。

联合国国际贸易法委员会《电子商务示范法》第 7 条的规定给电子签名一个非形式化的定义：数字签名系指在数据电文中，以电子形式所含、所附或在逻辑上与数据电文有联系的数据，和与数据电文有关的任何方法，它可用于数据电文有关的签字持有人和表明此人认可数据电文所含信息。

(2) 数字签名使用原理

安全的数字签名使接收方可以确认文件确实来自声称的发送方。鉴于签名私钥只有发送方自己保存，他人无法做一样的数字签名，因此不能否认他参与了交易。

数字签名使用的是发送方的密钥对，发送方用自己的私有密钥进行加密，接受方用发送方的公开密钥进行解密。这是一对多的关系，任何拥有发送方公开密钥的人都可以验证数字签名的正确性。在实际应用过程中，通常一个用户拥有两个密钥对，一个密钥对用来对数字签名进行加密解密，一个密钥对用来对私有密钥进行加密解密，如图 4.2 所示。

下面介绍利用哈希函数进行数字签名和验证的文件传输过程。

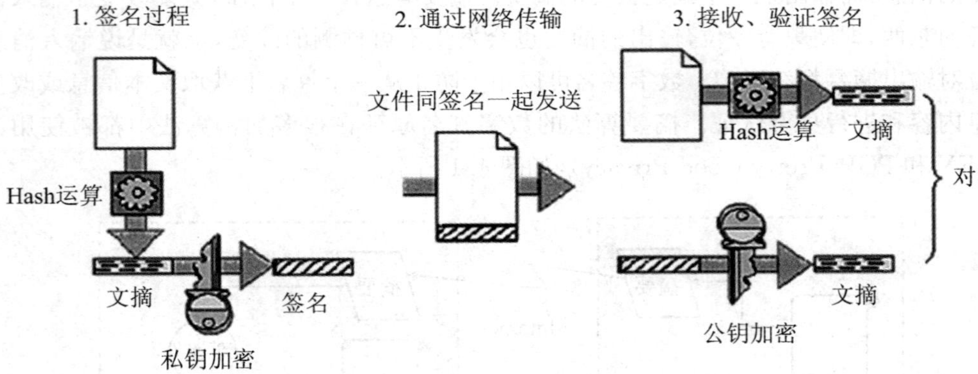

图 4.2　数字签名和验证过程

① 发送方首先用哈希函数将需要传送的消息转换成报文摘要。

② 发送方采用自己的私有密钥对报文摘要进行加密，形成数字签名。

③ 发送方把加密后的数字签名附加在要发送的报文后面，传递给接收方。

④ 接受方使用发送方的公开密钥对数字签名进行解密，得到发送方形成的报文摘要。

⑤ 接收方用哈希函数将接收到的报文转换成报文摘要，与发送方形成的报文摘要相比较，若相同，说明文件在传输过程中没有被破坏。

3. 认证技术

网上交易的买卖双方在进行每一笔交易时，都要鉴别对方是否是可信的。例如：甲方收到了带有乙方数字签名的一封信，用属于乙方的公开密钥解密，他要确定公开密钥属于乙方，而不是在网上冒充乙方的其他人。一种确定公开密钥属于乙方的办法就是通过秘密途径接收由乙方亲自送来的公开密钥(Public Key)，这种办法在实际的交易中显然是不现实的。如果交易的甲乙双方通过网络获取各自的公开密钥(这种办法是可行的)，他们则需要对这些密钥进行验证。甲方不能简单地向乙方询问其公开密钥，因为在网络上可能存在第三者截获甲方的请求，并发送它自己的公共密钥，借以阅读甲方传送给乙方的所有消息。因此，需要一个第三方来验证公开密钥确实是属于乙方的，这样的第三方被称为认证机构(Certificate Authority，简称 CA)。通过认证机构来认证买卖双方的身份，是保证网络交易安全的重要措施。

(1) 数字证书

根据联合国《电子签字示范法》第 1 条，证书系指可证实签字人与签字生成数据有联系的某一数据电文或其他记录。

最常用的 CA 证书是数字证书。数字证书作为网上交易双方真实身份证明的依据，是一个经证书授权中心数字签字的、包含证书申请者(公开密钥拥有者)个人信息及其公开密钥的文件。基于公开密钥体制(PKI)的数字证书是电子商务安全体系的核心，用途是利用公开密钥加密系统来保护与验证公众的密钥，由可信任的、公正的权威机构 CA 颁发。CA 对申请者所提供的信息进行验证，然后通过向电子商务各参与方签发数字证书，来确认各方的身份，保证网上支付的安全性。

数字证书按照不同的分类有多种形式，如个人数字证书和单位数字证书，SSL 数字证书和 SET 数字证书等。数字证书主要由两部分组成：申请证书主体的信息和发行证书的 CA 签名，如图 4.3 所示。证书数据包含版本信息、证书序列号、CA 所使用的签名算法、发行证书 CA 的名称、证书的有效期限、证书主体名称、被证明的公钥信息。发行证书的 CA 签名包括 CA 签名和用来生成数字签名等签名算法。

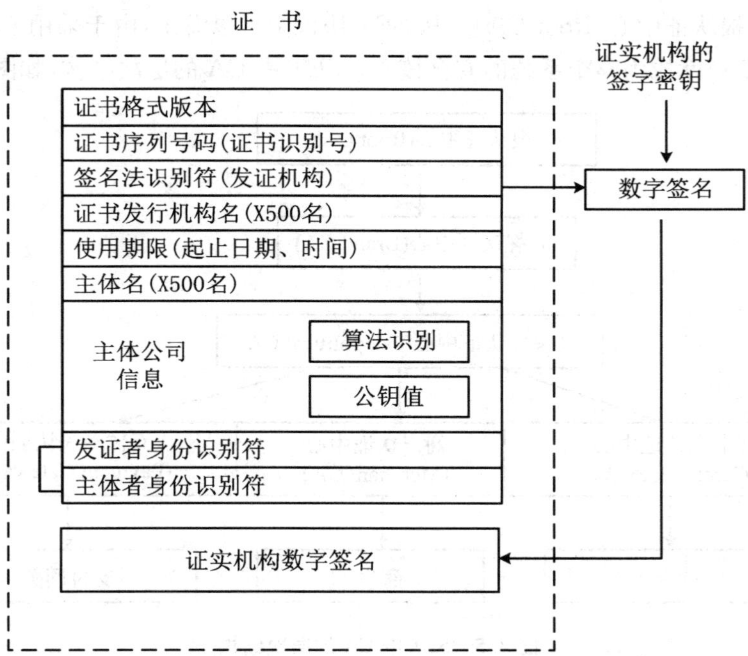

图 4.3　数字证书的组成

(2) 认证机构

认证机构(Certificate Authority，简称 CA)在电子商务中具有特殊的地位。CA 是提供身份验证的第三方机构，由一个或多个用户信任的组织实体构成。例如：持卡人要与商家通信，持卡人从公开媒体上获得了商家的公开密钥，但持卡人无法确定商家不是冒充的(是有信誉的)，于是持卡人请求 CA 对商家认证，CA 对商家进行调查、验证和鉴别后，将包含商家公开密钥的证书传给持卡人。同样，商家也可对持卡人进行验证，如图 4.4 所示。

CA 的功能主要有：接收注册请求，处理、批准/拒绝请求，颁发证书等。

(3) 电子商务的 CA 认证体系

电子商务 CA 体系包括两大部分，即符合 SET 标准的 SET CA 认证体系(又叫金融 CA

体系)和基于 X. 509 的 PKI CA 体系(又叫非金融 CA 体系)。

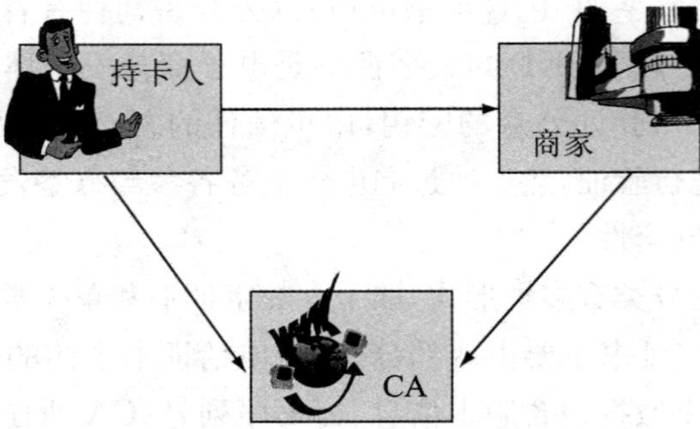

图 4.4 CA 认证

① SET CA。1997 年 2 月 19 日,由 MasterCard 和 VISA 发起成立的 SET Co 公司,被授权作为 SET 根认证中心(Root CA)。从 SET 协议中可以看出,由于采用公开密钥加密算法,认证中心(CA)就成为整个系统的安全核心。SET 中 CA 的层次结构,如图 4.5 所示。

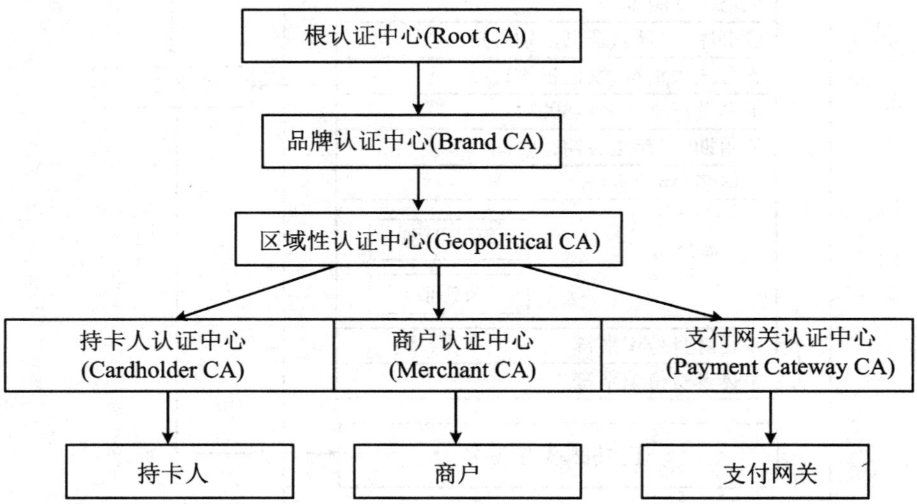

图 4.5 SET 中 CA 的层次结构

在 SET 中,CA 所颁发的数字证书主要有持卡人证书、商户证书和支付网关证书。在证书中,利用 X. 500 识别名来确定 SET 交易中所涉及的各参与方。SET CA 是一套严密的认证体系,可保证 B2C 类型的电子商务交易安全顺利地进行。但 SET 认证结构适应于卡基支付,对其他支付方式是有所限制的。

② PKI CA。PKI(Public Key Infrastructure,公开密钥基础设施)是提供公开密钥加密和数字签名服务的安全基础平台,目的是管理密钥和证书。PKI 是创建、颁发、管理、撤消公开密钥证书所涉及的所有软件、硬件的集合体,它将公开密钥技术、数字证书、证书发放机构(CA)和安全策略等安全措施整合起来,成为目前公认的在大型开放网络环境下解决信息安全问题最可行、最有效的方法。PKI 是电子商务安全保障的重要基础设施之一。它具有多种功能,能够提供全方位的电子商务安全服务。

一个典型的 PKI 应用系统主要包括 5 个部分：密钥管理子系统（密钥管理中心）、证书受理子系统（注册系统）、证书签发子系统（签发系统）、证书发布子系统（证书发布系统）、目录服务子系统（证书查询验证系统）。PKI 体系的构成如图 4.6 所示。

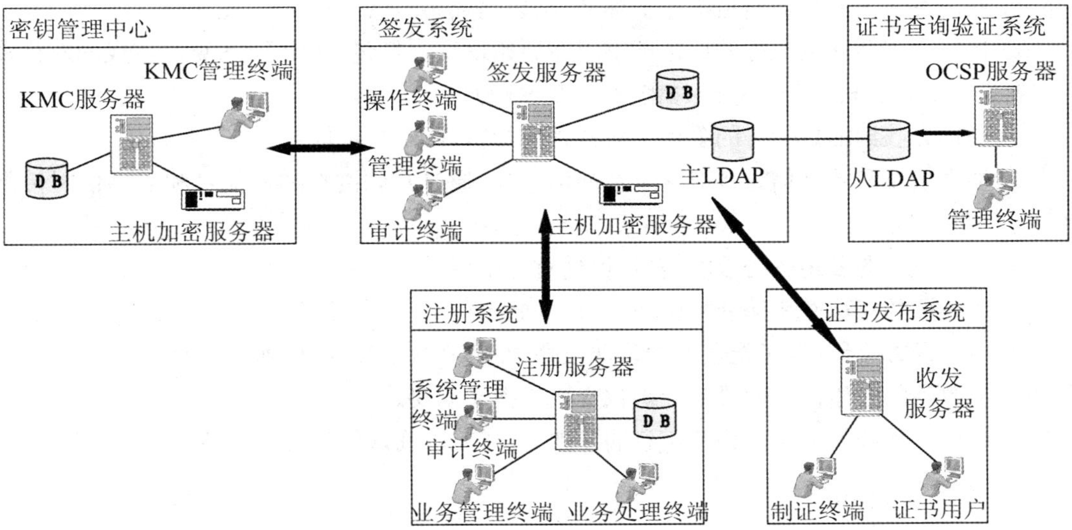

图 4.6　PKI 体系的构成

（4）证书的树形验证结构

在两方通信时，通过出示由某个 CA 签发的证书来证明自己的身份，如果对签发证书的 CA 本身不信任，则可验证 CA 的身份，依次类推，一直到公认的权威 CA 处，从而确信证书的有效性。SET 证书正是通过信任层次来逐级验证的。每一个证书与数字化签发证书的实体的签名证书关联。沿着信任树一直到一个公认的信任组织，就可确认该证书是否有效。例如：C 的证书是由名称为 B 的 CA 签发的，而 B 的证书又是由名称为 A 的 CA 签发的，A 是权威机构，通常称为根认证中心（Root CA）。验证到了 Root CA 处，就可确认 C 的证书是否合法，如图 4.7 所示。

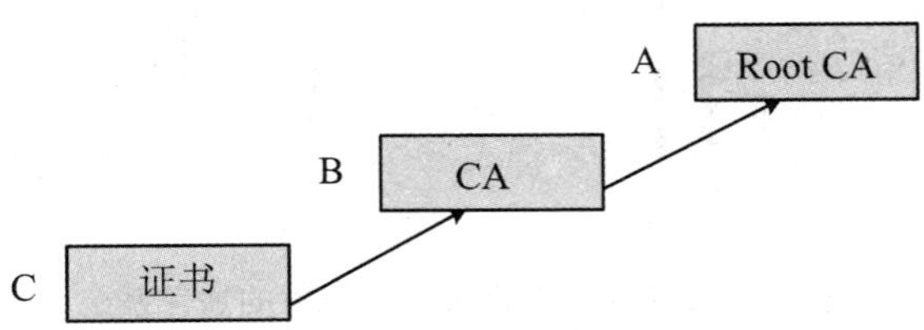

图 4.7　证书的树形验证结构

在网上购物中，持卡人的证书与发卡机构的证书关联，而发卡机构证书通过不同品牌卡的证书连接到 Root CA，而 Root CA 的公共密钥对所有的 SET 软件都是已知的，因此可以校验每一个证书。

（5）带有数字签名和数字证书的加密系统

安全电子商务使用的文件传输系统大都带有数字签名和数字证书，其基本流程如图 4.8 所示。

图 4.8 显示了整个文件加密传输的 10 个步骤，具体如下：

① 在发送方的网站上，将要传送的信息通过哈什函数变换为预先设定长度的报文摘要。

② 利用发送方的私钥给报文摘要加密，结果是数字签名。

③ 将数字签名和发送方的认证证书附在原始信息上打包，使用 DES 算法生成的对称密钥在发送方的计算机上为信息包加密，得到加密信息包。

④ 用预先收到的接收方的公钥为对称密钥加密，得到数字信封。

⑤ 加密信息和数字信封合成一个新的信息包，通过互联网将加密信息和数字信封传到接收方的计算机上。

⑥ 用接收方的私钥解密数字信封，得到对称密钥。

⑦ 用还原的对称密钥解密加密信息，得到原始信息、数字签名和发送方的认证证书。

⑧ 用发送方公钥(置于发送方的认证证书中)解密数字签字，得到报文摘要。

⑨ 将收到的原始信息通过哈什函数变换为报文摘要。

⑩ 将第 8 步和第 9 步得到的信息摘要加以比较，以确认信息的完整性。

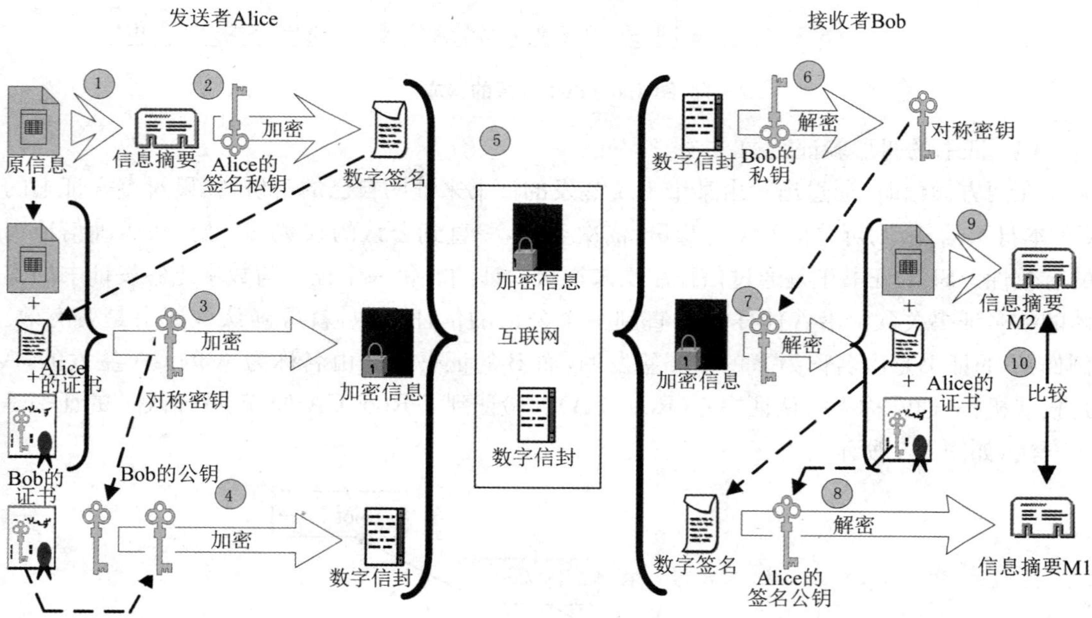

图 4.8　带有数字签名和数字证书的加密系统

4.2.3　电子商务安全协议

电子商务的安全机制在逐渐走向成熟，为了保证电子交易安全进行，国际上逐渐形成了一些交易规范和标准。其中，SSL(Secure Sockets Layer，安全套接层)协议和 SET(Secure Electronic Transaction，安全电子交易)协议是安全交易体系中具有代表性的两种交易规范，具体如下：

1. SET 安全协议

SET 安全协议是由 MasterCard 和 VISA 两个国际信用卡组织与技术合作伙伴 Microsoft、VeriSign、GTE、IBM、Terisa System、Netscape、SAIC 等一批跨国公司共同开发的。它是一种应用于互联网并以信用卡为基础的电子支付系统协议，采用公开密钥体制(PKI)和 X. 509 数字证书标准。它主要应用于 B2C 电子商务模式，目的是解决用户、商家和银行之间通过信用卡进行支付的交易问题。SET 协议是目前公认的用借记卡或信用卡进行网上支付的国际安全交易标准。

(1) SET 协议的工作目标

SET 协议可以保证交易信息在传输过程中具有保密性和完整性，在接收到信息后，可以验证信息的真实性和不可否认性。

(2) SET 协议的优缺点

① 优点：SET 协议为顾客提供更好的安全保护，为商家提供了保护自己的手段。

② 缺点：必须安装软件、发放证书，比 SSL 昂贵得多。

2. SSL 安全协议

SSL 安全协议是由 Netscape 于 1994 年年底首先推出的，其主要目的是解决互联网上信息传输的安全性问题。它可以使客户机/服务器应用之间的通信不被窃听，并始终对服务器进行认证，同时还可以选择对客户进行认证。SSL 协议处于 TCP/IP 协议与各种应用层协议之间，它属于传输层的安全机制，能够对 TCP/IP 以上的网络应用协议传输起到保护作用。SSL 被广泛应用于电子商务的网上购物中。

(1) SSL 协议的工作原理

当用户使用浏览器浏览网页时，浏览器可以利用 HTTP 协议与 Web 服务器进行对话。也就是说，SSL 是采用 TCP 作为传输协议来为信息的传输和接收提供保险的。

(2) SSL 协议的优缺点

① 优点：支持多种加密算法、实现过程简单、方便。

② 缺点：只能建立两点之间的安全连线。

4.2.4　常见电子商务安全应用软件

1. 杀毒软件

杀毒软件也称反病毒软件或防毒软件，适用于清除电脑病毒、特洛伊木马和恶意软件等。杀毒软件通常集成监控识别、病毒扫描和清除、自动升级等功能，有的杀毒软件还带有数据恢复等功能，是计算机防御系统的重要组成部分之一。

目前，常见的杀毒软件主要有如图 4.9 所示的 360 杀毒软件、金山毒霸等。下面将以 360 杀毒软件和金山毒霸为例进行说明。

(1) 360 杀毒软件

360 杀毒软件实时监控系统中的文件访问情况，防止病毒入侵；可对系统中的文件进行扫描并查杀病毒;为实时保护用户计算机,会自行升级到最新病毒库及程序,也可以手动进行升级。

图 4.9 360 杀毒软件

360 杀毒软件主要提供 4 种病毒扫描方式:快速扫描、全盘扫描、指定位置扫描及右键扫描。用户可根据需要选择不同的查杀方式对电脑中的文件进行扫描。快速扫描方式会扫描自启动的程序、用户桌面文件、Windows 系统目录及 ProgramFiles 目录;全盘扫描方式除扫描引导区、内存外,还会扫描所有的磁盘文件;指定位置扫描则仅扫描用户指定的目录或文件;右键扫描方式已经集成到 Windows 右键菜单中,当用户在文件或目录上点击鼠标右键时,可以选择"使用 360 杀毒扫描"对选中文件或目录进行扫描。

360 杀毒软件包含 6 层入口防御:商务安全防护、聊天安全防护、下载安全防护、U 盘安全防护、黑客入侵防护、局域网防护(ARP);2 层隔离防御:隔离看片、隔离运行风险文件;4 层系统防御:文件系统防护、驱动防护、进程防护、注册表防护。同时,针对网上支付,360 开发了网购保镖。

(2) 金山杀毒软件

金山公司根据未来我国互联网用户面临的主要问题,如:安全问题多样化,安全无孔不入,单一工具无法全面防御,病毒、木马变化迅速,用户频频升级杀毒软件仍对病毒防不胜防,安全工具成为用户计算机运行负担等问题,开发了金山毒霸。

值得注意的是:金山杀毒软件为了保护用户的购物安全,推动中国的电子商务发展,独创了"网购敢赔模式"。它主要包括:最高 500 元现金赔付;十层网购防御体系独家网购纯净空间。网购敢赔服务范围:因网购中木马、遭遇钓鱼网站等网购被盗情况而造成的经济损失。

2. 个人防火墙

(1) Windows 防火墙

Windows 防火墙是 Windows 操作系统自带的一款防火墙，是一个基于主机的状态防火墙，它会断开非请求的传入通信。Windows 防火墙针对依靠非请求传入通信攻击网络计算机的恶意用户和程序具有一定的保护作用。

通过“开始”→“程序”→“附件”→“系统工具”→“安全中心”，即可打开 Windows 安全中心，单击右下的“Windows 防火墙”，会出现对话框，该对话框包括“常规”“例外”“高级”三个选项卡。

(2) 360 安全防火墙

360 安全防火墙在用户电脑与互联网进行通信时建立起一道安全屏障，其双向、立体和多层次的防护可以让用户免受各类网络安全隐患和攻击的影响。360 独特的云安全技术让防火墙的监控即高效又精准，可以在第一时间发现和阻止用户电脑中有异常的程序访问网络。

360 防火墙具有保护用户电脑的系统信息安全、智能防御木马、抵御各类网络攻击等多项功能，用户可以在此产品中自主地进行各项选择，360 防火墙也会根据用户的选择将所产生的实时防护报告通过统计数据清晰地展现在用户面前，让用户对自己电脑当前的防护情况、所处的网络状态有足够清晰的了解。

(3) 天网防火墙

天网防火墙启动后，一般情况下使用默认设置就可以满足基本的安全需求，但有时需要对防火墙进行一些设置，以让某些特定的病毒无法入侵。比如：冲击波病毒是利用 Windows 系统的已经开放的 69、135、、139、445、4444 端口入侵系统的，所以要防范该病毒，就要封住以上端口。

4.2.5 网上购物注意事项

我们必须注意到在网络购物带给我们方便快捷的同时，也带来了不少麻烦，其中一个最大的麻烦就是在网上购物被骗。预防网购被骗应从技术上和心理上进行预防，具体如下：

1. 从技术上预防

(1) 知名的购物网站更有保障

如：淘宝、京东、当当、凡客诚品等，当然并不是说这些网站就没有问题，只是说至少在诚信方面问题不大。对于一些网站上出售的商品价格低得离谱的要提高警惕。

(2) 分清网站是否为钓鱼网站

银行升级短信、网购时误入钓鱼网站导致信用卡被盗刷的事情屡屡发生，牵动着无数信用卡持卡人的神经。不少商业银行为了保证客户的用卡安全，设置了多种保障方式，但依旧防不胜防。

(3) 在自己的电脑中进行购物

应尽量避免在网吧等公共场所的电脑上操作；在业务办理完成或中途离开时要及时退

出网络银行并清除相关资料。如果发现在可疑网页中输入了账户信息，应立即采取通过网络银行客服热线、营业网点或者网上银行修改密码或冻结银行卡等紧急措施，以将损失降到最低。

(4) 及时核对账单并使用安全电脑支付

可以通过核对账单及时发现异常交易；为电脑安装防火墙和杀毒软件；开启实时保护功能和定期更新杀毒软件等。可以有效防止电脑受到恶意攻击或被木马程序套取支付密码。

2. 从心理上预防

(1) 不要贪恋便宜

很多人在网上购物图的就是便宜。比如：市面上要两千元，网上就只要七八百甚至四五百的商品，建议谨慎购买。

(2) 识别商家

识别网上商城是否是正规商家，是否有工商部门颁发的营业执照，是否通过大型购物平台认证并向其缴纳保证金等。当然，在淘宝等 C2C 平台上也有非常多的诚信卖家，在选购商品时，请注意查看店铺的好评率、商品评价、店铺经营时间等。

(3) 选购商品

看宝贝的销售量，销售量大说明深受顾客喜爱，质量各方面也都好；看评价，评价大多都是好评则说明东西真的不错，值得放心购买；另外，下单前要先跟卖家沟通好，以免造成不必要的麻烦。尤为要注意的是：查看店主的信用记录和店主是否盗用其他店铺的图片等。

(4) 支付

选择货到付款或第三方支付平台支付。使用信用卡和借记卡在线购物不但方便，而且很安全，因为通过它们进行的交易受有关法律的保护，你可以对支付问题提出质疑，并在质疑得到解决之前拒绝付账。

(5) 收货

收到货物后，应尽快、仔细检查货物有无质量问题，特别是某些部件、功能的完好性，应尽早发现，以免超过保修期或者保质期。

4.2.6 网上购物安全工具

随着信息技术和电子商务的发展，网上购物的安全工具不断涌现，下面主要介绍 3 种常用的工具，具体如下：

1. 口令卡

口令卡是电子银行所提供的支付密码安全工具，是保护客户资金不受损失而设置的一道防线。客户只要保管好手中的口令卡，就不会有资金损失，即使客户不慎外泄了登录卡号和登录密码，只要保管好手中的口令卡，使登录卡号、登录密码、口令卡不被同一个人获取，就能够保证资金的安全。目前，不同银行采用的口令卡不一。中国工商银行、中国农业银行、中国建设银行等使用的是坐标式卡片，客户在使用电子银行支付时，电子银行系统会随机给出一组口令卡坐标，客户根据坐标位置查出随机支付密码后正确输入，才能完成支付。

如:中国银行使用的是电子口令卡,客户在使用电子银行支付时,必须输入电子口令卡上所显示的数字才能完成支付。

2. U盾

U盾是电子银行推出的客户证书USBkey,是为用户提供的办理网上银行业务的高级别安全工具。U盾是用于网上银行电子签名和数字认证的工具,它内置微型智能卡处理器,采用1024位非对称密钥算法对网上数据进行加密、解密和数字签名,确保网上交易的保密性、真实性、完整性和不可否认性。从安全性上讲,U盾的安全性更高。

3. 安全控件

在第一次登录电子银行时,请在网上银行登录页面下载并安装网上银行安全控件,不要到其他任何来历不明的网站上下载控件。安全控件将引导你完成整个证书驱动、控件以及系统补丁的安装等。

微 思 考

根据第38次《中国互联网发展统计报告》可知,截至2016年6月,我国手机网民规模达6.56亿,较2015年底增加3656万人。网民中使用手机上网的比例由2015年底的90.1%提升至92.5%,手机在上网设备中占据主导地位。同时,仅通过手机上网的网民达到1.73亿,占整体网民规模的24.5%。那么,随着手机网上购物的兴起,手机电子商务安全问题也日趋凸显,请问手机操作系统安全应注意哪些方面?

大 讨 论

2015年你的隐私都是如何被泄露的?

近日,由360互联网安全中心发布了国内第一份网站安全报告——《2015年度中国网站安全报告》(以下简称《安全报告》),其揭露出的网络安全问题令广大网民为之震惊。《安全报告》显示,在被调查的网站中43.9%存在安全漏洞,一年或有55亿条信息因这些网站漏洞而泄露,而这些漏洞的修复率竟不足一成,对个人及社会造成了极大威胁。当前中国网络安全形势严峻,中国网络安全产业联盟近日在北京成立,旨在营造良好的网络安全产业发展环境。

网络安全之殇,成为社会安定的一颗“定时炸弹”,2016年,我们又该如何“拆除”它呢?

网络安全堪忧,信息泄露问题愈演愈烈

互联网已经成为大多数人生活不可或缺的一部分,而网络安全问题也随之频繁发作。据《安全报告》显示:2015年,国内网民人均有8条个人隐私被盗,数万网站存在安全漏洞。另据中国互联网协会发布的《中国网民权益保护调查报告》显示:近一年来,网民因个人信息泄露、垃圾信息、诈骗信息等导致的损失约805亿元。

网络信息安全问题让网民及社会的财产蒙受如此大的损失,那么我们的信息是如何被网络泄露的呢？下面就让我们盘点一下2015年比较典型的网络信息安全问题：

第一种是网购泄露个人信息。360“补天”漏洞响应平台近日曝出近200家网上商城存在信息漏洞，这些漏洞极易被不法分子利用来获取用户资料。大多消费者都不同程度地受到骚扰短信、电话诈骗等侵害。

第二种是快递信息泄露。快递公司信息系统存在管理漏洞，容易被不法分子利用盗取消费者信息，并倒卖给行骗人员或直接施行诈骗等。据菜鸟网络监测，2015年，国内主流快递企业信息泄露、系统遭受攻击等事件出现上千起。

第三种是移动应用数据泄露。据悉，移动应用程序正成为新的数据泄露主体，2014年国家信息安全漏洞共享平台收录1710个涉及移动互联网终端设备或软件产品的漏洞，这都可能成为不法分子获取用户信息的入口，各类订票、社交、浏览器、论坛等应用软件都曾发生过数据泄露现象。

第四种是各类互联网金融应用成为信息泄露的主要渠道。互联网金融发展形成的第三方支付、P2P网贷等金融模式，涉及资金较多，容易被不法分子盯上，但国内的网络安全技术及安全防护机制未与金融市场的发展相匹配，漏洞一旦被不法分子利用，将造成不可挽回的损失。

网络信息泄露屡禁不止，难遏制

网络信息安全容易衍生出社会治安及财产安全问题，为社会造成了不小的危害，但却一直没有被根治，究其原因主要有三：

其一，信息泄露已形成成熟的地下产业链。据悉，网购过程中用户信息因平台漏洞及人员素质不过关等原因大量外流，并由专门的人员收购并转卖给实施诈骗的不法分子。有媒体曾通过网络平台轻易找到销售各大网购平台用户资料的人员，该人员声称可提供两万多条用户信息，且称不用担心违法风险，因为查不到。

其二，虽有相关法律法规，但威慑力不足。虽然我国已经颁布了网络安全法对个人信息安全进行法律保障，但法律界人士指出，网购涉及环节与主体众多，很难证明消费者遭受的损失与某个网站的信息泄露直接有关。此外，监管环节的薄弱也使此类法律法规很少难施行，在业内的威慑力不足。

其三，各大网络服务商作为信息泄露主渠道，并不重视信息安全问题。由于行业监管不足及上述第二点原因，各大网络服务商鲜有因信息泄露而被处罚。企业自身不重视信息安全，就不会去花费时间及成本去提升维护网站的信息安全。

此外，由于信息泄露源难以证实，法律界定较难又麻烦，用户在遇到此类信息泄露问题时往往采取姑息的态度，即使遭受了经济损失，也较少会拿起法律武器维权。

网络信息安全保障，还需产业链配合完成

网络信息安全保障已经成了国家层面的课题。据悉，我国的信息安全市场尚处早期，预计未来市场增速将最高提高30%，未来企业的网络安全意识将逐步提升，毕竟若不能给予用户以安全感，企业最终将失去广大的用户。但若要提升网络信息安全，单凭一己之力还不够，需要监管部门、产业链各方通力合作，才能逐步遏制网络信息泄露带来的负面影响。

首先，立法先行。根据现有法律的施行情况，对法规进行完善，加强入刑、量刑方面的条例,以增加法律威慑力及实用性,如:针对信息安全泄露取证难、责任确定难的问题,规定服务商承担举证责任或对责任界定做进一步的细化。

其次,行业层面应加强监督监管。对于不诚信或漏洞频发的网站,行业层面应该给予监督警示,对于那些屡教不改、违规严重的网站,行业监管部门可以以黑名单的形式进行公示,并给予严惩,让用户可以避开这些网络安全地雷。值得一提的是:中国网络安全产业联盟近日在北京成立,该联盟将加强网络安全技术攻关,维护网络安全。

对用户来说,首先要注意防范个人信息泄露,提高账户密码安全等级,不使用简单密码,并定期更换密码,不要在不同的网站上使用相同的密码,更不要点击陌生人发送来的网络链接;其次,若真的碰到个人信息泄露等网络安全问题,应当不怕麻烦,积极申诉举报。

相信在不久的将来,在各方的努力下,网络安全之殇将会逐步被治愈,迎接我们的将是更健康的网络环境。

(资料来源:新浪科技　作者:周露　http://edu.gmw.cn/2016-01-02/content_18332537.htm)

问题:

1. 个人网络隐私泄露有何危害?
2. 政府、企业、个人该如何保护网络隐私?

小实训

电子商务购物安全体验

一、实训目的

了解如何进行安全的电子商务购物。

二、实训内容

(1) 选择淘宝C2C电子商务平台,并注册用户(含阿里巴巴和支付宝账户)。

(2) 在淘宝电子商务平台上通过搜索商品,并掌握安全购物时选择商品的基本注意事项,如:用户评价、商品销量等。

(3) 使用支付宝和网上银行进行在线支付,支付时注意安全支付的方法。

(4) 结合电子商务购物的安全问题,谈谈网上购物存在的安全隐患主要有哪些?

三、实训要求

请把相关内容制作成PPT并进行汇报。

任务总结

本项目通过"个人电子商务安全与防范""企业电子商务安全与防范"任务的实施,在熟悉电子商务安全的基本概念及相关专业知识的基础上,介绍了个人电子商务安全环境的构建、企业电子商务安全环境的构建等知识。通过这部分的学习与实训,旨在使学生在学与做中认识电子商务安全的重要性,达到快速掌握知识要点、有效应用专业知识和强化操作技能的要求。

参考文献

[1] 相成久. 电子商务应用与运营.[M]. 2 版. 北京:中国人民大学出版社,2015.
[2] 于巧娥,王林毅. 电子商务基础与实务.[M]. 2 版. 北京:中国人民大学出版社,2015.
[3] 朱孝立,罗荷香. 新编电子商务教程.[M]. 2 版. 合肥:中国科学技术大学出版社,2012.
[4] 杨荣明,吴自爱. 电子商务实用教程.[M]. 2 版. 合肥:安徽大学出版社,2014.
[5] 孙若莹,王兴芬. 电子商务概论[M]. 北京:清华大学出版社,2012.
[6] 艾瑞咨询网. http://www.iresearch.com.cn.
[7] 百度百科. http://www.baike.baidu.com.
[8] 中国互联网络信息中心. http://www.cnnic.net.cn.
[9] 光明网. http://edu.gmw.cn/2016-01/02/content_18332537.htm.
[10] 凤凰资讯. http://news.ifeng.com/a/20160922/50008109_0.shtml.

第 5 章　电子商务物流

学习目标

知识目标：理解物流与电子商务的关系；掌握物流的基本知识；能够正确地选择电子商务物流服务。

能力目标：了解物流对电子商务的作用和意义，学会电子商务物流的解决方案。

本章内容结构
- 5.1　物流概述
- 5.2　电子商务物流

案例导入

PPG 的陨落与 VANCL 的崛起

在电子商务领域，PPG 和 VANCL 的案例反复被业内人士研究对比。2007 年 3 月底，国内的投资圈和互联网投资圈都在打听一个名为 PPG 的神秘公司。仅凭呼叫中心和互联网，这家公司每天能卖掉 1 万件左右男士衬衫，而同期市场占有率第一的雅戈尔的销售数量是 1.3 万件，但是需要说明的是雅戈尔拥有零售网点 1500 多个，在渠道上的投入是 3500 万元，而 PPG 没有任何形式的实体店、厂房和流水线，有的仅仅是 3 个小仓库。2007 年，PPG 成立仅 27 个月销售额就达到了 10 亿元人民币，而完成这一数字，淘宝用了整整 5 年。可谁会想到 3 年后，在瞬息万变的商业环境里，已经很少有人再提起 PPG 了，尽管这家折戟战场的企业曾经使中国制造业那么兴奋。PPG 是典型的轻公司模式，其仅仅抓住 C 端客户，根据市场需求反馈分配订单或调配生产资源。PPG 在产业链中掌握核心价值，而将生产工艺、质检、物流等环节外包出去。PPG 的 CEO 李亮可以说是开创了一种典型的“轻公司”商业模式，将物流放在了不受重视的末端环节，却将大量的资金投入到巨额广告中。失去对物流控制权的 PPG，在订单不断增多、市场知名度越来越高的 2006 年，出现了严重的库存问题。由于库存积压又带来供应商货款拖欠，最终导致与供应商之间的官司，使品牌形象大打折扣。到 2007 年年底，PPG 陷入资金链断裂的局面，客户满意度急剧下降。至此，一个曾经辉煌至极，靠轻资产、亲客户的商业模式先锋轰然倒台。

VANCL（凡客诚品）由原卓越网创始人陈年先生创立，企业发展到如今，成为知名电子商务时尚衣服品牌。凡客诚品目前已涵盖男装、女装、童装、鞋、家纺五大类产品销售，随着各品类的不断深化，逐渐成为网民购买服装的第一选择。在业务快速成长的同时，凡客诚品在运营初期短短10个月里，即获得了IDGVC、联创策源、软银赛富、启明创投的先后三轮投资。

VANCL是PPG的跟随者。2007年夏天，VANCL的创始人陈年开始逐步关注并研究PPG的商业模式，在充分学习轻公司商业模式的同时，VANCL也在避免PPG早期犯下的一些错误，其中最重要的举措就是自建物流，虽然这是对卓越网经验的照搬，但是和PPG完全外包物流显然不同。

VANCL最初自建物流的最主要原因是资金回笼快。卓越网的经验表明，很多消费者选择货到付款，如果将物流外包给第三方快递，资金回笼将会有账期。2007年春节，VANCL的生意规模迅速扩大，VANCL的服务承诺是同城配送时限为24小时到货。陈年清楚地意识到：消费者在互联网购物后，心理上的需求是能尽快看到货品。因此，他决定在北京、上海和广州建立自己的物流仓库，而这三个城市是中国网络购物环境最成熟，也是VANCL订单最多的城市。随后，VANCL在2009年又自建物流子公司如风达，打造"24小时物流圈"。如今，如风达提供的配送业务量约占总订单量的25%，主要承担北京、上海、广州、苏州以及杭州这五大核心城市的物流配送，在广州、上海、成都、济南、西安、青岛等地共建设8个物流仓库，打造"24小时物流圈"。VANCL加强了对物流KPI(关键业绩指标)考核制度，设"妥投率、投诉率、态度投诉、信息反馈及时准确、丢失率、未达成"六大指标。KPI管理制度实行后，由于"奖罚分明"，配送质量得到明显提高，消费者购物体验也明显改善。此外，VANCL还设有快递员奖励制度，针对态度差、虚假信息等方面的相关处罚制度，快递公司淘汰制度等。很多管理制度开创了电子商务物流管理的先河，在同行业中具有可借鉴性及前瞻性等特点。

提出任务

从PPG和VANCL的案例对比中，可以看到物流模式的选择对电子商务企业是至关重要的。虽然PPG失败了，但是依然有很多电子商务企业采用把物流外包给第三方物流公司的模式，VANCL的二三线城市的配送服务也采用第三方物流的模式。那么，电子商务的物流模式有哪几种？电子商务企业应该如何选择物流模式？

解决问题

5.1 物流概述

5.1.1 物流的概念

物流源于美国。美国早期物流的含义是实物配送(Physical Distribution，简称PD)。第一次世界大战期间，英国有位勋爵成立了“即时送货股份有限公司”。第二次世界大战期间，出于军事需要，美国首先采用了 Logistics Management（后勤管理）这一概念，对军火的运输、补给、调配等进行全面管理，对战争胜利起到了重要作用。其中所提出的“后勤”是指战时的物资生产、采购、运输、配给等活动。后来，“后勤”这一概念在商业活动中得到了广泛应用，包含了生产过程和流通过程的物流，形成了范围更广的概念。这里所说的后勤供销服务是一种以“供应链理论”“虚拟工厂理论”等为背景的新型物流服务模式，是供销环节与运输环节有机结合的产物和物流理论的新的升华。现在欧美国家更多地把物流称作 Logistics 而不是 Physical Distribution。20 世纪 50 年代日本派团考察美国物流技术，引进了“物流”的概念，日本的物流概念是直接从英文的 Physical Distribution 翻译过去的。到了 20 世纪 70 年代日本已成为世界上物流最发达的国家之一；20 世纪 80 年代初，我国从日本直接引入“物流”概念。

物流的定义有很多，目前在国内、国际普遍采用的有如下 3 种：

(1) 我国国家标准《物流术语》(GB/T18354—2001)对现代物流的定义为：物品从供应地向接受地的实体流动过程，根据实际需要，将运输、储存、装卸、搬运、包装、流通加工、配送、信息处理等基本功能实施有机结合。

(2) 美国物流管理协会的定义：物流是供应链流程的一部分。物流是为满足消费者需求而进行的对货物、服务及相关信息从起始地到消费地的有效率与效益的流动与储存的计划、实施与控制的过程。

(3) 联合国物流委员会对物流做了新的界定：物流是为了满足消费者需要而进行的从起点到终点的原材料、中间过程库存、最终产品和相关信息有效流动和储存的计划、实现和控制管理的过程。

从物流的定义可知，物流过程一方面包含运输、存货、管理、仓储、包装、物料搬运及其他相关活动；另一方面包含效率与效益两方面，其最终目的是满足客户的需求与企业的盈利目标。

5.1.2 物流的功能

物流的功能是物流系统所具备的基本能力，将这些基本能力有效结合就能合理地实现物流的总目标。其功能是通过信息、运输、仓储等的协调以及材料的搬运、包装、流通加工、配送等活动来实现的。

1. 传统的物流功能

(1) 运输

运输的任务是对物品进行较长距离的空间移动。运输的主要方式有：铁道运输、汽车运输、船舶运输、航空运输和管道运输。运输应选择经济、便捷的运输方式和运输路线，以达到安全、迅速、及时和经济等管理要求。

(2) 储存

储存功能包括：堆存、保管、保养及维护等活动。物流系统需要仓储设备来保证市场分销活动,同时要以始终与最低的总成本相一致的最低限度的存货来实现所期望的顾客服务。

(3)包装

包装是在商品输送和保管过程中,为保证商品的价值和形态而进行的流通活动,包括产品的出厂包装、生产过程中制品和半成品的包装以及在物流过程中换装、分装和再包装等活动。包装可以分为保持商品的品质而进行的工业包装和为使商品顺利抵达消费者手中,提高商品价值、传递信息等以促进销售为目的进行的商业包装等。

(4)装卸

装卸包括:对运输、储存、包装、流通加工等物流活动进行衔接的活动,以及在储存等活动中进行检验、维护和保养所进行的装卸活动。安全、方便的装卸活动,可以加快商品在物流过程中的流通速度。

(5)流通加工

流通加工是在物流过程中进行的辅助加工活动。它既存在于社会流通过程中,也存在于企业内部的流通过程中,用来弥补生产过程中加工的不足。如今流通加工作为提高商品附加价值、促进商品差别化的重要手段之一,其重要性越来越强。

(6)配送

配送是物流进行的最后阶段,以配货、送货形式最终完成物流的活动。配送是一种短距离、少量的输送,在电子商务物流中的作用非常突出,它已不是简单的送货,而是集经营、服务、社会集中库存于一身的重要物流环节。

(7)信息处理

信息处理包括进行与上述各项活动有关的计划、预测以及对物流动态信息及其有关的费用、生产、市场信息的收集、加工、整理和提炼等活动。不准确的物流信息会削弱物流工作,信息质量和及时性是物流工作的关键因素之一。

2. 增值性的物流服务功能

除了传统的物流功能外,现在物流还具有增值性的服务功能。增值性的物流服务主要包括:增加便利性的服务、加快响应速度的服务、降低成本的服务、延伸服务等。

在以上物流功能中,前7项传统功能需要经验和实力,后4项增值功能则需要智慧和远见。

5.1.3 物流系统的要素

1. 流体——物流实体(产品)

它主要包含两个属性:自然属性和社会属性,具体如下:

(1)自然属性——物理、化学、生物学属性

物流管理的任务之一是要保护好流体,使其自然属性不受损坏,因而需要对流体进行检验、养护,在物流过程中需要根据物质实体的自然属性合理安排运输、保管、装卸等物流作业。

（2）社会属性——价值属性

有些关系国计民生的重要商品作为物流的流体还肩负着国家宏观调控的重要使命，因此在物流过程中要保护流体的社会属性不受任何影响。

2. 载体

载体指物流过程中流体借以流动的设施和设备。载体主要可分成两类：

（1）固定基础设施

固定基础设施主要指线路和场站（如：铁路、公路、水路、港口、车站、机场等基础设施，它们大多是固定的）。

（2）承载设备

承载设备是指移动设备（如：车、船、飞机、集装器具等）。

3. 流向

流向是指流体从起点到终点的流动方向。物流流向通常可以分为如下4种：

（1）自然流向

自然流向是根据产销关系所决定的商品流向。商品从其产地流向销地，表明对该产品的客观需要。

（2）计划流向

计划流向是指根据流体经营者的商品经营计划而形成的商品流向，即商品从供应地流向需要地。

（3）市场流向

市场流向是指根据市场供求规律由市场确定的商品流向。

（4）实际流向

实际流向是指在物流过程中实际发生的流向。在确定物流流向时，理想的状况是商品的自然流向与商品的实际流向相一致，但由于计划流向与市场流向都有其存在的前提，再加上载体的原因，导致商品的实际流向经常偏离自然流向。

4. 流量

流量是指流体在一定流向上通过载体的数量表现。流量按流向主要可分为自然流量、计划流量、市场流量和实际流量，按实际和理论发生的流量分为实际流量和理论流量。

从物流管理角度来看，理想状况的物流应该是在所有流向上的流量都均匀分布，这样，物流资源利用率最高、组织管理最容易。但是实际上，在一定的统计期间内，在一个流向上流量达到均衡的物流是不存在的，在流体之间、载体之间、流向之间、承运人和托运人之间的实际物流流量不可能出现均衡，这样，就需要从宏观物流管理的角度，通过资源的合理配置、采用合理的物流运行机制等手段消除物流流向和流量上的不均衡等情况。

5. 流程

流程是指流体通过载体在一定流向上实现空间位移的数量表现。流程的大小对物流成本水平及物流载体形式的选择等有重要影响。流程与流向、流量一起构成了物流向量的三个数量特征。

6. 流速

流速是指流体通过载体在一定流程上的速度表现。流速与流向、流量、流程是构成物流的四大量化要素，是衡量物流效率和效益的重要指标之一。

物流的流体、载体、流向、流量、流程和流速六要素之间有极强的内在联系，如：流体的自然属性决定了载体的类型和规模，流体的社会属性决定了流向和流量，载体对流向和流量有制约作用，载体的状况对流体的自然属性和社会属性均会产生影响，流体、载体、流向、流程等决定流速。因此，进行物流活动要注意处理好六要素之间的关系，否则就会使物流成本提高、服务降低、效益低下、效率下降等。

5.1.4 物流的种类

1. 按照物流业务活动的范围分类

(1) 社会物流

社会物流是企业外部物流的总称，包括企业向社会的分销物流、购进物流、回收物流、废弃物物流等，也称大物流或宏观物流。

(2) 行业物流

在一个行业内部发生的物流活动被称为行业物流。在一般情况下，同一个行业的各个企业往往在经营上是竞争对手，但为了共同的利益，在物流领域中却又常互相协作，共同促进行业物流系统的合理化。

(3) 企业物流

企业物流是指企业内部的物品实体流动。企业物流主要是企业内部的生产经营工作和生产中所发生的加工、检验、搬运、储存、包装、装卸、配送等物流活动。

2. 按照物流的作用分类

(1) 供应物流

供应物流是在为生产企业提供原材料、零部件或其他物品时，物品在提供者与需求者之间的实体流动。它包括原材料等一切生产资料的采购、进货、运输、仓储、库存管理和用料管理。

(2) 生产物流

生产物流是指生产过程中，原材料、在制品、半成品、产成品等在企业内部的实体物流。它包括生产计划与控制、厂内运输(搬运)、在制品仓储与管理等活动。

(3) 销售物流

销售物流是指生产企业、流通企业出售商品时，物品在提供方与需求方之间的实体流动。它包括产成品的库存管理、仓储发货运输、订货处理与顾客服务等活动。

(4) 回收物流

回收物流包括不合格物品的返修、退货以及周转使用的包装容器从需求方返回到供给方所形成的物品实体流动等活动。

(5) 废弃物物流

废弃物物流是将经济活动中失去原有使用价值的物品，根据实际需要进行收集、分类、包装、搬运、储存，并分送到专门处理场所所形成的物品实体流动等活动。

3. 按照物流活动的空间划分

(1) 地区物流

地区物流指在某一区域内发生的物流活动，物流活动的空间范围局限在一定区域内。对地区的划分，可以按不同的目的进行，如：按涉及行政区域划分，按一定的经济圈划分等。对地区物流的研究应根据所在地区的特点，从本地区的利益出发组织好相应的物流活动，并充分考虑利弊两方面的问题，要与地区和城市的建设规划相统一并妥善安排。

(2) 国内物流

国内物流指在一个国家内发生的物流活动，物流活动的空间范围局限在某个国家内。

(3) 国际物流

国际物流指不同国家(地区)之间的物流，是随着世界各国(地区)之间进行国际贸易而发生的商品实体从一个国家(地区)流转到另一个国家(地区)的物流活动。

5.2　电子商务物流

5.2.1　电子商务与物流之间的关系

电子商务与现代物流的关系是一种互为条件、互为动力、相互制约的关系。关系处理得当、采取的措施得力，二者可以相互促进，共同加快发展；反之，则可能互相牵制。

1. 现代物流技术为电子商务快速推广创造了条件

电子商务是各参与方之间以电子方式完成业务交易。通常，每笔成功的电子商务交易都会主要涉及 4 个方面：商品所有权的转移、货币的支付、有关信息的获取与应用和商品本身的转交，即商流、资金流、信息流和物流。其中，商流是本质，物流是基础，信息流是桥梁，资金流是目的。每天在全球范围内发生着数以百万计的商业交易，每一笔商业交易的背后都伴随着物流和信息流，贸易伙伴需要这些信息以便对产品进行发送、跟踪、分拣、接收、存储、提货以及包装等。在信息化高度发展的电子商务时代，物流与信息流的相互配合变得越来越重要，在供应链管理中必然要用到越来越多的现代物流技术。

物流技术是指与物流要素活动有关的所有专业技术的总称，包括各种操作方法、管理技能等，如：流通加工技术、物品包装技术、物品标识技术、物品实时跟踪技术等。物流技术还包括：物流规划、物流评价、物流设计、物流策划等。计算机网络技术的应用普及后，物流技术中综合了许多现代技术，如：GIS(地理信息系统)、GPS(全球卫星定位系统)、EDI(电子数据交换)、Bar Code(条码技术)等。这些现代信息技术为电子商务的推广和普及铺平了道路。

由于电子商务的发展还处于成长期,人们对电子商务中物流的作用还有待进一步认识,但可以基本明确物流对电子商务可以起到如下作用:

(1) 集成电子商务中的商流、信息流与资金流,提高电子商务的效率与效益。

(2) 扩大电子商务的市场范围。

(3) 协调企业电子商务发展目标,优化资源组合,实现基于电子商务的供应链集成。

(4) 支持电子商务的快速发展,使电子商务成为21世纪最具竞争力的商务形式。

[案例]

GIS、GPS、EDI和Bar Code

地理信息系统(Geographic Information System或Geo_Information System,简称GIS),有时又称为"资源与环境信息系统",是一种十分重要的特定的空间信息系统。它是在计算机硬、软件系统支持下,对整个或部分地球表层(包括大气层)空间中的有关地理分布数据进行采集、储存、管理、运算、分析、显示和描述的技术系统。地理信息系统处理、管理的对象是多种地理空间实体数据及其关系,包括空间定位数据、图形数据、遥感图像数据、属性数据等,用于分析和处理在一定地理区域内分布的各种现象和过程,解决错综复杂的规划、决策和管理问题。

全球卫星定位系统(Global Positioning System,简称GPS)是一种结合卫星及通信技术,利用导航卫星进行测时和测距。全球卫星定位系统是美国从20世纪70年代开始研制,历时20余年,耗资200亿美元,于1994年全面建成的具有海陆空全方位实时三维导航与定位能力的新一代卫星导航与定位系统。全球卫星定位系统以全天候、高精度、自动化、高效益等特点,成功地应用于大地测量、工程测量、航空摄影、运载工具导航和管制、地壳运动测量、工程变形测量资源勘察、地球动力等领域,取得了良好的经济效益和社会效益。

电子数据交换(Electronic Data Interchange,简称EDI)是指按照统一规定的一套通用标准格式,将标准的经济信息通过通信网络传输,在贸易伙伴的电子计算机系统之间进行数据交换和自动处理。由于使用EDI能有效地减少直到最终消除贸易过程中的纸质凭证,因而EDI也被俗称为"无纸交易"。

条码技术(Bar Code)是在计算机的应用实践中产生和发展起来的一种自动识别技术。它是为实现对信息的自动扫描而设计的,是一种快速、准确而可靠地采集数据订单有效手段。条码技术的应用解决了数据录入和数据采集的瓶颈问题,为现代物流及供应链管理提供了有效的技术支持。

2. 物流配送体系是电子商务的支持系统

现代物流配送可以为电子商务用户提供多方面的服务,根据电子商务的特点,对整个物流配送体系实行统一的信息化管理,按照用户网上输入的订货要求,物流配送企业在物流基地进行理货、配货作业,并根据计算机选择的最优送货路线将配好的货物送交收货人。先进的配送方式对物流企业提高服务质量、降低物流成本、优化社会库存配置，从而提高企业的经济效益及社会效益具有重要意义。现代配送作为物流的一种有效的组织方式，代表了现代市场营销的发展方向，是对传统物流方式的革命。

3. 物流配送系统提高了社会经济运行效率

物流配送企业采用网络化的计算机技术和现代化技术的硬件设备、软件系统及先进的管理手段，严格按照用户的订货要求进行分类、编配、整理、加工、配货等一系列理货工作，定时、定点、定量地交给各类用户，满足其对商品的需求。物流配送以一种全新的面貌，成为流通领域革新的先锋，代表了现代市场营销的主方向。新型物流配送比传统物流方式更容易实现信息化、自动化、现代化、社会化、智能化、简单化，使货畅其流，物尽其用，既能减少生产企业库存、加速资金周转、提高物流效率、降低物流成本，又能刺激社会需求，促进经济的健康发展。

5.2.2　电子商务对物流配送的要求

1. 加快信息化进程

通过物流信息系统，可以对整个物流和配送体系实行统一的管理和调度，按照用户订货要求在物流中心进行理货工作，并将配好的货物送给收货人，从而实现物流的数字化管理，保证企业外部信息的流畅，实现企业内部员工之间信息的共享，大大提高服务质量，降低物流成本，优化库存配置，提高企业经济效益和社会效益，提高客户服务水平。物流信息系统的建设包括：条码技术(BC)、电子数据交换(EDI)、管理信息系统(MIS)、全面质量管理(TQM)、射频技术(FR)、地理信息系统(GIS)和全球卫星定位系统(GPS)等方面，各物流企业不可能立刻就具备以上提到的所有系统，但把信息化建设列入企业发展规划，在条件具备的情况下不遗余力地进行是必要的。只有实现物流配送信息化，才能承担起电子商务时代赋予物流配送企业的历史任务。

2. 完善物流管理系统，提高物流服务质量

电子商务环境下的物流与一般的配送供货系统相比，面临的情况更复杂，其部分业务活动在网上完成，商品采购和配送等服务从虚拟走向实体。电子商务环境下的物流已经不仅仅局限于传统的物流运输和仓储，还要求其参与到客户物流体系中去，以提高效率和效益，进行整体运作。其业务已广泛深入到客户销售计划、库存管理计划、生产计划等整个生产经营过程中，并要不断地完善物流管理系统，提高专业化水平，为电子商务提供高效、低成本的物流配送服务。

3. 降低配送服务价格

在我国电子商务的发展过程中，实现大规模的网上购物一直困难重重，物流配送费用偏高，特别是零售型的网上交易，送货上门的成本高，因此必须努力降低物流成本，解决电子商务公司与物流配送企业之间在配送服务价格方面的矛盾。

4. 完善法律政策

针对电子商务物流配送出现的种种问题,政府有关部门应该积极研究,迅速制定有针对性的法律、法规和政策,以规范物流配送活动,增加企业和广大消费者对电子商务的信任感和满意度。

5. 积极发展第三方物流企业

第三方物流一般在物流管理经验、人才、技术、理念等方面都具有一定的优势,能够对电子商务交易中供求双方的所有物流活动进行全权代理,同时第三方物流资金雄厚,具有建立在现代信息网络技术基础上的物流管理软件,可以充分利用现代物流技术,保证客户在任何时间、任何地点查看货物配送信息及获得配套的服务,电子商务交易的双方可以把物流委托给专业物流企业,专心于电子商务市场的开拓和商务效率的提高。

6. 建立全国物流公共信息平台,发展第四方物流

发展第四方物流是解决整个社会物流资源配置问题的最有力的手段。同时,把当前蓬勃发展的电子商务和现代物流产业结合起来的最佳途径就是培育第四方物流,建立全国物流行业平台,通过国际互联网形式整合不同物流企业的资源,增加物流的透明度,提供更加全面的供应链集成服务给客户。这样才能提高我国物流产业的综合协同能力,从容应对跨国物流公司的竞争。

5.2.3 现代电子商务物流模式

目前国际上对电子商务物流并没有明确的定义,我们在此阐述的电子商务物流主要指的是服务于电子商务活动的物流。在本质上,它从属于现代物流,是现代物流的重要组成部分。与其他物流不同的是:它更强调物流的电子化、第三方物流、第四方物流以及物流配送。

1. 第三方物流

第三方物流(Third Party Logistics,简称 TPL/3PL)是指由物流劳务的供方、需方之外的第三方去完成物流服务的物流运作模式。第一方的物流是指销售方的物流;第二方物流是指采购方的物流;那么第三方的物流是相对第一方和第二方而言的,是指物流交易双方的部分或全部物流功能的外部服务提供者。它本身不拥有商品,而是通过签订合作协定或结成合作联盟,在特定的时间段内按照特定的价格向客户提供个性化的物流代理服务,具体内容包括商品运输、储存配送以及附加的增值服务等。

2. 第四方物流

第四方物流(Fourth Party Logistics,简称 4PL)的概念是由美国埃森哲咨询公司率先提出的,其定义为:一个调配和管理组织自身的及具有互补性的服务提供商的资源、能力与技术,来提供全面的供应链解决方案的供应链集成商。它实际上是一种虚拟物流,是依靠业内最优秀的第三方物流供应商、管理咨询顾问和其他增值服务商,整合社会资源,通过整个供应链的影响力,为用户提供独特的供应链解决方案,为顾客带来更大的商业价值。

同第三方物流相比，第四方物流服务的内容更多，覆盖的地区更广，对从事货运物流服务的公司要求更高，要求它们必须开拓新的服务领域，提供更多的增值服务以及迅速、高效、低成本和人性化的服务等。如：UPS、联邦快递（Fedex）等全球知名物流公司都开始利用自己的物流优势为企业提供供应链管理解决方案。

3. 绿色物流

随着环境资源恶化程度的加深，人类生存和发展面临的威胁越来越大，人们对环境的利用和保护越来越受重视，现代物流的发展必须优先考虑环境问题。从一定程度上说，我国的物流发展也是以牺牲环境为代价的，短期的环境牺牲为经济发展带来了些许的好处，但毕竟不是长久之计，因此实施绿色物流成为一种必然的选择。

绿色物流（Environmental Logistics）是指在物流过程中抑制物流对环境造成危害的同时，实现对物流环境的净化，使物流资源得到最充分利用。这就需要从环境角度对物流体系进行改进，即需要形成一个环境共生型的物流管理系统。这种物流管理系统建立在维护全球环境可持续发展的基础上，在抑制物流对环境造成危害的同时，采取与环境和谐相处的态度和全新理念，设计和建立一个环形的、循环的物流系统，使传统物流系统末端的废旧物能回流到正常的物流过程中来，形成一种促进经济与消费健康发展的物流系统。绿色物流强调全局和长远的利益，强调对环境的全方位关注，体现了企业绿色形象，是一种新的物流管理趋势。

4. 电子物流

电子物流是利用电子化的手段，尤其是利用互联网技术来完成物流全过程的协调、控制和管理，实现从网络前端到最终客户端的所有中间过程服务，其最显著的特点是：各种软件与物流服务的融合应用。

5. 配送

(1) 配送的含义

配送是指在经济合理区域范围内，根据客户要求，对物品进行拣选、加工、包装、分割、组配等作业，并按时送达指定地点的物流活动。

配送是物流中一种特殊的、综合的活动形式，是商流与物流的紧密结合，它既包含了商流活动和物流活动，也包含了物流中若干功能要素。

(2) 配送的要素

① 集货。即将分散的或小批量的物品集中起来，以便进行运输、配送作业。集货是配送的重要环节，为了满足特定客户的配送要求，有时需要把从几家甚至数十家供应商处预订的物品集中，并按要求将物品分配到指定容器或场所。

② 分拣。即将物品按品种、出入库先后顺序进行分门别类堆放的作业。分拣是配送不同于其他物流形式的功能要素，也是配送的一项重要支持性工作。它是不同配送企业在送货时进行竞争和提高自身经济效益的必然延伸。可以说分拣是送货向高级形式发展的必然要求，有了分拣，就能大大提高送货服务水平。

③ 配货。即使用各种拣选设备和传输装置，将存放的物品按客户要求分拣出来，配备

齐全，送到指定发货地点。

④ 配装。在单个客户配送数量不能达到车辆的有效运载负荷时，就存在如何集中不同客户的配送货物，进行搭配装载以充分利用运力的问题，此时就需要配装。跟一般送货不同之处在于：通过配装送货可以大大提高送货水平并降低送货成本，所以配装是配送系统中有现代特点的功能要素，也是现代配送不同于以往送货的重要区别之一。

⑤ 配送运输。将配好的货物利用运输工具进行运输，实现物品的空间转移。

⑥ 送达服务。将配好的货物运输到客户处，还不是配送工作的结束，这是因为货物送达和客户接货往往还会出现不协调，使配送前功尽弃。因此，要圆满地实现运输货物的移交，并有效、方便地处理相关手续并完成结算，还应讲究卸货地点、卸货方式等。

⑦ 配送加工。即按照配送客户的要求所进行的流通加工。在配送中，配送加工这一功能要素不具有普遍性，但往往是有重要作用的功能要素。这是因为通过配送加工，可以大大提高客户的满意程度。配送加工是流通加工的一种，但配送加工有其不同于流通加工的特点，即配送加工一般只取决于客户要求，其加工目的较为单一。

5.2.4 电子商务企业物流模式选择

国内外一些企业组建电子商务公司时解决物流和配送问题的办法主要有如下 3 种：

1. 借助传统流通渠道

对于已经开展传统商务的企业，可以建立基于网络的电子商务销售系统，同时也可以利用原有的物流渠道承担电子商务的物流业务。

传统物流渠道在电子商务的环境下依然有其不可替代的优势：首先，传统商业历史悠久，有良好的顾客基础，已经形成的品牌效应在很大程度上是配送信用的保证；其次，那些具有一定规模的连锁店、加盟经营店使准确及时的物流在全国范围内实现成为可能；最后，由于传统流通渠道本身也存在商品配送的任务，如果把商品配送任务交给传统流通渠道解决，则可以充分利用一些闲置的仓储、运输等资源，相对于使用全新系统，这样可以降低成本，提高利润。

目前从事传统销售业务的企业主要包括制造商、批发商、零售商等。制造商进行销售的倾向在 20 纪 90 年代表现得比较明显，从专业分工的角度看，制造商的核心业务是商品开发、设计和制造，但越来越多的制造商不仅有庞大的销售网络，而且还有覆盖整个销售区域的物流、配送网，国内大型制造商的生产人员可能只有 3000～4000 人，但营销人员却有 1 万多人。制造企业的物流设施普遍要比专业流通企业的物流设施先进，这些制造企业完全可以利用原有的物流网络和设施开展电子商务业务，而不需新增物流、配送物资，对于这些企业来讲，比投资更为重要的是物流系统的设计以及物流资源的合理规划。和制造商相比，批发商和零售商具有组织物流的优势，因为它们的主业就是流通，如：美国的 Wal-Mart、Kartin、Sears 等，国内的苏宁、国美等都开展了电子商务企业，其物流业务都与一般销售的物流业务一起安排。

2. 企业自营物流

企业自己筹建并组织管理电子商务企业物流配送的各个环节，实现对企业内部及外部货物配送的模式称为自营物流。电子商务企业自身组织商品配送，则掌握了交易的最后环节，有利于控制交易时间。特别是在本城市内的配送上，网站组织自己的配送队伍可以减少向其他配送公司下达配送要求的手续，在网上接受订单之后，可以立即进行简单的分区处理，然后立即配送，这使得当日配送、限时送达成为可能。有些网络提出的本城区 1 小时内送达也是建立在自身有一支随时出动的配送队伍的基础上的。2009 年 3 月，国内知名的电子商务企业京东商城成立了自有快递公司，在华北、华东、华南、西南建立了 4 大物流中心，又陆续在天津、苏州、杭州、南京、深圳、宁波、无锡、济南等 23 个重点城市建立了城市配送站，最终，配送站将覆盖全国 200 个城市，由自建快递公司提供物流配送、货到付款、移动 POS 刷卡、上门取件换件等服务，其物流配送速度、服务质量等得以全面提升。但是对于企业来说，应十分慎重考虑投资这种方式，因为电子商务的业务与物流业务是截然不同的两种业务，企业必须对跨行业经营产生的风险进行严格评估，其中成本控制和程序管理是最大的麻烦。任何一个公司，拥有一支自己的配送队伍都将会有一笔庞大的开支。出于对成本的考虑，配送队伍的规模必须与公司的业务量相适应。另外如何保持适当的库存规模、如何制定恰当的配送路线、如何选择合适的物理工具、如何确定合理的送达时间都是需要严格管理的。不是所有电子商务公司都有必要、有能力自己组织商品配送。

3. 外包给专业物流公司

将物流外包(Outsourcing)给第三方物流公司是跨国公司管理物流的通行做法。按照供应链的理论，将不是自己核心业务的业务外包给从事该业务的专业公司去做，这样从原材料供应到生产，再到产品的销售等各个环节都是由在某一领域具有专长或核心竞争力的专业公司互相协调和配合来完成的，这样所形成的供应链具有最大的竞争力。因此，Compaq 和 Dell 分别将物流外包给 Exel 和 FedEx，Amazon 在美国国内的电子商务物流业务由自己承担，但对于美国市场以外的业务则外包给中国当地的第三方物流服务商。可以认为：将物流、配送业务外包给第三方物流服务商是电子商务经营者组织物流的可行方案。中国的第三方物流经营者要适应电子商务的需求还需要进行大量的努力。中国加入 WTO 后，发达国家的物流公司很快进入中国为电子商务企业提供物流服务，这一方面加剧了国内物流行业的竞争，但另一方面对促进国内物流行业的发展也大有好处。表 5.1 所示为国际及国内第三方物流公司的比较。

表 5.1　国际及国内第三方物流公司比较

FedEx	主要业务包括速递业务、包装与地面送货服务、高速运输投递服务、综合性的物流、技术和运输服务等	一家环球运输、物流、电子商务的供应链管理服务供应商。该公司通过各子公司的独立网络，向客户提供一体化的解决方案。在 2 千克以上的大货物流方面，FedEx 的价格只有 DHL、UPS 价格的一半，运输速度却是一样的
日通	主要业务是汽车运输、空运、仓库等	日通是日本最大的代理，与日本大企业有广泛紧密的业务联系，JL 和 NH 是日通主要合作的航空公司，两家航空公司北京天宇的舱位和价格都有一般代理无可比拟的优势

续表

马士基	出口物流、仓储、分拨、空运、仓库等	服务网络将继续扩展到中国的各个地区，有强大的集团资产支持
中外运	综合物流板块业务包括：海、陆、空货运代理，船务代理，供应链物流，快递，仓码，零担运输等。航运板块业务包括：船舶管理、海运干散货运输、国际及国内集装箱班轮运输、国际原油运输、国际及沿海汽车(船)运输等	中外运集团在物流网络上有较强的优势，在干散货方面，中外运的优势比较明显
宝供	业务范围包括：物流咨询规划、物流运作管理以及有关物流运作信息的处理分析等一系列专业物流服务	经营优势、专业化优势、知识人才优势和个性化服务优势，有效地为客户节省投资和费用，减少库存，降低风险，提供增值服务
宅急送	主要经营范围为中国国内快递业务，负责各种包裹的寄递，门到门的零散家政服务	收件、派件快捷迅速；快件实时跟踪；充分的快件安全保证；免费包装；学生、教师、现役军人搬家、行李托运实施九折优惠
顺丰	主要经营国际、国内快递业务及报关、报检等业务	服务网络已经涵盖了我国大部分省市，对货物从下单到派送的全程监控、跟踪及查询，并采用机械化操作，优化货物的流程管理
申通	主要承接非信函、样品等物件的速递业务	价格策略上比较灵活，资费也比较低廉，在当地快递市场很有竞争力，国内业务的优势区域主要集中在上海全境、江苏全境、浙江部分地区、安徽部分地区，以及广州、深圳、北京、天津、沧州、大连、西安等。国际业务的优势区域主要集中在日本东京等地

5.2.5 电子商务企业选择物流模式应考虑的主要因素

电子商务企业在进行物流决策时，应根据自己的需要和资源条件综合考虑如下主要因素，慎重选择物流模式，以提高企业的市场竞争力。

1. 物流对企业成功的重要程度和企业对物流的管理能力

物流对企业成功的重要程度高，企业处理物流的能力相对较低，则采用第三方物流；物流对企业成功的重要程度较低，同时企业处理物流的能力也低，则采用外购物流服务；物流对企业成功的重要程度很高，且企业处理物流的能力也高，则采用自营物流。

2. 企业对物流控制力的要求

越是竞争激烈的产业，企业越是要强化对供应和分销渠道的控制，此时企业应该自营物流。一般来说，最终产品制造商对渠道或供应链过程的控制力比较强，往往选择自营物流，即作为龙头企业来组织全过程的物流活动和制定物流服务标准。

3. 企业产品自身的物流特点

对于大宗工业品原料的回运或鲜活产品的分销，则应利用相对固定的专业的服务供应商和短渠道物流；对全球物流市场的分销，宜采用地区性的专业物流公司提供支援；对产品线单一的或做配套产品生产的企业，则应在龙头企业统一下自营物流；对于技术性较强的物流服务，如口岸物流服务，企业应采用委托代理的方式；对非标准设备的制造商来说，企业自营物流虽有利可图，但还是应该交给专业物流服务公司去做。

4. 企业规模和实力

一般来说，大中型企业由于实力较雄厚，有能力建立自己的物流系统，制定合适的物流需求计划，保证物流服务的质量。另外，还可以利用过剩的物流网络资源拓展外部业务（为别的企业提供物流服务）。而小企业则受人员、资金和管理的限制，物流管理效率难以提高。此时，企业为把资源用于主要的核心业务上，就应把物流管理交给第三方专业物流公司。

5. 物流系统总成本

在选择物流模式时，必须弄清不同的模式物流系统的总成本，其计算过程如图 5.1 所示。

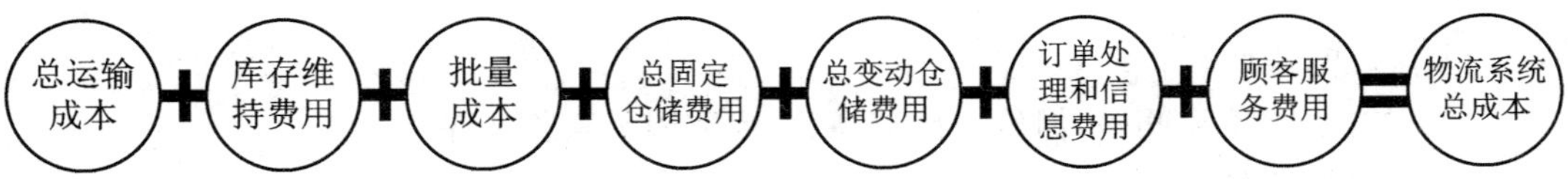

图 5.1　物流系统总成本

这些成本之间存在着二律背反现象：减少仓库数量时，可降低仓储费用，但会带来运输距离和次数的增加而导致运输费用增加；如果运输费用的增加部分超过了仓储费用的减少部分，总的物流成本反而增大。所以，在选择物流系统时，要对物流系统的总成本加以论证，最后选择成本最小的物流系统。

6. 第三方物流的客户服务能力

在选择物流模式时，考虑成本尽管很重要，但第三方物流为本企业及企业顾客提供服务的能力也是至关重要的因素。也就是说，企业应把第三方物流对自己的零售和最终顾客不断变化的需求的反应能力等作为首要因素来考虑。

5.2.6　网店交易物流配送的选择

近年来，网上购物迅速发展，越来越多的消费者选择网上购物，越来越多的商家也选择在网上开店。对于商家来说，物流是网上开店的一个重要环节，是卖家与买家之间物品流通的渠道，如果不重视物流问题，往往会出现各种各样的物流纠纷：收件发件延时；包裹被调包;邮件寄丢;邮寄过程导致商品破损;快递公司拒绝赔偿等。为此,商家要付出很大的代价。因此物流服务的选择无疑是网商的一门必修课。

网店交易物流主要可分为邮局平邮、快递和货运 3 种方式,具体如下:

1. 邮局平邮

(1) 邮局平邮的特点

价格便宜,经济实惠,但是邮寄的时间较长,一般适用于非紧急邮件。

(2) 邮局平邮的计算方法

平邮收费实行分区计费方式,费用按照寄递里程分区核定,具体标准详见现行《国内包裹自费表》,也可到当地邮局去咨询,其具体计算公式为

每件包裹资费=包裹每千克资费×包裹重量+挂号费+包装费+保价费

其中:挂号费为 3.00 元;包装费按实际收取;保价费由客户自愿选择,保价费为订单产品价值的 1%,客户选择不保价,则保价费为 0 元;包裹重量不满 500 克的,按 500 克计费。包裹按毛重量计费,不以净重量计费。

(3) 邮局平邮的基本程序

卖家亲自到附近邮局办理邮寄事宜。普通包裹用的是绿色邮单,寄达时间为 7～15 天(邮寄所需时间视两地距离而定),货到买家所在地的邮政网点后,邮局工作人员通知买家携带身份证亲自到邮局办理提货事宜。

2. 快递

(1) 快递的特点

方便、快捷,邮寄时间短,但价格比较高,一般适用于紧急邮件。

(2) 快递邮寄东西的基本程序

卖家可以电话通知快递公司收件员上门收件,也可以网上下单,快递公司自行安排工作人员上门收件。以国内快递为例,邮寄一般只需要 3 天左右(但快递公司不同,两地距离的远近不同,时间也会有变化),货到买家所在地的快递公司网点之后,快递公司安排工作人员送件上门。

(3) 快递的类型

① 邮局快递。邮局快递包裹与特快专递 EMS 不同,与普通包裹大致相同。邮局快递首重 1000 克,1001 克及以上每 500 克为一个计费单位,表 5.2 所示为邮局快递资费表。邮局快递的费用一般是邮局平邮的 2～2.5 倍,邮局快递不上门取货,客户拿着需要邮寄的物品到邮局填写包裹单,进行邮寄。在许多地区,邮局快递能够做到送货上门,送货时间一般是 5～7 天。

表 5.2　邮局快递资费表

	运距	首重 1000 克资费（元）	5000 克以内续重每 500 克资费(元)	5001 克以上续重每 500 克资费(元)
快递包裹(仅供参考,具体标准参见《国内快递包裹资例表》)	500 公里及 500 公里以内	5	2	1
	500 公里以上至 1000 公里	6	2.5	1.3
	1000 公里以上至 1500 公里	7	2.5	1.3
	1500 公里以上至 2000 公里	8	3.5	1.9
	2000 公里以上至 2500 公里	9	4	2.2
	2500 公里以上至 3000 公里	10	4.5	2.5
	3000 公里以上至 4000 公里	12	5.5	3.1
	4000 公里以上至 5000 公里	14	6.5	3.7
	5000 公里以上至 6000 公里	16	7.5	4.3
	6000 公里以上	20	9	6
	每件挂号费(元)	3		
保价费	每保 1 元(不足 1 元按 1 元计算)	0.01		
	每件最低保价费(元)	1		
存局侯领手续费	函件每件(元)	1		
	包裹每件(元)	3		
撤回邮件或更改收件人名址手续费	每件(元)	3		
使用电报(传真)办理查询、撤回、更改收件人名址电报费	每件加收(元)	2		

② 邮局 EMS。EMS 到达时间为 3 天左右,到货方式为送货上门。EMS 国内资费标准如表 5.3 所示。

表 5.3　EMS 国内资费标准

<table>
<tr><td rowspan="2">起重资费</td><td colspan="3">续重资费</td></tr>
<tr><td colspan="3">续重每 500 克或其零数</td></tr>
<tr><td rowspan="2">起重 500 克及以内 20 元</td><td>一区</td><td>二区</td><td>三区</td></tr>
<tr><td>6 元</td><td>9 元</td><td>15 元</td></tr>
<tr><td colspan="4">备注:具体分区方式,请寄件人拨打电话或到当地邮局营业窗口咨询,客服电话:11185</td></tr>
</table>

③ 快递公司。近年来,我国涌现出一大批快递公司,国外一些知名的快递公司也纷纷进入中国市场。这些快递公司一般是私有性质的,速度比较快,价位不等,要了解具体情况

可登录其官方网站进行查询,如表 5.4 所示。

表 5.4 快递公司网站

快递公司	网址
1. 邮政 EMS	http://www.ems.com.cn
2. 顺丰速运	http://www.sf-express.com
3. 申通快递	http://www.sto.cn
4. 圆通快递	http://www.yto.net.cn
5. 韵达快递	http://www.yundaex.com
6. 天天快递	http://www.ttkdex.com
7. 宅急送	http://www.zjs.com.cn
8. 中通速递	http://www.zto.cn
9. 汇通快递	http://www.htky365.com
10. 全一快递	http://www.apex100.com
11. 中铁快运	http://www.cre.cn
12. 民航快递	http://www.cae.com.cn
13. 亚风快递	http://www.airfex.net
14. 龙邦物流	http://lbex.com.cn
15. 大田快运	http://www.dtw.com.cn
16. 华宇物流集团	http://www.hoau.net
17. 中诚快递	http://www. Zc-ex.com
18. 全日通快运	http://www.at-express.com
19. 德邦物流	http://www.deppon.com
20. 上海麒麟物流	http://www.98933.net
21. 佳吉快运	http://www.jiaji.com
22. 驱达国际快递公司	http://www.fardar.com
23. 全一快递	http://www.unitop-apex.com
24. 优速快递	http://www.uc56.com
25. 邦送物流	http://express.banggo.com
26. 如风达快递	http://www.rufengda.com
27. UPS	http://www.ups.com/cn
28. 联邦快递	http://www.fedex.com/cn
29. TNT 快递	http://www.tnt.com.cn/
30. DHL 快递中外运敦豪	http://www.cn.dhl.com
31. 大众佐川急便	http://www.dz-sagawa-exp.com
32. OCS(欧西爱斯)	http://www.ocschina.com
33. DPEX	http://www.szdpex.com.cn
34. ZMS(威鹏达)	http://www.zms.com.cn
35. AAE(美亚快递)	http://cn.aaeweb.com

3. 货运

(1) 货运物流的特点

价格便宜，经济实惠，但邮寄时间比较长，且不能送货上门，与邮局平邮很类似，但是价格比邮局便宜得多，一般要邮寄物品体积比较大，或者物品比较重，又或者邮寄物品数量比较多时，可以选择货运物流，适用于邮寄不是很紧急的大宗物品。

(2) 货运邮寄东西的基本程序

货运物流可以由货运公司上门收货，也可以由邮寄件人亲自将货送到货运公司。货运所需时间大约为一个星期(视两地距离和交通而定)。货运物流一般不会送货上门，需要收件人自行到本地货运公司网点去提取。

4. 快递单据的填写

(1) 寄件人

寄件人姓名、电话：详细填写寄件人姓名、有效的联系电话。

寄件人单位名称：详细填写寄件人的单位名称，如果是个人地址，则无需填写。

寄件人地址：详细填写寄件人单位或个人地址、邮政编码，如果有用户代码，也需填写。为邮件安全及迅速传递，应详细、准确填写。

(2) 内装何物及数量

内件分类：注明邮件的内件性质。

内件品名：注明内装物品的具体名称。

数量：注明内装物品的具体数量。

(3) 保价栏

如需保价，选择此项并注明需保价的金额，最高不应超过 10 万元人民币。

(4) 交寄人签名

交寄人确认所填写内容，认可详情单背面使用须知后签名。

(5) 收件人

收件人姓名、电话：详细填写收件人姓名、有效的联系电话。

收件人单位名称：详细填写收件人的单位名称，如寄往收件人个人地址，则无需填写。

收件人地址：详细填写收件人的单位或个人地址、邮政编码及相应的城市名。为邮件安全及迅速传递，应详细、准确填写。

收件人签名：收到邮件时请签名(章)确认，并填写具体收到邮件的日期、时间。若是他人代签收，签名(章)后，还需注明有效证件名称、号码和代收关系。

(6) 如需说明情况，应在详情栏填写

详情单上其他项目由邮政速递工作人员填写，若与实际情况不符，应当即指出。

大讨论

作为传统的专业物流企业，中国邮政积极发展现代物流服务，目前中国邮政已经拥有一个覆盖全国、较为完善的物流配送网络,全国各省都普遍开展了邮政物流配送业务。为了适应电子商务的发展,中华人民共和国邮政集团公司又开通了中国邮政电子商务网(http://11185.cn),如图5.2所示。

图5.2 中国邮政电子商务网

问题:

(1) 中国邮政物流属于哪种物流模式?

(2) 中国邮政发展电子商务物流有哪些优势?

(3) 中国邮政发展电子商务物流存在哪些不足?

任务总结

近几年来,电子商务作为一种新的商务模式给人类带来了一次史无前例的产业革命,这次革命的结果是将人类真正带入信息社会。然而在电子商务的发展过程中,人们发现物流是网上商务活动顺利进行的一个关键因素。本章主要介绍电子商务与物流、现代电子商务物流模式、电子商务物流解决方案等内容,以实例分析、课堂讨论等形式,帮助学生由浅入深地理解并掌握电子商务物流解决方案。

参考文献

[1] 相成久.电子商务应用与运营.[M].2版.北京:中国人民大学出版社,2015.

[2] 于巧娥,王林毅.电子商务基础与实务.[M].2版.北京:中国人民大学出版社,2015.

[3] 朱孝立,罗荷香.新编电子商务教程.[M].2版.合肥:中国科学技术大学出版社,2012.

[4] 杨荣明,吴自爱.电子商务实用教程.[M].2版. 合肥:安徽大学出版社,2014.

[5] 孙若莹,王兴芬.电子商务概论[M].北京:清华大学出版社,2012.

[6] 艾瑞咨询网. http://www. iresearch. com. cn.

[7] 亿邦动力网. http://www. ebrun. com/20150122/122036. shtml.

[8] 百度百科. http://www. baike. baidu. com.

[9] 中国互联网络信息中心. http://www. cnnic. net. cn.

[10] 中国软件资讯网. http://www. cnsoftnews. com/static/201303/97218. html.

第 6 章　网 络 营 销

学习目标

知识目标：了解网络营销的基本概念和特点，掌握网络营销的组合策略、网络营销的形式。

能力目标：理解网络营销的内涵，掌握开展网络营销的手段和方法，具备一定的网络营销能力。

本章内容结构
- 6.1　网络营销概述
- 6.2　网络营销形式

案例导入

情人节网络营销案例

今年情人节和元宵节“偶遇”在一起，19 年难得一遇的“双节”，在商家和消费者看来都是“难能可贵”。如何推出让人倾心的营销形式，俘获“身经百战”的消费者的芳心，成为众多商家最关心的问题。

1. 最内涵的营销“加多宝”

2 月 14 日情人节当天，微博“@加多宝凉茶”发出一条长微博，内容为“在情爱的世界里没有前任，享受现在”。在微博文案中“前任”从字面上来看，是在指前任男女朋友，但是也有网友认为其暗指竞争对手。虽然此条微博转发量只有 5211 条，但是却引起了网友的热烈讨论，这样一语双关的广告文案，被称为最具内涵的广告。

2. 最勇敢的营销“奇虎 360”

情人节是一个浪漫的节日，就连空气中都充满甜蜜的气息。“奇虎 360”作为一家互联网企业，如何结合情人节突出品牌文化？今年情人节，“奇虎 360”的一名女员工通过 360 浏览器官网，挂出告白情书，让“奇虎 360”的 3 亿网民直击其求婚全过程，堪称史上“最勇敢的求婚”。

互联网从来不缺少新闻，作为行业内公关的标兵，“奇虎 360”在今年情人节可谓是赚足了眼球。首先，"奇虎 360"员工求婚事件，在前期通过官网挂出"告白情书"做足了预热，其次求婚事件的女主角竟然是一名 IT 女神，更是让人浮想联翩。而全程直播求婚现场，更是满足了围观群众的好奇心。不论是在活动策划，还是在抓住网民心理上，"奇虎 360"女员工求婚都体现出奇虎 360 营销手法的精湛。

（资料来源：经理人分享，有删节，2016-2-14）

提出任务

随着互联网影响的逐渐扩大以及人们对网络营销理解的不断加深，人们已经看到网络营销的诸多优点。越来越多的企业或个人开始通过网络进行营销推广。网络营销不单单是一种营销手段，更是一种信息化社会的新文化。网上巨大的消费群体给网络营销提供了广阔的空间。那么什么是网络营销？网络营销有哪些形式呢？

解决问题

6.1　网络营销概述

6.1.1　网络营销的概念

网络营销是指借助于互联网、电脑通信技术和数字交互式媒体来实现营销目标的一种营销方式。网络营销是以现代营销理论为基础，以互联网为中介媒体，对产品的售前、售中、售后等环节进行追踪服务，寻找新客户、服务老客户，最大限度地满足客户需求，以达到开拓市场、增加盈利的经营过程。

6.1.2　网络营销的特点

1. 跨时空

互联网具有的超时间约束和空间限制进行信息交换的优点，使得脱离时空限制达成交易成为可能，企业能有更多的时间和更多的空间进行营销，可以随时随地提供全球的营销服务。

2. 多媒体

互联网被设计成可以传输多种信息的媒体，如文字、声音、图像等信息，使为达成交易而进行的信息交换可以以多种形式进行，可以充分发挥网络营销人员的创造性和能动性。

3. 交互式

互联网可以展示商品，提供有关商品信息的查询，可以和顾客做互动，可以收集市场情报，可以进行产品测试与消费者满意度调查等。

4. 人性化

互联网上的促销是一对一的、理性的、消费者主导的、循序渐进式的，避免了推销员强行推销的弊端，并可通过互动与消费者建立长期的良好关系。

5. 成长性

互联网使用者数量快速增长并遍及全球，使用者多半为年轻人，由于这部分群体购买力强而且具有很强的市场影响力，因此网络营销极具开发潜力。

6. 整合性

网络营销贯穿商品信息发布至付款、售后服务，是一种全程的营销渠道。另外，企业可以借助互联网将不同的营销活动进行整合，避免不同传播渠道信息不一致导致的消极影响。

7. 超前性

互联网是一种功能强大的营销工具，它同时兼具渠道、促销、电子交易、互动、顾客服务以及市场信息分析与提供等功能，恰好符合定制营销与直复营销共同发展的趋势。

8. 高效性

互联网可存储大量的信息供消费者查询，可传送的信息数量与精确度远远超过其他媒体，并能顺应市场需要，及时更新产品、调整价格，从而及时有效地满足顾客的需求。

9. 经济性

通过互联网进行信息交换，代替以前的实物交换，一方面可以减少印刷与邮递的成本，同时无店销售可以免交租金，节约水电与人工成本；另一方面可以减少由于多次交换带来的损耗。

10. 技术性

网络营销是建立在互联网的基础上的，只有改变传统的组织形态，提升信息管理的能力，引进懂营销与电脑技术的复合型人才，才能在未来具备市场竞争优势。

6.1.3 网络营销的组合策略

1. 网络营销产品策略

网络销售商品并非传统的面对面买卖方式，消费者与企业通过网络对话是买卖双方的主要交流形式。消费者通过访问企业的网站查看商品的性能、价格等参数，填写表单表达自己对商品品种、规格、颜色及数量等的要求。卖方将符合消费者要求的产品送货上门。

(1) 网络营销中产品的整体概念

在网络营销中，产品的整体概念可分为5个层次，企业可根据这5个不同的层次制定相应的策略，具体如下：

① 核心利益层次。企业在设计和开发产品核心利益时要从顾客的角度出发，要仔细探究顾客需要的到底是什么或是产品能够满足顾客的什么需求？同时要考虑网络营销的全球性，如医疗服务可以借助网络实现网络远程医疗。

② 有形产品层次。对于物质产品来说，必须保障品质，注重产品的品牌，注意产品的包装。在式样和特征方面要根据不同地区的文化进行相应处理。

③ 期望产品层次。在网络营销中，顾客占主导地位，消费呈现出个性化的特征，不同的消费者对产品的要求可能不一样，因此产品的设计和开发必须满足顾客这种个性化的消费需求。现代社会已由传统的企业设计开发、顾客被动接受的时代转变为以顾客为中心，由顾客提出要求，企业辅助顾客来设计开发产品，满足顾客个性需求的新时代。

④ 延伸产品层次。在网络营销中，对于物质产品来说，延伸产品层次要注意提供产品的售后服务等。

⑤ 潜在产品层次。在延伸产品之外，由企业提供能满足顾客潜在需求的产品。潜在产品与延伸产品的主要区别是：顾客没有潜在产品层次的需要时，仍然可以很好地使用顾客需要的产品的核心功能，但得到潜在产品时，消费者的潜在需求会得到超值的满足，消费者对产品的偏好程度与忠诚程度会得到大大提高。

(2) 网络营销产品选择遵循的原则

网络营销可以选择任何实物产品与服务。但在我国目前的电子商务发展状况下，如下一些产品成为企业开展网络营销的首选产品：名牌产品，与计算机技术相关的产品，便于配送的产品，网络营销费用远低于渠道销售费用的产品，不容易设实体店的特殊产品，市场容量较大的产品，消费者可以从网上了解较多产品信息的产品。

通常，从宏观方面来说，产品可以划分为两大类：一类是消费者在购买时就能确定或者评价其质量的产品，如个人计算机、书籍等；另一类是必须在消费者使用过一段时间后才能确定或者评价其质量的产品，也被称为经验性产品，如化妆品等。显然，产品质量容易鉴定、标准化比较高的产品，容易在网上销售；而经验性产品，或者个性化很强的产品在网上进行销售就相对较难。

关于实物产品，还要考虑营销区域的问题，虽然网络消除了区域的束缚，但在实际的网络营销操作中，企业必须考虑自己产品的营销范围。如果远距离的消费者购买产品，而企业的配送系统不能将商品送达或者配送费用过高，那将对企业与消费者都造成损害。

2. 网络营销价格策略

网络营销价格是指企业在网络营销过程中买卖双方成交的价格。网络营销价格的形成是极其复杂的。它受到成本、供求关系、竞争等因素的影响和制约。企业在进行网络营销决策时必须对各种因素进行综合考虑，从而采用相应的定价策略。目前的定价策略主要分为如下5种：

(1) 竞争定价策略

通过客户跟踪系统(Customer Tracking System,简称 CTS)经常关注顾客的需求,时刻注意潜在客户的需求变化,才能保持网站向顾客需要的方向发展。大多数购物网站经常会将网站的服务体系和价格等信息公开,这就为了解竞争对手的价格策略提供了便利。所以需要随时掌握竞争者的价格变动,调整自己的竞争策略,以时刻保持同类产品的相对价格优势。

(2) 个性化定价策略

个性化定价策略就是利用网络互动性和消费者,来确定商品价格的一种策略。网络的互动性能实时了解消费者的需求,使个性化营销成为可能,也使个性化定价策略有可能成为网络营销的一个重要策略。这种个性化服务是网络产生后营销方式的一种创新。

(3) 自动调价、议价策略

自动调价、议价策略是根据季节变动、市场供求状况、竞争状况及其他因素,在计算收益的基础上,设立自动调价系统,进行自动价格调整。同时建立与消费者直接在网上协商价格的集体议价系统,使价格具有灵活性和多样性,从而形成新的价格,这种集体议价策略已在一些网站中采用。

(4) 特有产品特殊价格策略

特有产品特殊价格策略需要根据产品在网上的需求来确定产品的价格。当某种产品有其特殊的需求时,不用较多地考虑其他竞争者,只要制定自己最满意的价格就可以了。这种策略主要可分为两种类型:一种是创意独特的新产品("炒新"),它利用网络沟通的广泛性、便利性,满足了那些品味独特、需求特殊的顾客"先睹为快"的心理;另一种是纪念物等有特殊收藏价值的商品("炒旧"),如古董、纪念物或是其他有收藏价值的商品等。

(5) 捆绑销售策略

捆绑销售这一概念在很早以前就已经出现,但是引起人们关注是由于 20 世纪 80 年代美国快餐业的广泛应用,麦当劳通过这种形式促进了食品的销售。这种传统策略已经被许多精明的网上企业所采用。网上购物完全可以通过购物车或者其他形式巧妙运用捆绑手段,使顾客对所购买的产品价格感觉更满意,采用这种方式,企业会突破网上产品的最低价格限制,利用合理、有效的手段降低顾客对价格的敏感程度。

3. 网络营销渠道策略

网络营销渠道是产品和服务从生产者向消费者转移过程的具体通道或路径,网络营销渠道就是借助互联网将产品和服务从生产者转移到消费者的中间环节。完善的网上销售渠道应该有订货、结算和配送 3 大功能。

(1) 网络直接销售

网络直接销售简称网络直销,指生产厂家通过网络直接分销渠道销售产品,没有任何形式的网络中介商。目前常见的做法有两种:一是企业在互联网上建立自己独立的站点,申请域名,建设网站,由网络管理员专门处理有关产品的销售事务;二是企业委托信息服务商(ISP)在其站点上发布信息,企业利用有效信息与客户联系,直接销售产品,虽然有企业委托信息服务商参加，但主要的销售活动还是由买卖双方完成的。

网络直销的优点如下：

① 网络直销促成产需双方直接见面，企业可以直接从市场上搜集到真实的第一手材料，有助于合理安排生产。

② 网络直销对买卖双方都有直接的经济利益。由于网络营销大大降低了企业的营销成本，企业能够以较低的价格销售自己的产品。

③ 营销人员可以利用网络工具，如电子邮件、论坛、微博等，随时根据用户的愿望和需要，开展各种形式的促销活动，迅速扩大产品的市场占有率。

④ 企业能够通过网络及时了解到用户对产品的意见和建议，解决疑难问题，提高产品质量，改善经营管理模式。

（2）网络间接销售

为了克服网络直销的缺点，网络商品交易中介机构应运而生。这类机构成为了解买卖双方的枢纽，使网络间接销售成为可能。虽然网络商品交易中介仍然存在许多问题，但它在未来虚拟网络市场的作用却是其他机构所不能代替的。

网络商品交易中介机构的存在成为必然主要有如下 2 个原因：

① 网络商品交易中介机构的存在简化了市场交易的过程。随着越来越多的商品信息被放到网上，并且信息越来越分散，更多的商业机构都在网上寻找业务，网络商品交易中介机构的发展是很快的。利用网络交易中间商的目的在于能够更加有效地推动商品广泛地进入目标市场。

② 网络商品交易中介机构的撮合功能有利于降低业务花费和进行全球性交易。网络商品中介机构为买卖双方提供了相当于集成的功能，因此为买卖双方创造了价值。而且中介机构在特定的市场领域里与许多机构的关系密切，它们能用这些关系对某些卖主的产品进行捆绑式销售，以满足客户的需求。

（3）双道法

所谓双道法，是指企业同时使用网络直接分销渠道和网络间接分销渠道，以达到销量最大化的目的。在买方市场的现实情况下，通过两种渠道推销产品比单一渠道更容易实现“市场渗透”。在现代化大生产和市场经济条件下，在建立网站的同时大部分企业都积极利用网络间接渠道销售自己的产品，通过中介商信息服务和广告服务的撮合服务，可以扩大企业的影响，开拓企业产品的销售领域同时降低销售成本。

4. 网络营销促销策略

网络营销促销策略是指利用现代化的网络技术向虚拟市场传递有关产品或服务的信息，以激发消费者的购买欲望和购买行为的各种活动。它与传统促销的目的一样，都是为了让消费者了解产品或服务消费者，引起消费者的注意和兴趣，激发他们的购买欲望，并最终使其完成购买行为。网络促销具有其独特性，与传统促销在信息传播模式、时间和空间观念、顾客参与程序上与传统的促销手段都有较大差别，具体如下：

(1) 网络促销的形式

网络促销一般有 4 种形式,即网络广告、站点推广、销售促进和关系营销。

① 网络广告主要是借助网上知名站点,提供免费电子邮件服务,或者在一些免费公开的交互站点发布企业的产品或服务信息,对企业及企业产品或服务进行宣传推广,网络广告已形成了一个很有影响力的产业市场,因此企业考虑的首选促销形式应是网络广告。

② 站点推广是利用网络营销策略扩大站点的知名度,吸引访问网站的流量,起到宣传和推广企业以及企业产品或服务的效果。

③ 销售促进是企业利用可以直接销售的网络销售站点,采用一些销售促进方法,如价格折扣、有奖销售、拍卖销售等方法,宣传和推广产品。

④ 关系营销是通过借助互联网的交互功能吸引用户与企业保持密切关系,培养顾客忠诚度。

(2) 网络促销的实施过程

① 确定网络促销对象。网络促销对象是针对可能在网络虚拟市场上产生购买行为的消费者群体提出来的。它主要包括产品的使用者、产品购买的决策者和产品购买的影响者。

② 设计网络促销内容。消费者在做出购买行为之前一般经历认知、感知和行动这三个阶段。企业需要了解消费者所处的阶段,并制定出适合这一阶段的促销活动内容。

③ 选择网络促销的组合方式。网络促销策略主要有“推策略”和“拉策略”两种。所谓“推策略”,其主要功能是将企业的产品或服务推向市场,获得广大消费者的认可;而“拉策略”,其主要功能是将顾客牢牢地吸引过来。企业应根据自己产品的特性,将两种策略有机地组合起来,从而达到最佳促销效果。

④ 制定网络促销预算方案。企业根据网络促销内容和目标,做好促销的预算方案。

⑤ 网络促销的执行与效果评价。在执行了网络促销活动之后,应对已执行的促销内容进行效果评价,以便对促销的内容、形式做出调整和改进。评价主要数据来源于两个方面:一是通过访问量的数据统计做出促销活动效果的评价;二是通过市场占有率、销售量、利润等数据,来判断促销决策的正确与否。

微思考

网络营销策略和传统营销策略有哪些不同之处?

6.2 网络营销形式

目前,网络营销的形式多种多样,这里主要介绍使用较多的 10 种形式。

6.2.1　搜索引擎营销

所谓搜索引擎营销(Search Engine Marketing ,简称 SEM),就是根据用户使用搜索引擎的方式,利用用户检索信息的机会,尽可能地将营销信息传递给目标用户。它通常以 PPC 为代表,在开通搜索引擎竞价后,用户通过搜索相关关键词,并点击搜索引擎上的关键词链接进入网站进一步了解其所需要的信息,然后通过拨打网站上的客服电话、与在线客服沟通或直接提交页面上的表单等来实现自己的目的。

搜索引擎是在互联网上进行信息资源和定位的基本工具,是为了帮助用户从成千上万的网站中快速有效地查询到所需要的信息而出现的。如果说互联网上的信息"浩如烟海",那么搜索引擎就是"海洋中的导航灯"。

下面重点介绍搜索引擎注册、搜索引擎优化、搜索引擎广告。

1. 搜索引擎注册

网站是企业网络营销的主窗口,但网站宣传的前提是客户必须知道你的网址。调查表明,约有 66.3%的网民利用搜索引擎来查找相关信息资源。可以看出,搜索引擎已经成为网民网上冲浪的利器,也给企业网站推广带来了希望。搜索引擎注册成为企业宣传网站的重要工具。简单来说,搜索引擎注册就是将企业网站基本信息(尤其是 URL)提交给搜索引擎的过程。

搜索引擎主要有两种基本类型:一类是纯技术型的全文检索搜索引擎;另一类是分类目录型搜索引擎。对于这两种不同性质的搜索引擎,注册网站的方式也有很大差别。为了使更多的访问者能找到你的网站,可以同时在多个搜索引擎上注册。

搜索引擎注册的目的是使企业网站在搜索引擎检索结果中排名靠前。要让别人知道你的网站,就要让搜索引擎把你的网站收录进去。但仅仅这样是不够的,像雅虎、百度这样的搜索引擎,每天申请收录的有几千个网址,你的网站虽然被收录,但是排名可能很靠后。大部分搜索引擎使用积分等方法按照搜索关键词在数据库中文档的重要性、重复次数、分布情况以及位置等来确定文档或网址的排列顺序。因此,搜索引擎注册中最关键的是如何使用好关键词。

设定关键词要注意:使用足够数量的关键词,一般搜索引擎对关键词的数量都有一定的限制,最好用足这个数量,关键词越多,被找到的可能性就越大;要选择与站点内容最为贴切的,能够描绘出企业网站特征的关键词,并且要首先在标题中出现,正文尽可能重复这些词;充分考虑访问者使用搜索词的习惯,尽量不使用生僻字词。

2. 搜索引擎优化

搜索引擎优化(Search Engine Optimization,简称 SEO),是针对搜索引擎的检索特点,让网站建设网页设计的基本要素符合搜索引擎的检索原则(即搜索引擎友好),从而获得搜索引擎收录并在检索结果中排名靠前。一个搜索引擎友好的网站,应该方便搜索引擎的检索信息,并且返回的检索信息让用户看起来有吸引力,这样才能达到搜索引擎营销的目的。

搜索引擎优化本身并不是一项专门的技术或者工程,而是一种经营思想,将这种经营思想运用于网站的建设之中,自然就能获得搜索引擎优化的效果。

搜索引擎优化是为用户获取信息和服务提供方便，是以用户为导向的网站优化效果的自然体现。因为搜索引擎的检索原则是为用户提供与检索信息最相关的内容，如果一个网站或网页做到了这一点，自然会在搜索引擎检索结果中获得好的排名。

搜索引擎优化应注意：每个网页都应该有独立的概括描述网站主题内容的网页标题；尽量使用静态网页，在页面中以文字信息为主，而不是以图片或 Flash 为主；网站外部链接要注重质量而不是数量；保持网站合理的栏目结构；网站应该有适量的文字信息，并且保持一定的更新频率；每个网页都应有经过专业设计的 Meta 标签。

3. 搜索引擎广告

依靠网站优化获得好的搜索结果排名是免费的，因此其成为搜索引擎营销的首选。优化设计也是网站专业性的标志之一，但仅仅依靠网站优化设计还不足以使多个重要关键词都获得好的排名。另一种有效的方法是利用搜索引擎广告。

搜索引擎广告是一种付费搜索引擎营销形式，也称为关键词广告、付费搜索引擎关键词广告等，是 2002 年后增长最快的一种网络广告模式。谷歌拥有最有影响力的付费搜索引擎关键词广告业务。

关键词广告的基本形式是：当用户利用某一关键词进行检索时，在检索页面上会出现与该关键词相关的广告内容，由于关键词广告具有较高的定位，其效果比一般网络广告形式要好，因而获得了快速发展。

关键词广告具有如下优点：形式比较简单，通常为文字广告；可以随时进行投放；价格比较低廉，一般采用按点击量付费，并且费用可以控制；可以随时查看流量统计；可以方便地进行管理，随时更换；实时显示。

6.2.2 微信营销

微信营销是网络经济时代企业营销模式的一种创新，是伴随着微信的火热而兴起的一种网络营销方式。微信不存在距离的限制，用户注册微信后，可与同样注册的“微信好友”形成一种联系，用户订阅自己所需的信息，商家通过提供用户需要的信息推广自己的产品，从而实现点对点的营销，比较突出的有体验式微营销。

微信是腾讯旗下的一款即时通信产品，支持发送语音、视频、图片和文字等。2011 年 4 月，微信以英文名 WeChat 正式进入国际市场。

1. 微信营销的特点

(1) 点对点精准营销

微信的高精准度在于企业对目标人群尤其新老客户的控制。很多企业做微信营销时首先是把所有老客户加进来，然后想方设法把潜在目标人群加进来，这样企业进行营销的时候拥有极高的精准度，这也是微信营销的核心价值所在。微信拥有庞大的用户群，借助移动终端、社交和位置定位等优势，每个信息都是可以推送的，能够让每个个体都有机会接受到营销信息，从而帮助商家实现点对点精准化营销。如：酒类行业知名媒体佳酿网旗下的酒水招商公众账号，其拥有近万名由酒厂、酒类营销机构和酒类经销商等构成的粉丝，这些精准用户粉丝相当于一个盛大的在线糖酒会，每一个粉丝都是潜在客户。

（2）形式灵活多样

漂流瓶用户可以发布语音或者文字，然后投入“大海”中，如果有被他用户“捞”到则可以展开对话，如：招商银行的“爱心漂流瓶”用户互动活动就是个典型案例。

位置签名：商家可以利用“用户签名档”这个免费的广告位为自己做宣传，附近的微信用户通过它能看到商家的信息。

二维码：用户可以通过扫描二维码来添加好友、关注企业账号，企业则可以设定自己的二维码，用优惠来吸引用户关注，开拓O2O营销模式。

开放平台：通过微信开放平台，应用开发者可以接入第三方应用进行内容选择与分享。如：“美丽说”的用户可以将自己在美丽说中内容分享到微信中，可以使一件“美丽说”的商品得到传播，进而实现口碑营销。

公众平台：在微信公众平台上，每个人都可以打造自己的微信公众账号，并可以在微信平台上实现和特定群体的文字、图片、语音等全方位沟通和互动，打通企业与目标客户在移动端直接进行F2F(Face to Face)营销的“任督二脉”。

（3）强关系的机遇

微信的点对点产品形态注定了其能够通过互动的形式将普通关系发展成强关系，从而产生更大的价值。通过互动的形式与用户建立联系，可以解答疑惑，可以讲故事，甚至可以“卖萌”，用一切形式让企业与消费者形成朋友的关系，你不会相信陌生人，但是会信任你的“微信好友”。由于公众号的粉丝都是主动关注的，信息也是主动获取的，完全不存在垃圾信息招抵触的情况。

2. 微信营销的基础优势

人类已步入移动互联网时代，在这个振奋人心的时代，微信诞生了，并以迅雷不及掩耳之势迅速占据了以智能手机为主的智能移动终端屏幕。

（1）微信实现了真正的对话，一对一、一对多，文字、图片、视频等都在“手指尖”，所以微信是一个非常方便的沟通工具。营销需要用户和便捷的沟通，这就为微信营销打下坚实的基础。

（2）微信的曝光率几乎是100%，不认识的人也一样。曝光率是衡量信息发布效果的另一个指标。

（3）便捷、亲和的展示方式让人无距离感。通过微信进行的沟通和手机短信、电话沟通一样，甚至可以视频交流，所以沟通起来非常有亲和力。微信营销的本质是F2F营销。

（4）微信是一个非常好的客户管理CRM工具，而且非常完美。通过微信公众平台可以很好地进行客户管理。例如：我们经常收到垃圾短信，其原因就是营销者没有很到好对客户进行管理，没有分好老客户、新客户，把发给新客户的信息也发给了老客户。微信可以对客户很好地进行归类，可以向某一类人群定时发送他们需要的信息，还可以和客户互动，设置查询、搜索等功能，所以微信是一个非常好的客户管理工具。

3. 微信营销的技巧

（1）查看附近人

个性签名是腾讯产品的一大特色，用户可以随时在个性签名里更新自己的签名。也有许多人利用签名打入强制性的广告，可以使一定用户看到，但是这种单调的硬性广告，通常只有用户的微信好友才能看到。那么有什么方式可以让更多陌生人看到呢？结合微信的另一个特色应用——查看附近的人便可以做到。

(2) 漂流瓶

截至 2016 年 3 月，微信每月活跃用户已达 5.49 亿。不少大品牌都在尝试微信推广。其中，漂流瓶便是企业看中的一个微信应用。漂流瓶实际上是移植 QQ 邮箱的一款应用，该应用在 QQ 上广受好评，许多用户喜欢这种和陌生人的简单互动方式。漂流瓶移植到微信上后，基本保留了原来简单易上手的优点。

(3) 社交营销式

微信拥有比以往任何沟通工具都优越的功能，并且衍生出了很多非常实用、又很有趣的应用。比如微信群、按住说话功能等引领了整个移动互联网时代产品功能创新时尚。例如：杭州出租车司机们用微信群调度运力，乘客只需要加入该微信群，提前在群里说好乘车时间、地点、目的地，就可以在打车困难的地方便捷地获得出租车服务。

微信营销的社交营销是基于微信公众平台进行的。公众账号是一个企业或者个人品牌的宣传平台，注册微信公众号以后，就可以基于计算机进行信息的发送和用户管理。所以对于营销者来说，要做的第一步就是注册一个微信公众账号。要注册微信公众平台账号，只要登录微信网站进入公众平台页面填写完成相关信息就可以了。

注册成功之后进入后台的“设置”板块，可以进行头像、账号域名、二维码等方面的设置。企业设置微信公众账号域名的时候要做到：便于记忆，便于目标人群输入；不一定越短越好，但是要尽量短；尽量不用各种符号。

(4) 划时代的 F2F 营销模式

F2F 营销模式是指企业与目标客户面对面进行营销。在微信出现前，任何营销渠道都很难达到 F2F 的效果。一个营销推广，要么不知道多少人看？要么不知道谁在看？要么不知道看的人怎么想？要么看了不知道怎么去买？要么用着好却不知道怎么对企业表达感谢？而微信的出现，让这一切都变得不是问题。

微信营销是真正意义上的 F2F 营销，通过企业公众账号，用户数据一目了然，而且营销者的信息能随时随地到达用户终端。用户看了营销者的市场推送信息后，如果有想法，他们会告诉营销者，因为这样很方便，只要按住说话按钮说就行了。他们看了新产品信息如果想买，可以直接发送购买指令到企业公众账号，如果你的公众账号实现了与电子商务业务购买系统的对接则可实现直接购买，不想要了发个信息还能直接退订，用得好了还可以直接表达感谢。这就是完全的 F2F 营销，它将是一个划时代的营销模式。

6.2.3 博客营销

博客营销是通过企业博客或个人博客进行企业与用户之间的互动交流以及企业文化的展现，一般以诸如行业评论、工作感想、心情随笔和专业技术知识等作为企业博客内容，从而使用户更加信赖企业，提高品牌影响力。

博客推广比较适合没有网站的企业或者个人，如果一个企业想打响自己的品牌而又暂时没有自己的网站，则可以通过博客来推广自己的产品。

1. 博客营销的定义

博客上的内容通常是公开的，可以发表自己的网络日记，也可以阅读别人的网络日记，因此博客可以理解为一种个人思想、观点、知识等在互联网上的分享。由此可见，博客具有知识性、自主性、共享性等基本特征，正是这种性质决定了博客营销是一种基于思想、体验等表现形式的个人知识资源的，通过网络形式进行的营销。

(1) 博客营销的价值

博客作为一种营销工具，发挥的是网络营销信息传递的作用。因此，其网络营销的价值主要体现在企业营销人员可以用更加自主、灵活、有效和低投入的方式发布营销信息。直接实现企业信息发布、降低营销费用和实现自主发布信息等是博客营销价值的典型体现。

① 博客可以直接带来潜在用户。博客内容发布在博客托管网站上，如：博客网、Blogger网站等，这些网站通常拥有大量的用户群体，有价值的博客内容会吸引大量潜在用户浏览，从而达到向潜在用户传递营销信息的目的。这种方式是博客营销的基本形式，也是博客营销最直接的价值体现。

② 博客营销的价值还体现在降低网站推广费用方面。网站推广是企业网络营销工作的基本形式，大量的企业网站建成之后由于缺乏有效的推广，使网站访问量过低，降低了网站的实际价值。通过博客的方式，在博客内容中适当加入企业网站的信息(如：某项热门的链接、在线优惠券下载链接等)达到网站推广的目的，这是低投入的网站推广方法，可降低一般付费推广的费用，甚至在不增加网站推广费用的情况下，提升网站的访问量。

③ 博客文章内容为用户通过搜索引擎获取信息提供了机会。多渠道信息传递是网络营销取得成效的保证，通过博客文章可以增加用户通过搜索引擎发现企业信息的机会。一般来说，访问量较大的博客网站比一般企业网站的搜索引擎要友好得多，用户可以比较方便地通过搜索引擎发现这些企业博客内容。搜索引擎的可见性，就是让尽可能多的网页被主要搜索引擎收录，并且当用户利用相关的关键词检索时，这些网页出现的位置和摘要信息更容易引起用户的注意，从而达到利用搜索引擎推广网站的目的。

④ 博客文章可以方便地增加企业网站的链接数量。获得其他相关网站的友情链接是一种常见的网站推广方式，但是当一个企业网站知名度不高且访问量较低时，往往很难找到有价值的网站给自己友情链接，通过发表博客文章为本公司的网站做链接则是顺理成章的事情。拥有博客文章发布的资格增加了网页链接的主动性和灵活性，这样不仅能为网站带来更多的访问量，还能增加网站在搜索排名中的优势。

⑤ 可以实现用更低的成本对读者行为进行研究。当博客内容比较受欢迎时，博客网站就会成为与用户交流的枢纽，有什么问题可以在博客文章中提出，读者可以发表评论，从而了解读者对博客文章内容的看法，作者也可以回复读者的评论。当然，也可以在博客文章中设置在线调查表的链接，便于有兴趣的读者参与调查，扩大在线调查表的投放范围，同时还可以直接就调查中的问题与读者进行交流，使得在线调查更有交互性，其结果提高了在线调查的效果，而且降低了调查研究费用。

⑥ 博客是建立权威网站品牌效应的理想途径之一。如果想成为某一领域的专家,最好的方法之一就是建立自己的博客。如果你坚持不懈,那么你所营造的信息资源将为你带来可观的访问量。在这些信息资源中,也包括你收集的各种有价值的文章、网站链接、实用工具等,这些资源为自己持续不断地写出更多的文章提高很好的帮助,从而形成良性循环,这种资源的积累实际上并不需要多少投入,但其回报却是可观的。企业博客也是同样的道理,只要坚持对某一领域的深度研究,并加强与用户的多层面交流,便可获得用户的品牌认可和忠诚。

⑦ 博客降低了被竞争者超越的潜在损失。2004 年,博客在全球范围内已经成为热门词汇之一,不仅参与博客写作的用户数量快速增长,浏览博客网站内容的互联网用户数量也在急剧增加。在博客方面所花费的时间成本,完全可以从其他方面节省的费用得到补偿,在博客发布的内容,同样可以用于企业网站内容的更新,或者发布在其他具有营销价值的媒体上。反之,如果因为没有博客而被竞争者超越,那么损失将是不可估量的。

⑧ 博客让营销人员从被动的媒体依赖转向自主发布信息。在传统的营销模式下,企业往往需要依赖媒体来发布企业信息,不仅受到局限,而且费用相对较高。当营销人员拥有自己的博客之后,只要这些信息没有违反国家法律,可以随时发布需要发布的信息,并且信息对用户是有价值的。博客的出现,使市场人员营销观念和营销方式产生了重大转变,每个企业、每个人都有自由发布信息的权利,如何有效地利用这一权利为企业营销战略服务,则取决于市场人员的知识背景和对博客营销的应用能力等因素。

(2) 博客营销的常见形式

① 企业网站自建博客频道。通过博客频道的建设,鼓励公司内部有写作能力的人员发布博客文章,可以达到多方面的好效果:从企业外部而言,可以达到增加网站访问量,获得更多潜在用户的目的,在企业品牌推广、增进顾客认知、听取用户意见等方面均可以发挥积极作用;从企业内部而言,提高了员工对企业品牌和市场活动的参与意识,可以增进员工之间、员工与企业领导之间的相互交流,丰富了企业知识资源。企业网站自建博客频道需要进行相应的资源投入和管理,增加了网站运营管理的复杂性,并且需要对员工进行信息保密培训、博客文章写作方法培训、个人博客维护等相关知识培训,同时要避免让部分员工觉得增加了额外负担,产生抵触情绪等。

② 第三方 BSP 公共平台模式。第三方公共平台博客营销的好处在于操作简单,不需要维护成本。但由于用户群体成分比较复杂,如果在博客文章中过多介绍本企业的信息则很难得到用户的关注。

③ 第三方企业博客平台。这种形式的博客营销也是建立在第三方企业博客平台上的,这种企业博客平台不同于以个人用户为主的公共博客,而是专门针对企业博客需求热点提供的专业化的博客托管服务。第三方企业博客平台的典型问题在于:对提供这种服务的平台的依赖性较高;企业网站与企业博客之间的关系不够紧密;员工博客的访问量难以与企业网站相符合,因而对企业的知识资源积累所发挥的综合作用有所限制。

④ 个人独立博客网站模式。作为独立的个体,除了以企业网站博客频道、第三方博客平台等方式发布博客文章之外,以个人名义用独立博客网站的方式发布博客文章也很普遍。个人拥有对博客网站完全的自主管理维护权利,因此可以更加充分地发挥个人的积极性,在

博客中展示更多个性化的内容，并且同一企业多个员工个人博客之间的相互链接关系也有助于个人博客的推广，多个博客与企业网站的链接对于企业网站的推广也有一定的价值。

⑤ 博客营销外包模式。外包模式的优点是：企业无需在博客营销方面投入过多的人力；不需要维护博客网站；相应地也就降低了企业博客管理的复杂性。经过精心策划的博客营销外包往往能取得巨大的影响力。不过博客营销外包模式的缺点也是很突出的。

⑥ 博客广告。与前述 5 种博客营销模式的不同之处在于：博客广告是一种付费的网络广告形式，即将博客网站作为网络广告媒体在博客网站上投放广告。利用博客内容互动性的特性获得用户的关注。

（3）博客营销的技巧

① 选择博客托管网站、注册博客账号。选择博客托管网站时应选择访问量较大且知名度较高的博客托管网站，可以根据全球网站排名系统等信息进行分析判断。对于某一领域的专业博客网站，不仅要考虑其访问量而且还要考虑其在该领域的影响力，影响力较高的博客托管网站，其博客内容的可信度也相应较高。

② 选择优秀的博客。在营销的初级阶段，用博客来传播企业信息的首要条件是拥有具有良好写作能力的博客。博客在发布自己的生活经历、工作经历和某些热门话题的评论等信息的同时，可附带宣传企业，如：企业文化、产品品牌等，特别是当发布文章的博客是在某领域有一定影响力的人物时，其所发布的文章更容易引起关注，能吸引大量潜在用户浏览，从而通过个人博客文章内容为读者提供了解企业信息的机会。

③ 坚持博客的定期更新和不断完善。企业应坚持长期利用博客，不断地更换其内容，这样才能发挥其长久的价值和应有的作用，吸引更多的读者。因此进行博客营销的企业有必要创造良好的博客环境，采用合理的激励机制，促使企业博客们有持续的创造力和写作热情。同时应鼓励他们在正常工作之外的个人活动中坚持发布有益于公司的博客文章，这样长期积累，企业在网络上的信息会越积越多，被潜在用户发现的机会也就越来越大。

④ 协调个人观点与企业营销策略之间的分歧。从事博客写作的是个人，但网络营销活动是属于企业营销，因此博客营销必需正确处理两者之间的关系。如果博客所写的文章全部代表公司的官方观点，那么博客文章就失去了其个性特色，也就很难获得读者的关注，从而失去了信息传播的意义。但是，如果博客文章只代表个人观点，与企业立场不一致，就会受到企业的制约。因此，企业应该培养一些有良好写作能力的员工进行写作，他们所写的东西既要反映企业，又要保持自己的观点性和信息的传播性，这样才会获得潜在用户的关注。

⑤ 建立自己的博客系统。当企业在博客营销方面开展得比较成功时，可以考虑使用自己的服务器，建立自己的博客系统，向员工、客户以及其他外来者开放。因为博客服务方是不承担任何责任的，所以服务是没有保障的，如果中断服务，企业通过博客积累的大量资源将毁于一旦。如果使用自己的博客系统，则可以由专人管理，定时备份，从而保障博客系统的稳定性和安全性。而且开放博客系统将引来更多同行、客户来申请和建立自己的博客，使更多的人加入到企业的博客宣传队伍中来，从而扩大企业影响力。

6.2.4 网络广告

网络广告是指以付费方式、运用互联网这种媒介来说服公众的一种信息传播形式。

1. 网络广告的类型

(1) 横幅式广告

横幅式广告(Banner),又名旗帜广告,最常用的广告尺寸是486×60(或480×80)像素,定位在网页中,大多用来呈现广告内容。

(2) 按钮式广告

按钮式广告(Buttons),最常用的按钮广告尺寸有4种,分别是:125×125像素、120×90像素、120×60像素、88×31像素,定位在网页中,由于尺寸偏小,表现手法较简单。

(3) 邮件列表广告

邮件列表广告(Direct Marketing),又名"直邮广告",利用网站电子刊物服务中的电子邮件列表,将广告加在每天读者所订阅的刊物中发送给相应的邮箱所属人。

(4) 墙纸式广告

墙纸式广告(Wallpaper),把客户所要表现的广告内容体现在墙纸上,并安排放在具有墙纸内容的网站上,以供感兴趣的用户进行下载。

(5) 电子邮件式广告

电子邮件式广告(E-mail),广告形式以Banner为主,广告体现在拥有免费电子邮件服务的网站上,广告会出现在个人邮箱的主页上。

(6) 竞赛和推广式广告

竞赛和推广式广告(Contests&Promotions),客户可以与网站一起合办他们认为用户感兴趣的网上竞赛或网上推广活动。

(7) 插页式广告

插页式广告(Interstitial Ads),又名弹跳广告,客户选择自己喜欢的网站或栏目,在该网站或栏目出现之前插入一个新窗口显示广告。

(8) 互动游戏式广告

互动游戏式广告(Interactive Games),在一段页面游戏开始、中间、结束的时候,广告都可随时出现,并且可以根据客户对产品的要求,为其量身定做一个属于自己产品的互动游戏广告。

2. 网络广告的特征

凭借互联网具有的不同于传统媒体的交互性、多媒体性和高效的独有特性,网络广告呈现出不同于传统媒体广告的优点如下:

(1) 互动性

网络广告是一种交互式的与受众进行双向沟通的"活"广告。

(2) 快捷性

网络广告由于有自动化的软件工具进行创作和管理,能以低廉的费用按照需要及时变更广告内容。

(3) 丰富性

网络广告内容可以做得十分详尽,形式可以丰富多彩。

(4) 广泛性

网络广告的特色即时间的连续性和地域的广泛性。

(5) 可控性

客户和广告商可以实时评估网络广告效果,调整广告策略。

(6) 成本低

企业做广告的直接目的是为了促销产品,而促销产品的最终目标是为了获取商业利益。商品广告的价格不断增长,成为很多企业的一种负担,而网络广告的价格较其他形式广告便宜很多。可以说,网络广告的出现为企业提供了一种新的宣传促销手段。

(7) 跨越地域和时空,宣传范围广泛

就目前而言,在网上发布的网络广告,其所面对的客户对象是分布在 190 多个国家或地区的数亿用户,网络广告可以跨越地域和时空,进入世界各地的千家万户。

(8) 表现形式灵活

网络广告以图、文、声、像等形式,将产品的形状、用途、使用方法、价格、购买方法等信息展示在用户面前。

(9) 便于检索,直接反馈

因特网提供极其方便的信息检索工具,比如用户通过使用搜索引擎,可以方便、快捷地检索到所需网站及其广告产品,使得客户能很容易地获得相应数据。由于互联网上的广告以图形品牌的形式呈示,所以即便用户不点击广告,也已经看到宣传的产品。网络广告由于能够提供庞大的用户跟踪信息库,商家可以从中找到很多有用的反馈信息,这些信息都有益于捕捉商机。

(10) 目标准确,更改方便

网络广告往往能够针对相关的群体进行更准确的投放。网站可以追踪网民在网上的行踪,记录网民曾经点选了哪些广告、需要深入了解哪类广告和哪类信息。选择有明确定位的站点投放广告,虽然这种站点的受众数量可能较少,覆盖面也比较窄,但这些受众往往正是潜在客户。

尽管网络具有许多传统媒体无法比拟的优势,但并不表明它是一个完美的媒体,在当前的情况下,它仍存在一些不足,主要表现在:网络广告的覆盖率仍然偏低,统计资料表明,即使在北京、上海等一线城市,网络广告的覆盖率也只是城市人口的 8%左右;网络广告的效果评估困难,目前对网络广告效果的评估主要基于网站提供的数据,而这些数据的准确性、公证性一直受到某些客户和代理商的质疑。

3. 网络广告定位策略

网络广告定位发展至今已进一步得到细分,被划分为:抢先定位、比附定位、空隙定位、品牌形象定位、企业形象定位和网络广告文化定位等。

(1) 抢先定位

心理学研究表明:首先进入大脑的信息,常常有不易排挤的位置。抢先定位策略就是利用人们认知心理先入为主的特点,使网络广告所宣传的产品、服务或企业形象,率先占领消费者的心理位置,这被认为是最重要的定位策略,也是网络广告界最重视的策略。这一策略最适宜于新产品上市。采用强刺激率先抢占消费者心理位置的策略,往往能使产品成为同类中的第一(领导者)品牌。

(2) 比附定位

这是一种“攀龙附凤”的定位方法。第一品牌的领导者地位已被别人占领时,跟进者要想正面抗争十分困难,聪明的网络客户或网络广告人往往委曲求全以比照攀附领导者的方法,为自己的产品争得一席之地。

(3) 空隙定位

这是一种跟进者重要的定位方法,它是一种“钻空子”的方法,即寻找消费者心中的空隙,网络广告宣传的重点是填补这个空隙。有一个空子就可能确立一种定位,没有空子还可以创造空子。

(4) 品牌形象定位

根据产品的个性和消费者的审美心理塑造一个产品形象,并把这个形象植入消费者心中。这个形象一旦被消费者所喜爱,就会在消费者心中形成牢固的品牌地位,与其说消费者是为了满足某种物质需要而购买这种品牌的产品,倒不如说是因为喜欢这种品牌所塑造的形象、满足一种精神追求而购买。品牌形象定位可以和抢先策略、比附策略、空隙策略等结合运用。

(5) 企业形象定位

公共关系类的网络广告,直接反映的就是企业自身形象,如:企业的特点、企业的价值观、企业对公众对社会的责任等,这些常常是企业网络广告宣传的主题。

(6) 网络广告文化定位

文化是人们对自然、社会及自身认知的一种积淀。人类的认知是循序渐进、由浅入深的过程,因此网络广告文化也就有不同的阶段,即具有不同的发展层次。

6.2.5 E-mail营销

电子邮件正以其覆盖面广、成本低、效率高等优点越来越受到消费者的青睐。一家企业营销管理软件提供商 Unica Corporation 通过调查 300 多名来自英国、法国和德国的商业服务、制造商、零售商和技术提供商的企业营销主管,了解欧洲企业使用的市场营销方法,结果发现这些欧洲国家的企业使用率最高的营销方法就是 E-mail 营销。

1. E-mail营销的定义

电子邮件自 1994 年诞生至今已有 20 多年的历史,逐渐成为人们网上信息交流的主要方式,也一度成为企业主要的网络营销手段。电子邮件并非专为营销而产生,但当其成为大众的信息传播工具时,其营销价值也就逐渐表现出来,在欧美国家,E-mail营销已经相当成熟，并在 B2B、B2C 等领域得到广泛应用。在国内，E-mail营销的发展稍显滞后，人们往往把E-mail营销误解为群发垃圾软件。其实不然，E-mail营销是指在用户事先许可的前提下，通过电子邮件的方式向目标用户传递有价值信息的一种网络营销手段，也可称之为许可E-mail营销。这个定义中主要包含 3 个层面：发送电子邮件之前必须经过用户许可；要通过电子邮件传递信息，而不是其他方式；这种信息要对用户是有用。这 3 个要素缺少一个，都不能称之为有效的E-mail营销。

E-mail营销具有信息发布速度快、价格便宜、反馈速度快和效果好等优点。

2. 开展E-mail营销的基础条件

开展E-mail营销需要解决 3 个基本问题：向哪些用户发送，发送什么内容，如何发送。这 3 个基本问题进一步归纳为E-mail营销的 3 个基础。

(1) E-mail营销的技术基础

从技术上保证用户加入、退出邮件列表，并实现对用户资料的管理以及邮件发送和效果跟踪等功能。

(2) 用户的电子邮件地址资源

在用户资源加入邮件列表的前提下，获得足够多的用户电子邮件地址资源，是E-mail营销发挥作用的必要条件。

(3) E-mail营销的内容

营销内容是通过电子邮件向用户发送的，邮件的内容对用户有价值才能引起用户的关注，有效的内容设计是E-mail营销发挥作用的基本前提。

当以上这些基础条件具备之后，才能开展真正意义上的E-mail营销。

3. 开展E-mail营销的手段

开展E-mail营销的前提是拥有潜在用户的电子邮件地址资源。E-mail营销的重要内容之一就是用户邮件地址资源的获取和有效管理。

按照电子邮件地址资源的所有权，E-mail营销常用的有内部列表和外部列表两种基本形式，具体如下：

(1) 内部列表

内部列表是一个企业/网站利用用户注册的资料来开展E-mail营销，包括企业自己拥有的各类用户的注册资料，如：免费服务用户、电子刊物用户、现有客户资料等。这是企业开展网络营销的长期资源，也是E-mail营销的重要内容。

(2) 外部列表

外部列表是指利用专业服务商或者其他可以提供专业服务的机构提供的E-mail营销服务，自己并不拥有用户的E-mail地址资料，也无需管理维护这些用户资料。外部列表包括各种可以利用的E-mail营销资源。常见的形式有专业服务商，如：专业E-mail营销服务商，免费邮件服务商、专业网络的会员资料等。

4. 获取邮件列表用户资源的基本方法

电子邮件地址的积累贯穿于整个E-mail营销活动之中，是E-mail营销最重要的内容之一，要尽可能引导用户加入邮件列表，获得尽可能多的电子邮件地址；邮件列表要取得读者的认可，要拥有自己独特的价值，能为用户提供有价值的内容。这些是邮件列表取得成功的基本条件。

网站的访问者是邮件列表用户的主要来源。网站的推广效果与邮件列表用户数量有密切关系。通常情况下，我们可以采取一些推广措施来吸引用户加入。

(1) 利用网站的推广功能

网站本身就是很好的宣传阵地，可以利用自己的网站推广邮件列表；除了在首页设置订阅框之外，网站主要页面都可以设置邮件列表订阅框，同时给出必要的订阅说明。这样可以加深用户对邮件列表的印象。

(2) 合理挖掘现有的用户数量

在向用户提供其他信息服务时，不要忘记介绍最近推出的邮件列表服务。

(3) 提供部分奖励措施

可以将某些在线优惠券只通过邮件列表发送，某些研究报告或者重要资料也只有通过邮件列表才能获得。

(4) 向朋友、同行推荐

如果对邮件列表内容有足够的信心，可以邀请朋友和同行订阅，获得业内人士的认可也是一份邮件列表具有价值的表现之一。

(5) 为邮件列表提供多个订阅渠道

如果采用的是第三方提供的电子发行平台，且该平台有各种电子刊物的分类目录，不要忘记将自己的邮件列表加入到合适的分类中去。这样，除了能在自己网站为用户提供订阅机会之外，用户还可以在电子发行服务商网站订阅，从而增加了潜在用户订阅邮件列表的机会。

(6) 请求邮件列表服务商的推荐

如果采用第三方的专业发行平台，可以取得服务商的支持，在主要页面进行重点推广。

获取用户资源是E-mail营销中最为基础的工作内容之一，也是一项长期工作，在获取邮件列表用户资源的过程中应充分利用各种有效的方法和技巧。这样才能真正实现专业的E-mail营销。

5. 实施E-mail营销的注意事项

企业要成功地进行E-mail营销，还应注意如下事项：

(1) 许可E-mail营销

许可营销的主要方法是通过邮件列表、新闻邮件、电子刊物等形式，在向用户提供有价值信息的同时附带一定数量的商业广告。许可营销比传统的推广方式和未经许可的E-mail营销具有明显的优势，有助于顾客在网上寻找产品时减少广告对用户的滋扰，增加潜在用户定位的准确度，增进与用户的关系，提高品牌忠诚度等。

(2) 对常见问题有统一的答复

不同的顾客通常会询问一些类似的问题。对此，通常有 3 种高效处理的方式：在网站上开辟一个“常问问题解答”(FAQ)区域；创建一个回答常见问题的预设 FAQ 文件；设立一个自动回复器。

(3) 恰当处理顾客意见

当你接到顾客意见时，应该及时做出回应。如果处理得当，很有可能将提意见的人变成忠实顾客。

6.2.6　病毒式营销

1. 病毒式营销的定义

病毒式营销是通过利用公众的积极性和人际网络，让营销信息像病毒一样传播和扩散，营销信息被快速复制传向数以万计、数以百万计的受众，因此病毒式营销是一种高效的信息传播方式，而且由于这种传播是用户之间自发进行的，几乎是不需要费用的网络营销手段。

2. 病毒式营销的特点

(1) 有吸引力的病源体

天下没有免费的午餐，任何信息的传播都要为渠道的使用付费。之所以说病毒式营销是无成本的，主要指它利用了目标消费者的参与热情，但渠道使用的推广成本是依然存在的，只不过目标消费者受商家的信息刺激自愿参与到后续的传播过程中，原本应由商家承担的广告成本转嫁到了目标消费者身上，因此对于商家而言，病毒式营销是无成本的。

目标消费者并不能从“为商家打工”中获利，他们为什么自愿提供传播渠道？原因在于第一传播者传递给目标群的信息不是赤裸裸的广告信息，而是经过加工的、具有很大吸引力的产品和品牌信息，而正是这一披在广告信息外面的漂亮外衣，突破了消费者戒备心理的“防火墙”，促使其完成从纯粹受众到积极传播者的变化。

(2) 几何倍数的传播速度

病毒式营销是自发的、扩张性的信息推广，它并非均衡地、同时地、无分别地传给社会上每一个人，而是通过类似于人际传播和群体传播的渠道，产品和品牌信息被消费者传递给那些与他们有着某种联系的个体。例如，目标受众读到一则有趣的 Flash，他的第一反应或许就是将这则 Flash 转发给好友、同事，无数个参与的“转发大军”就构成了几何倍数传播的主力。

(3) 高效率的接收

病毒营销的信息是受众从熟悉的人那里获得或是主动搜索而来的，在接受过程中自然会有积极的心态；接收渠道也比较私人化，如手机短信、电子邮件、封闭论坛等等。

(4) 更新速度快

病毒式营销的传播过程通常是呈 S 形曲线的，即在开始时很慢，当其扩大至受众的一半时速度加快，而接近最大饱和点时又慢下来。针对病毒式营销传播力的衰减，一定要在受众对信息产生免疫力之前，将传播力转化为购买力，方可达到最佳的销售效果。

3. 病毒式营销的基本要素

美国电子商务顾问 RalphF · Wilson 博士将一个有效的病毒式营销战略的基本要素归纳为 6 个方面：

(1) 提供有价值的产品或服务;

(2) 提供无须努力的向他人传递信息的方式;

(3) 信息传递范围很容易从小向很大规模扩散;

(4) 利用公共的积极性和行为;

(5) 利用现有的通信网络;

(6) 利用别人的资源进行信息传播。

根据这一基本规律,在制定和实施病毒式营销计划时,应该进行必要的前期调研和针对性的检验,以确认自己的病毒式营销方案是否满足这 6 个基本要素。

4. 成功实施病毒式营销的步骤

(1) 病毒性营销方案的整体规划和设计;

(2) 病毒式营销需要独特的创意,病毒式营销吸引人之处就在于其创新性;

(3) 对网络营销信息源和信息传播渠道进行合理的设计以便利用有效的通信网络进行信息传播;

(4) 对病毒式营销的原始信息在易于传播的小范围内进行发布和推广;

(5) 对病毒式营销的效果进行跟踪和管理。

上述成功实施病毒式营销的 5 个步骤对病毒式营销的 6 个基本要素从实际应用的角度做出了进一步的阐释,使其更具有指导性,充分说明了病毒式营销在实践应用中应遵循的规律。

6.2.7 全民分享营销

1. 全民分享营销的定义

全民分享营销即全员参与,一起分享,互助营销,让消费者变成销售者,不仅参与产品的生产与消费,还参与产品的销售,如图 6.1 所示。

2. 实现途径

全民分享营销更加讲究去中心化、去中介化、碎片化和社群化,产品的宣传不再只是依赖于电视、期刊、报纸等传统媒体,在全民参与的情况下,每个人都可以是一个分享者,他们在微信、微博、QQ 等平台上发布企业信息,在社群力量的推动下,利用碎片化时间,短时间形成口碑传播,从而实现产品的销售,即消费→分享→销售→收入,形成人人、时时、处处分享营销,分享收入。

3. 分享营销的应用

基于全民分享营销概念,开发分享分销系统,从分享人与企业建立契约关系到分享人获取企业发放的分享金及分享币,每个环节都有相应的功能,操作简单,智能结算,用大数据支撑,科学易操作,如图 6.2 所示。

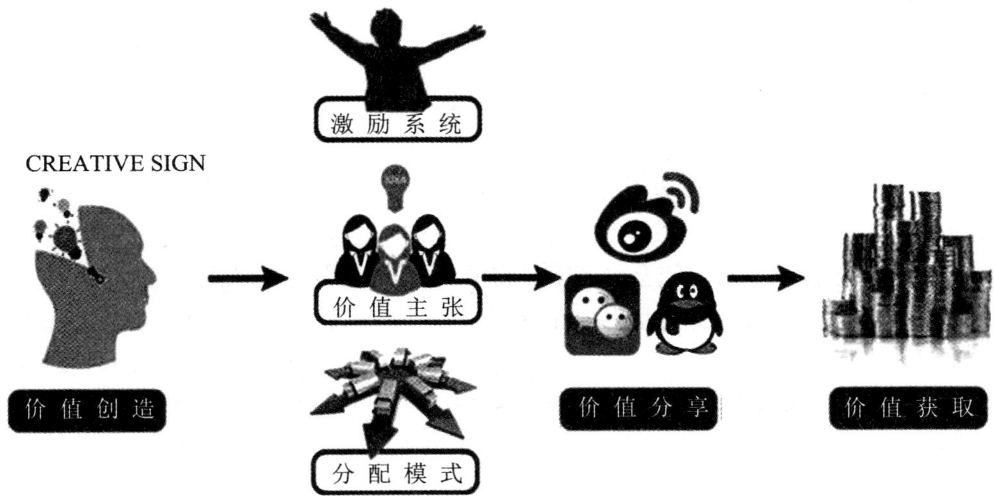

图 6.1　全民分享营销价值图

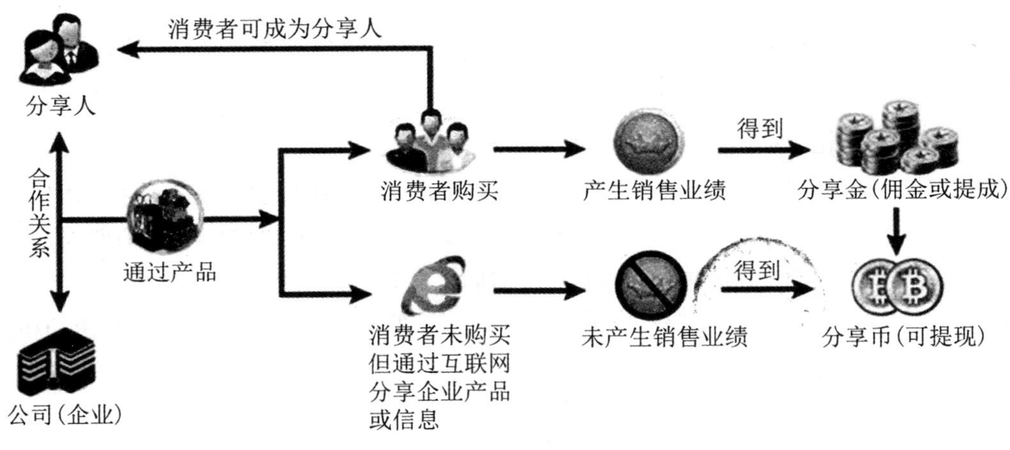

图 6.2　分享营销

6.2.8　微信点赞式营销

1. 微信点赞式营销的概念

微信点赞式营销，就是商家为了推销自己的产品，利用微信公共平台发布一则消息，一边介绍产品一边标注相应的点赞要求，即点赞多少获得什么样的奖品，然后发布到朋友圈，让各位好友点赞的一种营销活动。这样的营销手段适用于各个行业，诸如地产、汽车和餐饮行业等等，这样的营销手法非常简单有效，传播速度非常快，这小小的赞背后，迸发了巨大的营销能量，已经形成了一种风潮。

2. 点赞营销优缺点

(1) 优点

对点赞者来说，点赞表达认同感和表明存在感成本最低的方式；对被赞者来说，被赞是获得成就感的重要方面和持续发帖的动力源；对于状态本身来说，获赞是吸引注意力最直观的方式。刷朋友圈时，一条状态下面有10个赞，你就可能会停下来多看一眼；或是你最喜欢的人或者最讨厌的人在一条状态下点赞，你也可能格外地多看一眼，等等。

点赞这个简单操作之后可能会有若干连带的提醒，比如你在别人的一条状态下点赞，你通讯录里的其他人之后又在这条状态下面有回复或评论的操作，你也会收到提醒，增加了这条状态的曝光度。举个例子，假设你有100个好友，每个人都会刷一次朋友圈，当你转发一条收集15个赞的营销图文到朋友圈，当有人两个以上互为好友的人点赞之后，这条图文在你朋友圈的曝光量绝对大于100。

(2) 缺点

兑奖存在水分、无法形成法律约束。

6.2.9 网红营销

1. 网红营销的概念

网红营销是以微信、微博、短视频等自有媒体作为载体，通过网络红人传播一定的信息来吸引网友的关注，并整合运用一系列的营销手段将关注自己的粉丝转变为消费者，并向其进行广告宣传以促进销售的一种营销手段。例如，《逻辑思维》的罗振宇通过读书分享会来拉近与受众的的关系，将目标受众转化为客户，以达到促销图书的目的。网红营销的核心竞争力在于分享价值和优质内容，通过传播有价值的内容来获得持续的关注度。这种营销手段的特点是通过采用较低的传播成本达到广泛快速的传播效果，既彰显个性，又能够贴近受众个性化。

2. 网红营销的特点

(1) 网红品牌化

通过网红的个性塑造，建立一种身份认同，这时的网红是虚拟社区中众多粉丝的形象代言人。根据淘宝的数据，目前女装分类下月销售额超过百万元的网红店铺约有1000家，2015年的“6・18”大促中，销量前10位的女装店铺中有7家是“网红”店铺。由于网红品牌化营销模式摒弃了传统营销的推销模式，粉丝根据自己的偏好关注网红，那么这个群体的价值观就具有高度的相似性，根据这些，企业可以和网红合作实现低成本的精准营销。虽然品牌化可以有效提升网红的知名度，但是，网红品牌和产品品牌一样，需要精心管理。

网红营销的基础客户是网红的粉丝，而连接网红和粉丝的是内容。papi酱之所以能够让千万级粉丝为之买单，关键就在于，她拥有出色的表演，一流的视频剪辑技术，创意独特，新颖原创内容。伴随网红时代的来临，出现了一个比较特殊的网红群体——企业家网红。他们不同于一般网红之处就在于，这个群体本身就是线下名人，只是现在借助互联网工具逐渐成为线上网红，并进行线下线上整合。这个群体走上网红化之路，大多承担着企业使命，他们通过提升个人声望，为企业代言。例如，创新工厂 CEO 李开复，就是通过微博在高峰期按照一定比例发布原创、转发内容，并在网络问答社区积极与网友互动。逐渐网红化的企业家还有小米雷军、格力董明珠和华为任正非等。

(2) 定制化营销

后现代营销理论认为消费者对个性化产品和服务的需求越来越高，消费者不再满足于被动地接受企业的诱导和操纵，而是主动地参与产品的设计与制造。定制化营销的关键就是信息收集和成本控制，通过网红社区，可以利用互联网的低成本优势有效地进行信息收集，有效应对市场变化，并进行准确的市场定位。网红店铺大多集中于女性消费群体，主要以服装和化妆品为主。网红店铺从设计到推广多采用“预售”的方式，根据订购情况来进行投产，大大降低了库存成本，使得经营效率大幅提升。在这一过程中，还通过与粉丝互动来收集反馈信息，并进行个性化设计，提升了用户的满意度。

(3) 差异化

独特风格是网红区别于竞争对手的关键因素。对于网红们，要想获得持续的盈利能力，就需要提供给粉丝的内容是独具特色的，即内容的差异化，通过特色内容的一致性传播，可以使得网红在粉丝心中建立一种独特形象。“papi 酱”对时下热点话题以吐槽视频方式进行评论回应，语言犀利诙谐，别具一格。

6.2.10　事件营销

1. 事件营销的定义

事件营销(event marketing)是企业通过策划、组织和利用具有名人效应、新闻价值以及社会影响的人物或事件，引起媒体、社会团体和消费者的兴趣与关注，以求提高企业或产品的知名度、美誉度，树立良好品牌形象，并最终促成产品或服务的销售的手段和方式。简单地说，事件营销就是通过把握新闻的规律，制造具有新闻价值的事件，并通过具体的操作，让这一新闻事件得以传播，从而达到广告的效果。

2. 事件营销的特点

(1) 免费

事件营销最重要的特性是利用现有的非常完善的新闻机器，来达到传播的目的。由于所有的新闻都是免费的，在所有新闻的制作过程中也是没有利益倾向的，所以制作新闻不需要花钱。事件营销应该归为企业的公关行为而非广告行为。虽然绝大多数的企业在进行公关活动时会列出媒体预算，但从严格意义上来讲，一件新闻意义足够大的公关事件应该充分引起新闻媒体的关注和采访的欲望。

(2) 有明确的目的

事件营销应该有明确的目的，这一点与广告的目的性是完全一致的。事件营销策划的第一步就是要确定自己的目的，然后明确通过何样的新闻可以让新闻的接受者达到自己的目的。新闻事业发展到现在，媒体已经非常精确地细分化了。通常某一领域的新闻只会有特定的媒体感兴趣，并最终进行报道。而这个媒体的读者群也是相对固定的。

(3) 事件营销的风险性

事件营销的风险来自于媒体的不可控制和新闻接受者对新闻的理解程度。例如某个企业的知名度很大，但如果一旦市民得知了某些事情的真相，很可能会对该公司产生一定的反感情绪，从而最终损害到该公司的利益。

3. 事件营销的要素

新闻能否被着重处理则要取决于其价值的大小。新闻价值的大小是由构成这条新闻的客观事实适应社会的某种需要所决定的。一则成功的事件营销必须包含下列 4 个要素之中的一个，这些要素包含得越多，事件营销成功的可能性越大。

(1) 重要性

重要性指事件内容的重要程度。判断内容重要与否的标准主要看其对社会产生影响的程度。一般来说，影响的人越多产生的影响越大，新闻价值越大。

(2) 接近性

越是心理上、利益上和地理上与受众接近和相关的事实，新闻价值越大。心理接近包含职业、年龄、性别诸因素。一般人对自己的出生地、居住地和曾经给自己留下过美好记忆的地方总怀有一种特殊的依恋情感。所以在策划事件营销时必须关注到你的受众的接近性的特点。通常来说，事件关联的点越集中，就越能引起人们的注意。

(3) 显著性

新闻中的人物、地点和事件的知名程度越是著名，新闻价值也越大。国家元首、政府要人、知名人士、历史名城、古迹胜地往往都是出新闻的地方。

(4) 趣味性

大多数受众对新奇、反常、变态、有人情味的东西比较感兴趣。有人认为，人类本身就有天生的好奇心或者称之为新闻欲本能。

微 思 考

目前网络营销还有哪些形式？

大 讨 论

淘宝二楼夜市开张，新型营销流量入口

昨晚很多人的朋友圈和微博，都被刷屏了，如图 6.3 所示。很多人即使在夜里两点钟看完都忍不住在社交网络上和大家分享这种喜悦。

据记者了解，此为淘宝新开辟的一个内容平台，名为“淘宝二楼”，首播的是一档名叫《一千零一夜》的栏目，目前仅在夜晚时段(22:00～次日 7:00)才可进入，每期会有一个短片来介绍一个源自淘宝的优质商品。

这也是淘宝今年在内容营销上最重要的一次尝试，可能会对整个电商行业的运营模式产生重大影响。早在2016年年初，阿里巴巴集团CEO张勇就强调："现在出现了崭新的推荐，因为对人的关注，而对内容进行关注，进而关注内容当中所含的商品元素，最后带来消费机会。"

从好故事到好商品，故事暖心，美食暖胃，食物与人物之间是有关联的，而《一千零一夜》显然也具备这样的消费关联度，虽然在视频本身内容的呈现上，并没有任何的品牌出现，但在视频下方，有真实的淘宝商品故事，同时通过点击"我要吃"按钮，就可以进入对应的主题营销活动，这里汇集的是由美食专家、消费者、淘宝汇吃小二等多方角色挖掘出来的好商品。

图6.3

"先看故事，再赏货，可能对于消费者的触动就完全不同了。"淘宝汇吃类目运营专家冯霄翔（花名百晓）说，"当你本身带着情怀去购买商品时，买的已不仅仅是商品本身，而且自己也进入到商品的故事里去了。"

的确，对消费者来说，这既是一次舌尖上的饕餮，也是一次全新的挖掘好商品的方式。

对于商家来说，显然他们也很兴奋。"丸子妹食品"作为参与这次活动的商家之一，用"惊喜"形容了这次创新。"一直以来，消费者都认为在淘宝网站淘的是便宜实惠，而商家在淘宝网站上基本以价格进行竞争"。丸子妹说："我们作为坚持自身商品独特和卡通设计创作的商家，一直希望能找到共鸣的消费者。《一千零一夜》不再是单纯卖货的营销活动，更多的是将美食作为一个治愈点，通过内容和故事包装，和消费者产生共鸣，由此创造的消费黏性，我们相信也是不容小觑的。"

据悉，"丸子妹食品"专营各类高品质肉丸，参加本次活动的产品为潮汕牛肉丸，由于店铺风格独特，并坚持精品原则，被淘宝汇吃小二挖掘出来。未来，淘宝会更加趋向于具有自身风格、小而美的商家发展。

作为淘宝的首档视频栏目，《一千零一夜》算是一次试水，此后还将有其他栏目来接档。淘宝二楼也会考虑全天候开放，成为内容营销新玩法的阵地，它将承载更多的好商家、好商品。

（资料来源：新浪网. http://zj. sina. com. cn/finance/xfgz/2016-08-11/detail_f-ifxuxnai9923932. shtml）

问题：

1. 案例中运用的网络营销策略有哪些？
2. 案例中的网络营销形式是什么？
3. 你觉得做好网络营销的关键是什么？

小 实 训

熟悉网络营销策略

一、实训目的

熟悉网络营销的主要策略。

二、实训内容

分析两家淘宝网皇冠级别卖家店铺使用的网络营销策略及方法，并进行比较分析。

三、实训要求

请把相关内容制作成 PPT 并进行汇报。

任务总结

网络营销是指借助于互联网、电脑通信技术和数字交互式媒体来实现营销目标的一种营销方式。网络营销是以现代营销理论为基础，以互联网为中介媒体，对产品的售前、售中、售后各环节进行追踪服务，寻找新客户、服务老客户，最大限度地满足客户需求，以达到开拓市场、增加盈利为目标的经营过程。产品策略、价格策略、渠道策略、促销策略需要灵活使用。通过本章的学习，应掌握搜索引擎营销、微信营销、博客营销、网络广告和E-mail营销等多种营销形式，学会使用不同方法实施网络营销。

参考文献

[1] 白东蕊. 电子商务基础[M]. 北京：人民邮电出版社，2015.
[2] 司爱丽. 新编电子商务实用教程[M]. 西安：西安电子科技大学出版社，2010.
[3] 万守付. 电子商务基础. [M]4 版. 北京：人民邮电出版社，2015.
[4] 杨荣明，吴自爱. 电子商务实用教程. [M]. 2 版. 合肥：安徽大学出版社，2014.
[5] 百度百科 http://www. baike. baidu. com.
[6] 新浪网 http://www. sina. com. cn.

第7章　移动电子商务

学习目标

知识目标：掌握移动电子商务的基本概念、架构及特点；了解移动电子商务的主要应用模式；了解移动电子商务的发展现状及趋势。

能力目标：学会使用移动电子商务平台；掌握在手机或平板电脑上的购物操作流程，学会购物并完成移动支付。

本章内容结构
- 7.1　移动电子商务概述
- 7.2　移动电子商务的应用及发展

案例导入

某金融公司员工小周，是名副其实的“低头族”一员，网上购物、网上订餐基本上是他的常态。但他们公司是金融机构，公司规定办公电脑不能接入外网，所以小周不论是衣服、生活用品的购买还是午餐的订购，基本上在手机上完成。“双十一”前一天小周约了几个外地好朋友晚上来他这里聚会。中午他就早早地通过手机“美团”APP预定了一家饭店，下午下班时，小周怕坐公交耽误时间，就通过“滴滴”打车软件叫了一辆出租车在公司门口等候。下班后，他走出公司就坐上出租车。因为第二天就是“双十一”，作为网购资深达人的他一路上也没闲着，他用手机浏览网上店铺，查看优惠力度，领取优惠券，了解淘宝、京东等大平台的优惠方式，货比三家后将心仪的东西放入购物车。这些事情他都是利用休息、等人、坐车这些零碎时间在手机上完成的。晚上和朋友聚会后，他把朋友送到通过携程网预定好的宾馆里，回家后到了“双十一”零点，小周打开手机，一个多小时后，收获很多。小周后来略做了统计，这次朋友来聚会和“双十一”购物，他不仅把朋友安排得很妥当，增进了友谊，而且没有占用自己的工作时间，并为自己节省了很多开支。

提出任务

当我们走进餐厅、咖啡厅或者漫步在城市的大街小巷时；当我们坐在公交、地铁或者高速行驶中的高铁里时，会发现很多人都低着头拿着手机、平板电脑在玩，这也是我们当今所称谓的“低头族”。他们在干什么呢？了解发现，原来他们在查看新闻、刷微博、聊微信、收发电子邮件、网上购物、订餐、订票、打车等。这种移动通信和互联网相结合的应用，正在迅速地改变着人们的日常生活，人们的生活已经进入到移动互联网时代。移动互联网时代已经成为继互联网时代以后，世界上发展最快、前景最诱人的新时代。

据中国工信部公布的《2016 年 1 月份通信业经济运行情况》显示，截至 2016 年 1 月，我国移动电话用户规模达到 12.8 亿。其中，手机上网用户达到 9.8 亿，移动宽带用户（即 3G 和 4G 用户）累计净增 5316.4 万户，总数达到 7.59 亿户，占比达 59.3%。如图 7.1 所示是 2014 年 11 月至 2016 年 1 月，我国手机上网用户数量对移动电话用户的渗透率对比图。

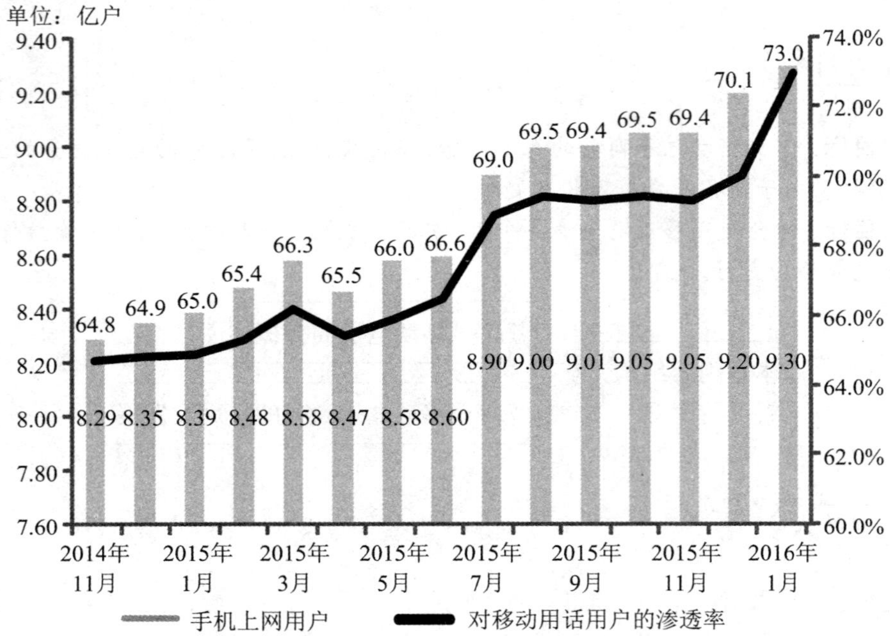

图 7.1　手机上网用户数量对移动电话用户的渗透率对比图

移动电子商务给人们的生活带来了变革，给社会产业带来了变革。移动设备的便携性开创了电子商务新模式，而且改变了很多商业领域，移动电子商务将成为全球经济新的增长点。移动互联网的普及已经成为一个普遍现象，移动智能终端的不断发展、普及，推动了移动互联网的发展。移动电子商务是随着移动互联网的迅速发展而出现的通过移动终端进行的电子商务形式。移动电子商务因其灵活、方便、简单等优势，已经成为电子商务发展的新方向。

那么，什么是移动电子商务？它有什么特点？它怎样影响消费者的购买决策，又对人们的生活有什么影响呢？

解决问题

7.1　移动电子商务概述

在了解移动电子商务前，我们需要知道什么是移动互联网？什么是移动智能终端？

移动互联网是移动通信和互联网二者的结合。移动互联网是一种通过智能移动终端，采用移动无线通信方式获取服务的新兴业务，主要包含：终端、软件和应用 3 个层面。

移动智能终端是可以在移动中使用的智能设备，广义上包括手机、笔记本电脑、平板电脑、POS 机（销售终端），甚至包括车载计算机，如图 7.2 所示。但一般情况下是指智能手机和平板。

图 7.2　智能手机、笔记本电脑、POS 机、车载计算机

那么，移动购物与传统购物有什么不同呢？移动购物是新的趋势，移动购物与传统购物相比有如下 3 大不同：第一，移动购物可随时进行，消费者可以利用乘车等零碎时间做出购物决策，不需要去实体店或在计算机前购物；第二，基于移动设备上 GPS 定位功能，消费者通过手机就可以看到离自己最近的卖家，方便找到自己需要的商品；第三，移动购物发展空间大，根据艾媒咨询数据显示，截至 2015 年底，中国移动购物用户规模达到 3.64 亿人，同比增长 23.8%，预计到 2018 年中国移动电商用户规模将接近 5 亿人，移动电子商务正在快速发展。如图 7.3 所示，截至 2015 年，我国通过移动终端购物的用户已达 3.64 亿人。

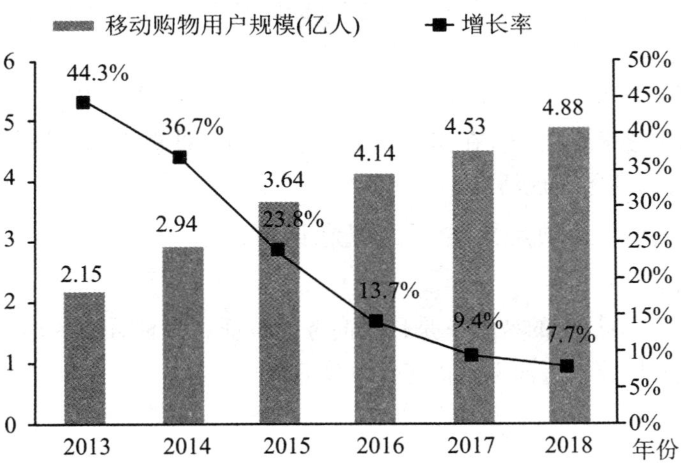

图 7.3　2015 年中国移动购物用户规模达到 3.64 亿人

7.1.1　移动电子商务的概念

移动电子商务（Mobile Business，简称 MB 或 Mobile Commerce，简称 MC），也称无线电子商务（Wireless Business，简称 WB），是在无线平台上实现的电子商务，就是利用手机、平板电脑等无线终端进行的 B2B、B2C 或 C2C 电子商务。它将因特网、移动通信技术、短距离通信技术等结合起来，使人们可以在任何时间、任何地点进行各种商贸活动，实现随时随地的线上线下购物与交易、在线电子支付等。

移动电子商务体系包括商家、电子商务提供商、消费者等商务主体，还包括电信运营商、移动终端设备厂商、金融及支付服务商、物流商和其他类型的服务提供商。各主体通过信息流、资金流和物流进行交互与联系，完成商务活动，如图 7.4 所示。

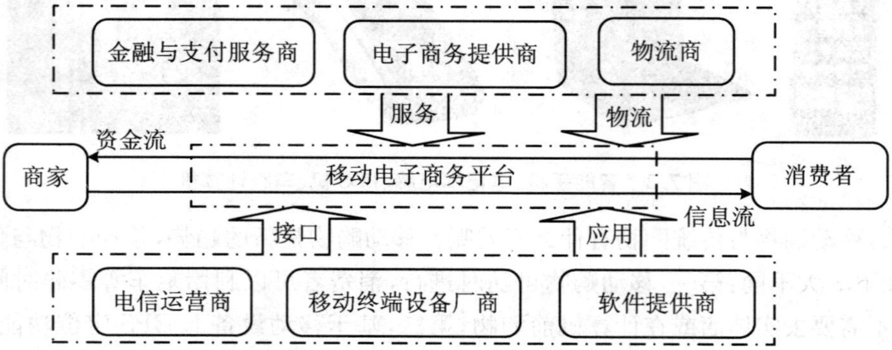

图 7.4　移动电子商务实现商务活动示意图

1. 实现移动电子商务的条件

由移动电子商务的概念可以看出，要实现移动电子商务活动，需要满足如下条件：

(1) 互联网信息技术和移动通信技术的支撑。

(2) 手机等移动通信终端之间，或移动终端与 PC 等网络信息终端之间的互相传输。

(3) 通过移动商务解决方案，在移动状态下进行的便捷的、大众化的、具有快速管理能力和整合增值能力的商务实现活动。

2. 移动电子商务必须走出的五大概念误区

(1) 技术替代说

唯技术论认为移动技术的特征就是移动商务的特征。这种看法忽略了移动电子商务的价值链，仅仅简单地从技术层面考虑商务活动实现。

(2) 加号说

移动电子商务＝“移动技术＋商务”，这种概念不能把移动电子商务的整合能力体现出来。

(3) 等同说

移动电子商务的特征等同于电子商务的特征。这种看法的误区在于忽视了移动电子商务的即时、有效、安全、个性、便捷等优点。

(4) 唯一说

移动电子商务仅是两个手机之间进行的商务活动。这种看法对移动电子商务活动的理解太片面，忽视了移动电子商务体系中的主体、平台和运营商，仅仅局限于移动终端设备上，显然是不科学的。

(5) 现象说

移动电子商务仅是一种便捷的商务活动。这种说法没有体现出移动电子商务的发展优势。

7.1.2　移动电子商务的架构

尽管不同厂商提供的移动电子商务系统有所不同，但它们在基本结构上是一致的，即从下到上主要包括了移动网络设施、移动中间件、移动用户设施和移动商务应用4个功能层。其中移动用户设施就是支持电子商务的移动终端，包括手机、PDA等。下面主要介绍移动网络设施、移动中间件和移动商务应用。

1. 移动网络设施

移动网络设施是支持移动电子商务的网络和设备，其主体就是蜂窝移动通信网。基于电路交换的GSM网络能提供的最高接入速率为9.6kbit/s，制约了基于WAP技术的移动电子商务的开展。2.5G的GPRS和CDMA1X网络支持分组数据交换，最高接入速率的理论值在150kbit/s以上，推动了移动电子商务的发展。此外，移动网络设施还包括无线局域网(使用802.11标准协议的局域网，又称为WiFi)和蓝牙、卫星通信网络等。

2. 移动中间件

移动中间件是连接电子商务与不同的移动网络和操作系统的软件实现层，如：ExpressQ、WAP等。ExpressQ是一种移动消息接发中间件，可将非IP应用程序提供给移动用户，完成用户脱离服务区时的信息存储和用户处于服务区时的信息转发。WAP(无线应用协议)可将互联网上的应用和服务引入移动终端。由于传统的Html Web内容难以在小尺寸的移动终端屏幕上有效显示，因此WAP采用WML(无线标记语言)作为信息标记语言。

由于未来的Web内容要求能在任何时间、任何地点、以任何方式实现接入，万维网论坛(W3C)制定了几个扩展现有互联网标准的规范，以使无线装置能够完全接入Web及其信息库。这些规范包括使用语义更加丰富的XML语言；应用改进型层叠样式表和扩展式样式表语言，进一步将内容与图片分离开；定义独立于语言的API文档对象模型，使应用程序能够访问和改进文档的结构、内容和覆盖范围。

3. 移动商务应用

移动电子商务不仅提供电子购物环境，还提供一种全新的销售和信息发布渠道。从信息流向的角度，移动电子商务提供的业务主要可分为如下3个方面：

(1) “推(Push)”业务

它主要用于：公共信息发布，应用领域包括时事新闻、天气预报、股票行情、彩票中奖公布、交通路况信息、招聘信息和广告等。

(2) “拉(Pull)”业务

它主要用于：信息的个人定制接收，应用领域包括服务账单、电话号码、旅游信息、航班信息、影院节目安排、列车时刻表、行业产品信息等。

(3)“交互式(Interactive)”业务

它主要包括:电子购物、博彩、游戏、证券交易、在线竞拍等。

7.1.3 移动电子商务的特点和优势

1. 移动电子商务的特点

移动电子商务和传统电子商务比,有着自己的优势和特点,归纳起来主要是移动性和个人性。

(1) 移动性

移动电子商务允许用户在任何时间、任何地点使用。例如:用户可以通过微信将所拍的照片在任意时间、地点发到朋友圈、微信群等;还可以通过手机淘宝、美团、携程、12306等手机APP随时随地购物、定餐、定票等。

(2) 个人性

每人一部的移动设备都拥有唯一的身份识别号码,正是因为这种唯一性,使得识别用户并且收集用户的个人信息、个人消费习惯、读取地理位置等信息成为可能,用户借此可以享受更加个性化的服务体验。

2. 移动电子商务的优势

移动电子商务这几年发展迅速,并在今后会大力发展,正是因为它与传统电子商务相比具有明显的优势。其优势可以总结为如下6点:

(1) 不受时空限制

与传统电子商务相比,移动电子商务的一个最大优势就是移动用户可随时随地获取需要的服务、应用和信息。

(2) 更好的个性化服务

利用大量活跃移动用户的信息可以开展具有个性化的信息服务。

(3) 可识别性

手机这样的移动设备往往绑定了真实的个人信息,因此大大地提高了移动交易的安全性,为电子商务、移动支付提供了安全的保障。

(4) 信息获取更为及时

移动用户可以随时随地查询接收信息,这种灵活、高效、准确的信息获取方式意味着获取信息的及时性。

(5) 基于位置的服务

不管身在何处,GPS都可以识别电话所在地,从而为用户提供相应的服务。

(6) 支付更加方便、快捷

移动用户可以随时随地利用移动终端完成在线支付业务。

微 思 考

移动电子商务的特点对不同人群有何不同的意义？

7.2　移动电子商务的应用及发展

7.2.1　移动电子商务的主要应用

移动电子商务的发展渗透到人们生活的各个方面，带来了社会产业的变革和人们生活方式的改变。目前移动电子商务能够提供如下服务：移动信息服务、移动营销服务、移动商务服务、移动支付服务、移动办公服务、移动娱乐服务等。我们有理由相信，随着时间的推移、技术的改进、管理水平的提高，移动电子商务服务将被应用到更多的领域。

移动电子商务市场应用从功能上主要可分为 3 个市场：个人应用市场、企业应用市场、社会应用市场。

1. 个人应用市场

(1) 移动即时通信

用户通过手机终端方便地与他人以短信、移动网络来进行即时的信息交流（QQ、微信、易信、MSN 等）。

(2) 移动电邮

用户可通过手持移动设备终端在任何时间、任何地点收发电子邮件。

(3) 移动支付

通过手机终端实现了电子货币与移动通信业务的结合，是一项跨行业的服务。

(4) 移动搜索

利用移动终端搜索 WAP 站点或者短信搜索引擎系统，通过移动通信网络与因特网对接。

(5) 移动股市

通过移动股市进行股票交易。

2. 企业应用市场

(1) 辅助企业开展移动商务办公活动

通过无线网络可以随时随地访问企业的网站或企业其他的无线应用，如：汇总销量、价格信息，处理订单，查询当前库存，回复电子邮件，安排会议等。

(2) 建立企业移动信息化平台

通过建立在移动信息化平台上的移动电子商务应用，商场可以在货场运输过程中随时获取到产品信息(产品数量、品质、库存、销售情况等)。这些信息通过移动设备传送到管理中心,进行数据存储和分析,并与企业的其他系统(如:ERP、CRM、MIS、SCM 等)进行数据交换。

(3) 帮助企业实现商务管理

企业通过移动设备和网络服务实现移动广告宣传、咨询洽谈、网上订购和签约、移动支付、移动物流调配、移动客户服务、业务管理等功能。

3. 社会应用市场

移动电子商务不仅能实现网上直接购物,而且是一种全新的销售与促销渠道。它全面支持移动互联网业务,可实现电信、信息、媒体和娱乐等服务的电子支付。

由于移动电子商务具备方便、快捷、即时性等优点,它的快速发展提高了信息流、资金流、物流的效率,节省了社会劳动成本,提高了工作效率。

三网融合和宽带化是网络技术发展的大方向。在数字化的基础上,移动电子商务与网络技术的发展方向一致,在业务内容上相互覆盖,为大数据和云计算提供了技术基础。

移动电子商务社会应用主要分为如下 6 个方面:

(1) 移动信息服务

① 移动搜索服务。移动搜索服务是搜索技术在移动电子商务平台上的一种延伸。用户可以通过短信、WAP、WiFi 等多种接入方式,进行搜索以获取实时信息,并可以按需定制相关移动增值内容,满足用户某些特定的搜索需求。图 7.5 所示为手机客户端搜索引擎界面。

图 7.5　手机客户端搜索引擎界面

② 移动门户信息服务。它是指通过移动门户网站向用户提供各种信息资讯、浏览查询等服务,如:新浪、搜狐等大型门户网站手机客户端使用,如图 7.6 所示。

图 7.6　新浪、搜狐门户网站手机客户端 Logo

③ 多语种语言翻译移动信息服务。它主要是为跨国旅游、出访人员提供一种基于手机或掌上电脑的移动语音翻译系统。它可以通过语音识别或文字输入,自动地将某种外语对话翻译成中文,也可以将中文翻译成外语。图 7.7 所示为手机多语种翻译系统界面。

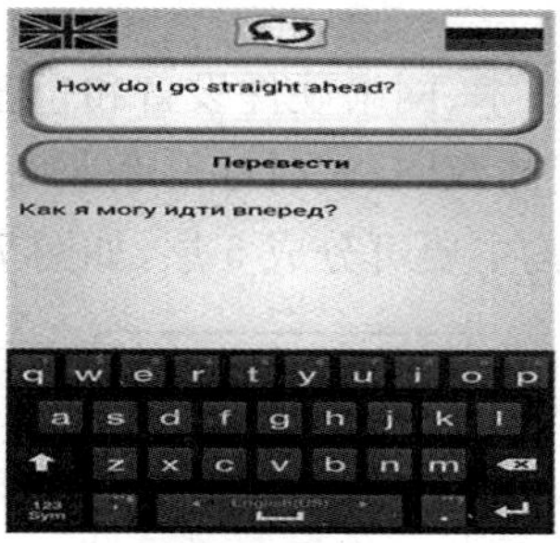

图 7.7　多语种翻译系统手机客户端界面

④ 移动信息定制服务。移动信息定制服务是一种满足个性化需求的增值服务，是移动信息服务中的一种。它主要有如下 3 种：一是综合信息服务按月定制模型；二是个性化短信定制服务；三是移动图书馆信息服务。

（2）移动营销服务

① 移动营销服务概念。移动营销服务涉及移动通信技术和市场营销，它是以市场营销为基础，在移动通信网络上实现的营销活动，是网络营销的延伸，可以实现个性化、精确化的营销。

② 移动营销服务特点。移动营销服务具有个性化、灵活性、实时性、经济性、丰富性、检测性等优点。

③ 移动营销服务运行模式。Push 模式：主要是指企业直接向用户发送信息进行商品营销的形式。

Web 模式：主要是企业通过建立 WAP 网站或者其他 WAP 网站合作进行企业品牌宣传与推广的模式。如电信手机用户使用网络运营商提供的服务时，手机中会出现天翼阅读、翼聊等运营商自带软件，如图 7.8 所示。

图 7.8　电信手机用户手机软件中 WAP 网站应用

内嵌模式：主要是指产品的信息直接嵌入到手机内，这个可以通过屏保、铃声、游戏、应用程序等多种形式进行，也可以通过手机生产厂家直接植入手机内部。如小米手机中的小米视频、小米钱包、小米商城等应用，如图 7.9 所示。

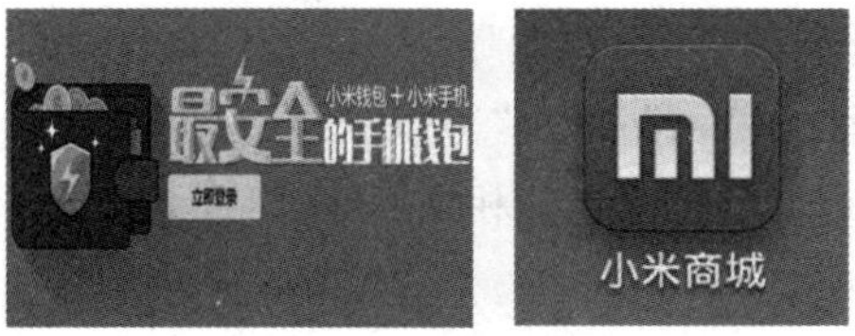

图 7.9　小米手机生产厂家在手机内嵌的应用程序

(3) 移动商务服务

移动商务服务是将移动通信技术、网络硬件设备和企业软件平台进行有效的整合,实现企业与企业之间、企业与客户之间的双向、实时性的企业商务活动。

企业移动商务应用的体系结构主要可分成5层,如图7.10所示。

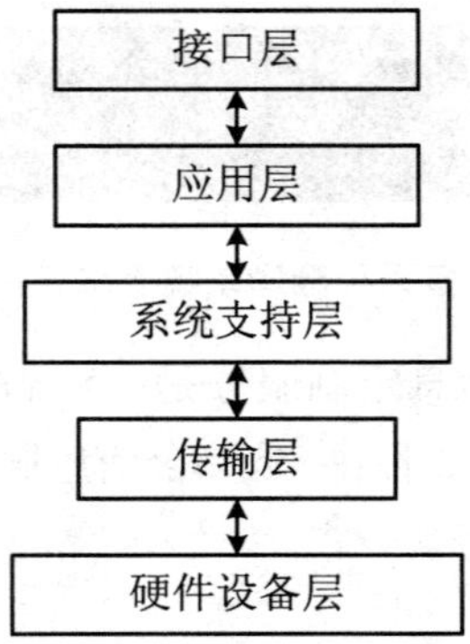

图7.10 移动电子商务服务体系结构

在这种体系结构下,企业通过管理中心监控管理可以实现网络推广管理、在线销售管理、物流配送管理、在线支付管理等。消费者可以通过下载移动客户端软件,进行下单、支付、信息查询、沟通与投诉等活动。

另外,客户也可选择多种个性化服务,如物流的预订服务:移动电子商务使得客户能在价格优惠或取消时立即得到通知,也可以预付物流费用或临时更改;移动银行服务,可以帮助客户随时随地完成安全支付活动等。

(4) 移动支付服务

移动支付服务,就是用户使用手机、掌上电脑、移动POS机等移动终端对所消费的商品或服务进行支付的商务交易活动,如图7.11所示。

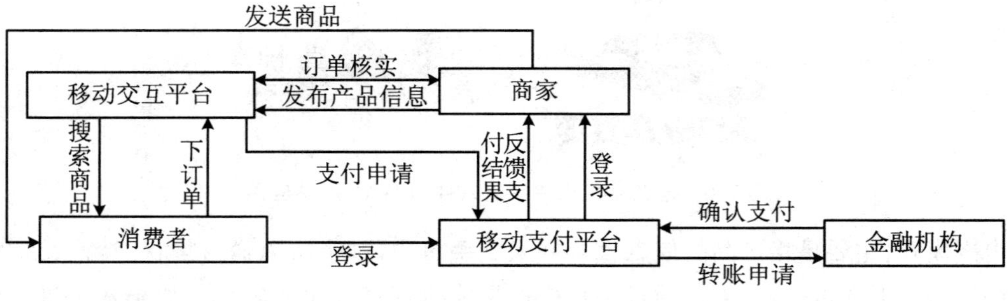

图7.11 移动电子商务支付服务流程示意图

(5) 移动办公服务

移动办公服务也叫移动OA,又称为"3A办公",即办公人员可以在任何时间(Anytime)、任何地点(Anywhere)、处理与业务相关的任何事情(Anything)。图7.12所示为移动办公服务软件图标。

图 7.12　移动办公服务软件图标

(6) 移动娱乐服务

① 移动游戏。移动游戏一般是指移动终端与游戏产品相结合,为消费者提供方便、易携带的游戏服务,如图 7.13 所示。

图 7.13　移动游戏服务软件

② 移动音乐。移动音乐服务指的是通过移动信息网络和终端提供的数字音乐服务。无线音乐服务一般包括手机铃音、彩铃、手机音乐点播、音乐下载和在线收听音乐服务等,如图 7.14 所示。

图 7.14　移动音乐服务软件

③ 移动电视。移动电视业务是指利用具有操作系统和视频功能的智能手机观看电视的业务,它属于流媒体服务的一种。目前,移动电视业务的实现方案主要有两种:一是电视手机方案;二是手机电视方案,如图 7.15 所示。

图 7.15　手机电视软件

随着社会文明的进步、科学技术的改进、管理水平的提高,移动电子商务服务将被广泛应用到更多的领域,也将给社会和人们生活带来更多的方便。

7.2.2 移动电子商务的发展

移动电子商务是移动信息服务和电子商务融合的产物。随着3G网络的普及和4G网络的引入,人们的消费理念和商家的传统理念都在不断转变,移动电子商务已经成为一种新型的商务模式,与人们的生活密切相关,其发展前景广阔,将对我国的经济产生深远的影响。

我国互联网和移动通信的发展迅猛,手机上网成为现代人们生活中一种重要的上网方式,人们正逐渐利用手机等移动智能终端设备进行网上支付、个人信息服务、网上银行业务、网络购物、手机订票、娱乐服务等,这种移动终端设备参与商业经营的移动电子商务正在迅速崛起。但是这种商务模式的迅速发展也带来了一系列新的难题,如:移动网络安全性、移动技术问题等,这些问题仍然需要去探索和解决。

1. 我国移动电子商务的现状

根据艾媒咨询集团发布的《2015～2016中国移动电商市场年度报告》显示,2015年有超半数的手机网民曾在移动端购物。移动电商成交额首超PC端,移动端成为电子商务主要的交易渠道。数据显示,截至2015年底,中国移动购物用户规模达到3.64亿人,同比增长约23.8%,预计到2018年中国移动电商用户规模将接近5亿。

(1) 手机网民的规模不断扩大

2016年1月22日,中国互联网信息中心(CNNIC)发布的《第37次中国互联网络发展状况统计报告》(以下简称《报告》)。《报告》显示,截至2015年12月,中国网民规模达6.88亿,截至2015年12月,我国手机网民规模达6.20亿,约有90.1%的网民通过手机上网。网络环境的逐步完善和手机上网的迅速普及,使得移动互联网应用的需求不断被激发。2015年,基础应用、商务交易、网络金融、网络娱乐、公共服务等个人应用日益丰富。其中,手机网上支付增长尤为显著,截至2015年12月,手机网上支付用户规模达到3.58亿,同比增长64.5%,网民使用手机网上支付的比例由2014年底的39.0%提升至57.7%。网民互联网接入方式的改变,使移动电子商务的应用越来越广泛,移动电子商务的发展出现了一个崭新的格局。

(2) 智能终端的性能不断提升

随着智能终端的快速普及,消费者对于智能终端的选择也呈现出多样化和个性化,特别是对于智能终端性能的选择已经成为了消费者较为看重的一个关键因素。用户需求和技术发展的相互作用,推动着智能终端向着更高速、更智能化的方向发展,从而吸引更多的用户使用。

(3) 移动电子商务的应用不断创新

移动电子商务在当今社会已经被越来越多的人熟知并使用。随着3G网络的普及和4G网络的广泛运用,手机终端功能的提升以及相关政府部门出台的良好政策,促进这一产业高速发展,移动电子商务业务范围也进一步扩大。移动终端的普及和上网应用的创新是移动电子商务新一轮增长的重要因素。随着智能手机市场份额的逐步提升,智能手机性能的不断增强,移动上网应用出现创新热潮,同时手机价格不断走低,降低了移动智能终端的使用门槛,从而促成了普通手机用户向手机上网用户的转化。

2. 目前移动电子商务存在的问题

相对于传统的电子商务,移动电子商务可以随时随地为用户提供所需的信息、应用和服务,同时能满足用户及商家安全、社交及自我实现等需求,其优势明显。但是,移动电子商务发展体系并不完善,仍然面临许多问题,如移动网络安全问题、移动支付机制问题、移动电子商务的技术支持问题、移动电子商务法律问题和用户与传统商家的观念问题等等。

(1) 移动网络安全问题

安全性是影响移动电子商务发展的关键问题。移动电子商务虽然诞生于电子商务,但是其通过移动终端上网的特性决定了它有着和普通电子商务不同的安全性。由于移动支付行为是基于移动终端绑定的银行卡完成,或者基于手机 SIM 卡与 POS 机近距离完成。如果遇到移动终端丢失或者密码破解、信息复制、病毒感染等情况,可能造成重大的损失。另外,移动商务平台运营管理漏洞也是影响移动电子商务安全的一个方面。如今用于上网的移动终端主要有笔记本电脑、手机、平板电脑等,保障这些移动设备本身的安全以及在使用这些设备时遵循安全操作规范是移动电子商务安全保障的一个前提。

(2) 移动支付机制问题

随着 3G 网络的建设和 4G 的广泛使用以及互联网技术应用、智能终端普及等基础设施的不断完善,移动支付已经成为电子支付方式的主流发展方向和市场竞争焦点,但也存在一些支付机制的问题。在支付公司方面,近年来涌进了众多的支付公司,部分支付公司的盈利状况出现下滑,有的支付公司甚至连基本的生存都成问题。在银行方面,飞速发展的互联网彻底颠覆了银行的传统服务思维,使之变得更加电子化、便捷化和个性化。

虽然网上银行打开了银行的电子通道,但是这些电子通道的承载能力、安全保障能力、产品易用性、资费定价方式等需要大幅优化,只有优化才能满足用户急速膨胀的消费需求。另外,各大银行的分支机构为了存款或其他竞争性资源近乎"无底线"地放宽接入限制、调低接入价格,在良莠不齐的电商和第三方支付公司得到相当可观的交易规模的同时,也透支了这些电子渠道的生命力。某些公司的技术漏洞可能会影响使用同一类通道的所有同行。因此,移动支付机制问题可能会波及整个生态环境的安全。优秀的电商、支付公司与银行要一起重新梳理和规划银行电子渠道的接入和使用规范,并划定出合适的利润空间来作为银行升级和创新的动力。

3. 中国移动电子商务发展趋势

随着智能硬件的发展,移动端的消费行为将与 PC 端存在较大不同,如何将移动端特点与 O2O、农村电商和跨境电商等发展热点相结合,是移动电商发展的关键所在。在大数据营销方面,主流电商平台积极利用大数据开展精准营销,让每个用户都能拥有自己的"独特"首页,实现个性化、精准化推荐,提升营销效率。移动端可通过社交优势发展出基于共同爱好与兴趣的社群经济,微信作为重要的引流渠道,与企业后台管理、前端店面销售相结合,将会碰撞出更多的商业模式。

(1) 企业应用将成为移动电子商务领域的热点

移动商务在我国既有广泛的应用空间,又有庞大的用户群体,相关技术也已经相当成熟，移动电子商务的快速发展必须要基于企业应用的成熟。企业应用有着稳定性强、消费力大等优点，这些是个人用户无法与之比拟。而在移动电子商务的业务范畴中，有许多业务类型可以让企业用户在盈利和提高工作效率上得到很大帮助。企业应用的快速发展，将会成为推动移动电子商务发展的最主要力量之一。

(2) 移动信息“引流”将成为移动电子商务的主要应用

在移动电子商务中，虽然主要目的是交易，但是实际上在业务使用过程当中，信息推广、粉丝吸引对于带动交易的发生或是间接引起交易是有非常大的作用的。比如：用户可以利用手机通过信息、邮件等方式，获取股票行情、天气、旅行路线、电影、航班、音乐、游戏等多种内容业务的信息，而在这些信息的引导下，有助于引导客户进行电子商务交易活动。因此，推广信息、吸引粉丝将成为各大移动电子商务服务商初期考虑的重点因素。

(3) 安全性问题仍将是移动电子商务中的巨大机会

由于移动电子商务依赖于安全性较差的无线通信网络，因此安全性是移动电子商务中需要重点考虑的因素。与基于PC终端的电子商务相比，移动电子商务终端运算能力和存储容量不足，如何保证电子交易过程的安全，即成了大家最为关心的问题之一，也在移动电子商务领域发展充满前景。

(4) 移动终端的机会

随着移动终端设备技术的发展，终端的功能越来越多，人性化设计方面也越来越全面，比如：移动终端设备显示屏比过去有了很大的进步；移动智能终端的逐渐普及使其成为主流终端，对于一些移动电子商务业务的进行，使用移动终端更加便利而又不失随身携带的特点。今后终端产品融合趋势会愈加明显，将很难清楚地界定手上这个设备是手机、电子书还是MP4，它就是一个有应用价值的终端。

(5) 移动支付将成为最有潜力的支付手段

移动商务的发展离不开完善的支付方式和支付手段。移动支付可以简单定义为借助手机等移动通信终端和设备，通过手机短信息、IVR、WAP等方式进行的银行转账、缴费和购物等商业交易活动。在电子商务中，支付手段一直是消费者和在线销售商十分关注的事情，移动支付实现了一种很好的解决方案的目的。

总之，移动电子商务作为一种新型的电子商务方式，利用移动无线网络的优点，对传统电子商务做了有益补充。当然，这并不意味着以PC为Web客户端的传统电子商务将停步不前，未来电子商务将同时支持这两种电子商务运作方式。通过移动电子商务人们可以更加快捷、方便地开展各种商务活动，提高工作效率。可以预见，移动电子商务将成为未来电子商务领域的主角。

微思考

移动电子商务的发展将对个人、企业、和社会带来哪些影响？

大讨论

微信,微世界,大生活!

微信,是现代的一种生活方式,是当前最火爆的移动终端通信软件。它支持发送语音短信、视频、图片和文字,并可以群聊,仅消耗少量流量,适合大部分智能手机。它用一种神奇的力量拉近了人与人之间的距离,或者使远在他方的陌生人变成朋友,从此世界也就变小了。微信,这个移动社交软件正在影响人们的生活。

微信是由腾讯公司推出的一款智能手机应用程序,和很多产品一样,微信既非腾讯的原创,也非首发。其学习榜样是加拿大的移动IM服务提供商Kik Interactive公司。作为跟随者,微信在细节上比前人做得更好,用户可以通过它传送文字、图片及视频信息。微信是由深圳的信息技术公司腾讯控股于2010年10月筹划启动,由腾讯广州研发中心产品团队经理张小龙带领约200人的团队成功开发打造的。腾讯公司总裁马化腾在产品策划的邮件中确定了这款产品叫"微信"。

2011年1月21日,微信正式推出。微信具有零资费、跨平台等优点,以及发送图片、移动即时通信等功能。由于简单、易使用、有趣等特性,微信的用户增长速度令人难以置信。截至2015年底,腾讯微信拥有超过4.1亿的用户,并成为事实上的中国移动互联网社交图谱。随着技术革新,电子商务上也是其始终追求的目标,微信5.0版就是为电子商务和O2O量身打造的一个版本,"扫一扫"和"微信支付"功能将电子商务的渠道完全打通,也为微生活和线上线下购物公众号打下了坚实的基础。这不仅使微信成为发展最快的一款新软件,同时,它也是一款方便商家和消费者使用的移动电子商务平台。因此微信处于令人羡慕的位置,成为业内公认的中国移动互联网领域内最成功的产品之一。

"女儿"微信让妈被骗6万元

吴女士有个女儿在英国留学。2015年2月9日中午11点30分,女儿发来了一条"微信",约她网上聊,说有个同学在她那里存了6000英镑,后来家里有急事就回了湖南老家,现在急需用钱,让老妈在国内先汇6万元过去。随后,女儿又发了一个手机号码给吴女士。几番沟通,吴女士将信将疑,想让女儿打个电话过来,而这时"女儿"却说,英国是半夜,打电话会吵醒人,还怪母亲不相信她。怕耽误女儿的事,吴女士只好去银行,向对方要求的账号汇了6万元。汇钱后,"女儿"就不再说话了,吴女士后来才知道女儿的"微信"账号已经被盗了。

"海关主任"骗走一万三

2014年夏天,某高校毕业生小夏姑娘在外寻找工作时,晚上在玩微信"摇一摇"时摇到一个用户名为"遗憾ZZX"的人。对方自称姓张,在海关做领导,可以介绍她过去上班。张某说介绍工作需要钱,小夏先给了3500元钱,此后又给了7700元钱和一部1000多元的手机。后来小夏把事情经过告诉其父母,小夏父母察觉这人可能有问题,让小夏追回已汇出的钱。第二天,小夏催张某还钱,可这时张某已经关机,再也联系不上了。小夏感觉被诈骗了,果断报警。后来张某被警察抓住,民警经过询问,才知道这个"海关主任"是个只有初中文化的无业青年,是一个利用微信等网络软件专门诈骗涉世未深的毕业生的惯犯。

问题：

1. 案例中的吴女士和小夏为什么能在微信这种能识别身份信息的移动社交平台上被骗？

2. 微信是目前一种流行的移动社交软件，它有哪些电子商务功能？

3. 你了解哪些移动电商平台？

小实训

熟悉移动电子商务相关平台

一、实训目的

了解移动电子商务平台功能和使用方法。

二、实训内容

通过手机下载微信、手机淘宝、饿了么、滴滴出行等手机软件，详细了解掌握各软件的主要功能和应用，并尝试使用这些移动电商软件。

根据各移动电商软件的功能应用回答：各移动电商软件的主要功能有哪些？服务对象是哪些群体？在电子商务系统中的作用是什么？

三、实训要求

请把相关内容和使用情况制作成PPT并进行汇报。

任务总结

移动电子商务拓展了电商的渠道，促进了电子商务模式的成熟和发展，实现了线上资源和线下资源的有序衔接。同时也对企业线下服务提出了更高的要求，使得人们的生活更加便捷，为产品和服务企业创造了更多的机会，也对社会文明进步做出了巨大贡献。通过对第七章内容的学习，我们可以更加深入地理解移动电子商务的内涵，把握移动电子商务的内容、特点、应用模式和发展趋势。

参考文献

[1] 王红蕾. 移动电子商务[M]. 北京：机械工业出版社，2016.
[2] 成都职业技术学院电子商务教研室. 移动电子商务[M]. 北京：人民邮电出版社，2015.
[3] 张国文，马涛. 移动电商[M]. 北京：人民邮电出版社，2015.
[4] 胡敏. 决战移动电商[M]. 北京：电子工业出版社，2014.
[5] 艾瑞咨询网. http://www.iresearch.com.cn.
[6] 中国互联网络信息中心. http://www.cnnic.net.cn.
[7] 百度百科. http://www.baike.baidu.com.

第 8 章　电子商务法律及税收

学习目标

知识目标：掌握电子商务法的定义特征、电子商务发展带来的法律问题及国内外电子商务的立法状况。

能力目标：学会分析电子商务方面的法律问题、识别和预防网购陷阱和网络欺骗等行为。

本章内容结构
- 8.1　电子商务法律
- 8.2　电子商务税收

案例导入

王伟欲在网上购买一个电脑桌，因为没有开通支付宝，便采用网上银行把 300 元人民币付给了卖家。可是，一个星期过去了，一个月过去了，一直都没有收到货，去网上联系卖家，发现对方一直不在线，王伟很无奈。那么在这种情况下他该如何保护自己的权益不受损害呢？

提出任务

了解在网上交易中买方与卖方有什么法律关系？双方分别具有哪些责任和义务？以便正确进行交易，保护自己的权利。

解决问题

8.1　电子商务法律

2017 年初，京东联合 21 世纪经济研究院发布了《2016 中国电商消费行为报告》。基于京东大数据，该报告显示：2016 年我国电子商务交易市场规模稳居全球第一，电子商务交易额超过 20 万亿元，占社会消费品零售总额的比重超过 10%。自 1995 年前后开始起步的电子商务 20 多年的快速发展离不开我国政府对其采取的宽松政策措施。

然而，在电商行业迅猛快速发展的同时，也有层出不穷的电商治理危机。2016 年的央视“3·15”晚会曝光了“饿了么”软件外卖平台现黑心作坊，车易拍二手车在线交易平台隐瞒买卖差价侵犯消费者知情权，网店信誉和商品评分可以通过花钱刷出来；紧接着，2017 年的央视“3·15”晚会又曝光了为国内众多电商提供货源的深圳海豚跨境科技有限公司销售日本核污染区域生产的进口食品。作为社会经济中不可或缺的部分，电商行业的现状令人喜忧参半，各种问题的出现不仅损害了消费者的利益，更限制了从业者乃至整个电商行业良性健康的可持续发展。

从电子商务监管层次看，一个完整的业态离不开法律，法律不仅能保护行业、规范行业，同时还能促进行业的创新与发展。然而，除了 2005 年 4 月颁布的针对电子签名的合法有效性单独设立的一部民商事特别法——《中华人民共和国电子签名法》，至今仍没有一部专门针对电子商务运行的法律，不管是处于电子商务生态系统中的个人和企业，还是处于中立地位的司法机构、仲裁机构和相关社会团体等仍然只能依赖传统的民商事法律和各部委和地方政府制定的电子商务规范来维护各自的权益或是定纷止争。在世界各国的电子商务立法实践中，的确存在仅在传统立法中融入电子商务规制条款的立法模式，但是电子商务活动的虚拟性、信息不对称性等特点使其更强调对知识产权、个人信息、消费者权益的保护。从活动地域来说，电子商务又充满了全球化的色彩。如今，跨境电子商务为国内消费者带来了琳琅满目的国外商品，互联网上发布的信息可以散播至全球各地，跨境的电子商务涉及关税、国际运输等方面的法律规则，国内的电子商务规则与国际惯例、外国立法相衔接并趋同也是未来电子商务立法发展的一大趋势。

从电子商务参与者层次看，消费者只有认识、理解、学会运用电子商务法才能更好地在电子商务活动中保护自己的合法权益；经营者运用电子商务法明确自己的法律义务，规范自己的市场行为，共同维护一个良性健康可持续的电子商务市场环境。

8.1.1 电子商务法总论

1. 认识电子商务法

(1) 电子商务法的内容

法律在调整一定的社会关系同时又反映一定的社会关系。20 世纪 90 年代初，网络刚刚被应用于商业交易领域之时，电子商务领域在法律方面面临的最大挑战就是数据电文形式的商业活动的合法性问题。紧接着，联合国贸易法委员会开始了电子商务领域的立法实践：1996 年《电子商务示范法》界定了电子商务的概念，并认可了数据电文的法律效力、有效性和可执行性，成为世界各国电子商务立法的示范文本；2001 年提交联合国大会通过的《电子签名示范法》是对《电子商务示范法》中电子签名效力的补充规范。我国采取的是《合同法》+《电子签名法》的立法模式。彼时，电子合同被认为是电子商务中的核心问题之一，《合同法》认可了数据电文作为合同订立的书面形式，同时《电子签名法》认可电子签名的法律效力，基本解决了电子通信形式应用于商务领域所引发的法律不确定性问题。

随着电子商务的迅速发展，各式各样的传统行业也纷纷上线，仅仅解决电子化的法律效力已远远不能满足电子商务行业发展的法律需要。在由各类电子商务参与主体所形成的电子商务社会关系中，有很多复杂的法律问题，有些是传统商务活动中的法律问题在电子商务环境下的延伸和变异，如：消费者权益保护、知识产权保护、市场竞争等；有些则是电子商务环境所独具的，如：个人信息保护，电子支付等。在解决这些问题时，一方面，相关执法部门出台了大量的地方性法规、部门规章和国家标准，对电子商务涉及的各个相关领域进行专门的监督和管理；另一方面，电商行业本身也在积极寻求行业自律，行业协会出台了一些行业守则和标准规范，诸如淘宝、京东等第三方交易平台也各自制定了网上交易规则，设立了消费者和知识产权投诉平台，推动电商行业的规范发展。

综合而言，电子商务法主要由两大方面的内容构成，即电子与商务。前者解决的是商务活动电子化的法律效力问题，主要由《合同法》和《电子签名法》规制；后者解决的是电子通信环境中的商务问题，主要包括电子商务的运行保障，如：电子支付、公平交易、消费者权益保护、快递物流、数据和个人信息保护、电子商务的司法救济等，随着电子商务的发展，还可能会涉及跨境电子商务的法律规制等新内容。

(2) 电子商务法的概念

电子商务法，即是调整电子商务活动的法律。目前大部分组织和企业对“电子商务”一词的一般理解是：通过互联网等信息网络进行商品交易或者服务交易的活动。故电子商务法即是调整通过互联网等信息网络进行商品交易或者服务交易的活动的法律。

狭义的电子商务法仅指《电子商务法》这部法律，我国目前专门的电子商务立法有《电子签名法》《电子商务法(草案)》，目前已提交全国人大常委会审议，征求意见也已结束，在不久的将来就会出台。该草案规定涉及金融类产品和服务、利用信息网络传播音视频节目以及网络出版等内容方面的服务，不适用《电子商务法(草案)》。

广义的电子商务法包括所有与电子商务相关的法律，而其实自电子商务在我国大范围应用后，20 多年来，很多传统的民商事法律都修订了其内容，增加了与电子商务有关的内容，如《侵权责任法》《广告法》《消费者权益保护法》《产品质量法》等。为了便于读者完整地了解电子商务法的内容，本书采用广义的电子商务法。

(3) 电子商务法的特征

① 私法性。目前学者对电子商务法属于部门法并没有太大异议，但是在电子商务法归属于哪个法律门类上产生了分歧。有的学者认为电子商务法应属于民法特别法，理由是电子商务法不仅调整商事主体之间的法律行为，同时也调整自然人之间的交易行为；有的学者认为电子商务本质上是商务，当归属于商务行为范畴，故电子商务法也应归类于商法范畴；还有的学者认为电子商务法具备公法的属性，因为在我国大量的规范互联网和信息的法律文件中，有很多强制性的行政规范；在世界范围的互联网立法中有的甚至还纳入了刑法的内容如德国的《多媒体法》。

在当前商业创新层出不穷的时代，仍然按照传统的部门法划分方法来区分电子商务法的性质没有太多的意义。从公私法划分来说，电子商务法属于私法的范畴，电子商务法调整的是参与电子商务活动的各主体之间的法律关系，可以是商事主体之间的法律关系，也可以是自然人之间偶发的交易行为。电子商务法中有很多强制性的规范，这也与商法既维护私法自治，又维护市场秩序的价值相吻合。《电子商务法（草案）》中第一条这样说明了立法宗旨：为了促进电子商务持续健康发展，规范市场秩序，保障电子商务活动中各方主体的合法权益制定本法。

② 综合性。电子商务归根结底仍是商业交易活动，仍是实物、服务或信息的交易；即使搭载了电子的形式，但本质上仍逃不开人与人之间的社会关系。此类社会关系具体成行为即是贯穿于商事活动的一个个法律行为，如：合同缔结与履行、物流服务的委托、支付服务的委托等。各种电子商务法律行为又能衍生出具体的社会关系，如：消费者与经营者之间的关系、电子支付服务提供者与接受者之间的关系、快递物流服务提供者与委托者之间的关系、电子商务经营主体之间互相竞争与合作的关系等。这些社会关系当然适用传统的民商事法律。然而在电子商务环境下，交易手段和交易方式的改变所产生的特殊的民商事法律问题则要依靠电子商务法来调整，如：网络交易的虚拟性和信息获取的不对称性导致消费者的权益更难得到落实，因此需要对电子商务消费者进行特殊的保护。

③ 自治性。电子商务是信息时代的必然产物，对于我国市场经济建设来说是一个巨大考验。市场经济重视商业道德和信用体系建设，强调市场主体的行业自律和自治，同时，我国的电商企业在近年来的商业实践中也制定出一套网规，有些已经得到了同行的认可，成为了行业规范，甚至影响了电子商务立法。如：2010 年 9 月淘宝网发布淘宝规则，对在淘宝网进行交易做了一系列规定；国家工商总局于 2014 年 3 月出台的《网络交易管理办法》就吸收采纳了淘宝规则中的消保金、经营者审查验照、信用评价、针对规则制定变更的公示及告知等多项制度。

④ 国际性。在电子商务活动中，传统的地理上的国界已不复存在。有人认为，网络天然具有国际性，电子商务规则天然就是国际规则。网络空间全球性和跨区域等优点决定了各国应寻求制定统一的国际公约以解决网络争议的管辖权问题。

2. 电子商务法的作用

(1) 规范电子商务行为，保护电子商务主体的合法权利

电子商务法通过设立法律规范，对电子商务活动参与主体的行为进行引导和约束，使主体的行为符合法律规范所设定和表达的行为模式的基本要求；为行为人提供行为指引，使其权利的行使有法可依。

(2) 维护电子商务的行业秩序，促进行业发展

电子商务法协调和解决电子商务中的矛盾和纠纷，鼓励诚实信用、公平竞争等合法行为，打击和惩治侵害权益、信息滥用、恶性竞争等违法行为，为电子商务运行营造安全的环境，保障电子商务行业的安全和良性健康的可持续发展；另一方面，多年较为宽松的管制鼓励了电子商务的行业创新，从而促进了行业的发展。

3. 我国电子商务的立法情况

从《合同法》到新修订的《消费者权益保护法》等，都或多或少地有与电子商务相关的条款。而 2004 年出台的《电子签名法》是我国第一部电子商务领域的商事特别法。除此之外，

各相关部门、地方政府也陆续出台了大量的关于互联网和电子商务的法规和规章，据不完全统计，约有 500 部。2016 年 12 月 19 日，十二届全国人大常委会第二十五次会议初步审议了全国人大财经委提请的《中华人民共和国电子商务法(草案)》，预测该部法律将成为我国电子商务立法的宪章性法律。

(1) 法律

①《中华人民共和国合同法》。该法在制定之初就在合同形式方面大胆吸收了数据电文形式，可谓是世界上第一部采纳电子合同形式的合同法。该法第十一条明确了合同订立的书面形式包括数据电文(电报、电传、传真、电子数据交换和电子邮件等)可以有形地表现所载内容的形式。该法第十六条和第三十四条分别规定了采用数据电文形式订立的合同的成立时间和成立地点。

②《中华人民共和国侵权责任法》。该法第三十六条对网络侵权责任的划分做了规定。

③《中华人民共和国电子签名法》。该法在 2005 年 4 月 1 日正式颁布实施，它规定了可靠的电子签名与手写签名或者盖章具有同等的法律效力，标志着我国第一部真正意义上的信息化法律正式诞生，开启了我国的电子商务立法。

④《中华人民共和国消费者权益保护法》。2013 年 10 月 25 日，十二届全国人大常委会第五次会议通过了关于修改《中华人民共和消费者权益保护法》的决定，自 2014 年 3 月 15 日起实施。此次修改赋予了网络消费者 7 天无理由退货权。

⑤《中华人民共和国电子商务法(草案)》。2013 年 10 月，十二届全国人大常委会将电子商务立法工作列入规划，并在之后成立了电子商务法起草组；2014 年 12 月，起草组针对电子商务监管体制、电子商务市场准入与退出机制、电子商务税收问题、电子商务纠纷解决机制等 14 项具体问题进行了专题调研；2015 年，电子商务法形成了包括部委版，中国电子商务协会的企业版，北京大学的学术机构版，上海、浙江、江苏等地方财经委的地方版多个版本的大纲；电商法起草组对这 4 个版本的大纲进行讨论后，形成了 2 个版本的立法草案建议稿，然后又经过听取各方意见将这 2 个草案建议稿再次整合，在 2015 年年底终于形成唯一的送审版本，提请十二届全国人大常委会第二十五次会议审议。该草案共 8 章 94 条，对电子商务经营主体、电子商务交易与服务、跨境电子商务等方面做出了规定。

(2) 法规

《信息网络传播权保护条例》，2006 年 5 月由国务院公布，2013 年 1 月修订，在我国法律体系中提出了网站责任的“避风港原则”，为网站松了绑。

(3) 部门规章

商品交易与服务领域主要部门规章如下：

①《关于网上交易的指导意见(暂行)》。2007 年 3 月 6 日商务部发布的《关于网上交易的指导意见(暂行)》，界定了网上交易及其参与方的相关概念，对网上交易参与方的网上交易行为提出了一系列指导意见和要求。

②《网络交易管理办法》。2014 年 1 月 26 日，国家工商总局颁布实施了《网络交易管理办法》，取代了 2010 年 6 月国家工商总局颁布的《网络商品交易及有关服务行为管理暂行办法》。它第一次全面明确了我国电子商务工商监管的一系列要求，如：网络实名制、个人网商工商登记的自愿原则、交易平台的责任范围等。

③ 有关特殊商品的网上交易规范。如国家食药监局发布的《互联网药品信息服务管理办法》(2004 年 7 月 8 日颁布实施)和《互联网药品交易服务审批暂行规定》(2005 年 9 月 20 日颁布实施),分别对取得互联网药品信息服务和交易服务资质做出了规范。

电子支付领域主要部门规章如下:

《非金融机构支付服务管理办法》。中国人民银行于 2010 年 6 月 14 日发布的《非金融机构支付服务管理办法》,明确了非金融机构开展网络支付业务须取得《支付业务许可证》,以及第三方支付机构的审慎经营义务。

个人信息保护领域主要部门规章如下:

《电信和互联网用户个人信息保护规定》。2013 年 7 月 16 日工信部颁布的《电信和互联网用户个人信息保护规定》,明确了信息收集和使用的规范,要求互联网信息服务提供者制定用户个人信息收集和使用规则、用户个人信息保护投诉处理机制,建立用户个人信息安全管理制度,防止用户个人信息泄露、毁损、篡改或者丢失。

市场竞争领域主要部门规章有:

①《出版物市场管理规定》。2016 年 5 月 31 日,国家新闻出版广电总局与商务部修订了《出版物市场管理规定》,其中第二十六条规定:为出版物发行业务提供服务的网络交易平台应向注册地省、自治区、直辖市人民政府出版行政主管部门备案,接受出版行政主管部门的指导与监督管理。对在网络交易平台内从事各类违法出版物发行活动的,应当采取有效措施予以制止,并及时向所在地出版行政主管部门报告。

②《互联网广告管理暂行办法》。2016 年 7 月 4 日,国家工商总局颁布了《互联网广告管理暂行办法》。

邮政快递领域主要部门规章有:《快递市场管理办法》(2013 年 1 月 11 日颁布)、《快递业务经营许可管理办法》(2013 年 4 月 12 日重新颁布)、《寄递服务用户个人信息安全管理规定》(2014 年 3 月 26 日颁布)。

(4) 地方政府法规规章

部分地方政府,尤其是发达地区的省级和市级政府根据地方电子商务发展需要,制定了地方政府法规和规章,如:《上海市促进电子商务发展规定》《浙江省跨境电子商务管理暂行办法》《汕头经济特区电子商务促进办法》等。

(5) 行业标准

一些部门还出台了全国性的行业标准,如:商务部发布的《第三方电子商务交易平台服务规范》,成为电子商务运行的良好指引。

[案例 8.1]

一份援引了“行业自律规范”的判决书

上海大摩网络科技有限公司(以下简称“大摩公司”)研发了一款“ADSafe”净网大师软件,用户在下载安装该软件后,可以开启“看片不等待”功能,以过滤视频网站播放视频前的等待广告。2015 年 11 月,乐视网将大摩公司诉至法院,认为其侵害了乐视网及其广告客户的正当权益,要求其立即停止不正当竞争行为并赔偿经济损失 17 万元。

法院在认定乐视网免费加广告的经营模式是否具有法定利益和约定利益应给予法律保护时，引用了《互联网终端软件服务行业自律公约》第十九条的规定：认为乐视网投放的商业广告，明显有别于恶意广告等非法内容，故其推出的“免费加广告”观看视频的经营模式虽未有法律规定加以明确保护，但应视为用户与乐视网达成了一份观看视频节目的协议，双方应当受其约束，基于该模式视频网站经营者与用户产生的约定利益，他人不得加以损害。大摩公司运营的涉诉软件损害了乐视网的合法利益，属于不正当竞争行为，应当承担侵权责任。

注：本案的裁判文书可详见(2015)闵民三(知)初字第1770号“乐视网信息技术(北京)股份有限公司与上海大摩网络科技有限公司其他不正当竞争纠纷”一审民事判决书。

4. 电子商务法律关系

电子商务法律关系是指电子商务法调整的范畴，是通过调整电子商务关系而形成的权利和义务关系。所有的民事法律关系都由主体、客体和内容3大要素构成，电子商务法律关系也不例外。

(1) 电子商务法律关系的主体

电子商务法律关系的主体是指参加电子商务法律关系、享受权利和承担义务的人。电子商务法律关系的主体一般包括：电子商务第三方平台、电子商务经营者、电子商务商品和服务接受者等。

① 电子商务经营主体

它包括电子商务第三方平台和电子商务经营者。电子商务经营主体应当依法办理工商登记，需要取得相关行政许可的应当依法取得相应资质；依法履行纳税义务；销售商品应出具发票。

② 电子商务第三方平台

它是指在电子商务活动中为交易双方或者多方提供网络空间、虚拟经营场所、交易撮合、信息发布等服务，供交易双方或者多方独立开展交易活动的法人或者其他组织。《电子商务法(草案)》针对第三方平台着重规定其应对经营者进行审查；应当公开、透明地制定平台交易规则；应当遵循重要信息公示、交易记录保存等要求。

[案例8.2]

网络交易平台的从业资质

2015年3月15日，京东商城提供的医疗器械信息涉嫌直接撮合医疗器械罗康全活力型血糖仪网上交易，京东公司被北京市食品药品监督管理局依据《互联网药品信息服务管理办法》第二十四条规定，处以罚款的行政处罚。

依照国家药监局2005年颁布并实施的《互联网药品交易服务审批暂行规定》，只有同时具备《互联网药品交易服务资格证》和《互联网药品信息服务资格证》的互联网企业才能开展网络售药，仅有《互联网药品信息服务资格证》只能进行药品信息展示，不得开展交易，且提供的药品信息也不得直接撮合药品网上交易。京东商城没有取得相应的网上药品交易资质，不得进行直接撮合药品网上交易。

(2) 电子商务法律关系的客体

电子商务法律关系的客体是主体权利和义务所指向的对象,在传统民商事领域客体包括物、行为、知识产权、人身利益等;在电子商务领域,客体还包括信息等。

(3) 电子商务法律关系的内容

电子商务法律关系的内容是指主体的权利和义务,是一种民事的权利与义务。

8.1.2 电子商务法各论

1. 电子商务交易与服务

(1) 合同、电子合同与电子签名

商事活动的核心是契约,电子商务活动的核心是电子合同。世界最早产生的一批电子商务立法,其宗旨就是为了明确电子合同与传统纸质合同具备相同的法律效力。

根据《中华人民共和国合同法》第二条规定:合同是平等主体的自然人、法人、其他组织之间设立、变更、终止民事权利义务关系的协议。电子合同则是平等主体之间通过电子信息网络,以电子数据交换等形式所订立的旨在设立、变更、终止财产性民事权利义务关系的合同。电子合同与传统合同的根本区别:不仅在于其通过互联网通信手段达成合同,而且在于记载合同内容的形式发生了变化。

与传统合同相比,电子交易合同的买卖双方在交易过程中互相不见面,交易对象广泛且不特定,交易次数频繁。在第三方交易平台上,平台经营者往往使用格式合同与用户约定双方的权利义务,用户注册成为平台会员即表示对服务协议和商品交易协议的确认;电子交易的即时性和瞬时性的特点使得电子形式的要约与承诺很难撤销和撤回;表示合同生效的传统的签字盖章形式被电子签名和密码认证形式所替代,电子签名是指数据电文中以电子形式所含、所附用于识别签名人身份并表明签名人认可其中内容的数据。

(2) 我国电子商务立法现状

目前,我国关于电子合同和电子签名的法律规定主要见于《中华人民共和国合同法》和《中华人民共和国电子签名法》,《中华人民共和国电子商务法(草案)》中也设立了电子合同一节。

《中华人民共和国合同法》原则性地确立了电子合同的法律地位。它借鉴联合国贸易法委员会发布的《电子商务示范法》的立法思路,规定了数据电文(电报、电传、传真、电子数据交换和电子邮件等)作为合同订立的书面形式,同时规定了采用此种形式订立的合同的成立时间和地点。

《中华人民共和国电子签名法》进一步规范了电子签名行为,确立了电子签名的法律效力,初步建立起数据电文、电子签名、电子认证服务 3 项制度。

《中华人民共和国电子商务法(草案)》中有 5 条规定与电子合同相关,涉及电子合同当事人、电子形式的要约和承诺成立的时间、自动交易系统形式订立的电子合同的效力问题。

(3) 电子合同的订立

① 电子合同缔约当事人。《中华人民共和国合同法》规定,合同当事人必须具有相应的

民事行为能力，由于在电子商务的虚拟环境下无法确认对方的身份，法律通常推定当事人在电子商务活动中具有相应的民事行为能力且意思表示真实。

② 电子合同缔结的要件：要约与承诺。缔结合同一般要经过要约与承诺两个步骤。要约是希望和他人订立合同的意思表示，该意思表示应当符合两个规定：一是内容具体确定；二是表明经受要约人承诺，要约人即受该意思表示约束。《中华人民共和国合同法》规定要约到达受要约人时生效，承诺到达要约人时生效。采用数据电文形式订立的合同，收件人指定特定系统接收数据电文的，该数据电文进入该特定系统的时间视为到达时间。收件人的主营业地视为合同成立的地点；没有主营业地的，其经常居住地视为合同成立的地点；有约定的从约定。《中华人民共和国电子商务法(草案)》还进一步明确了电子形式的要约或者承诺能够由收件人检索识别的时间视为该要约或者承诺到达的时间。

③ 电子合同有效的要件。根据《中华人民共和国合同法》的规定，如果一项电子合同的签订双方当事人具有民事行为能力且意思表示真实，合同内容不违反法律或社会公共利益，就应当认定其是有效的。

2. 电子商务交易市场秩序保障

(1) 公平竞争

① 电子商务环境中的不正当竞争行为。任何市场经济模式和交易环境都应当鼓励和保护公平竞争行为。电子商务远远超过一个细分行业的容量，未来的趋势是几乎所有的传统商业都可以上线运营，线上线下将整合为一个整体，参与者数量的众多使得正当竞争成为电子商务环境中一个不可忽视的法律问题。

电子商务环境中的不正当竞争行为主要包括如下几个方面：

侵犯知识产权行为，包括侵犯著作权、侵犯商标权，如：擅自使用与他人域名主体部分、网站名称、网页等知名商业标识相同或者近似的商业标识；误导公众；导致市场混淆等。

损害信用评价行为，包括以虚构交易、删除不利评价、有偿或者以其他条件换取有利评价等形式，为自己或者他人提升商业信誉；以违背事实的恶意评价来损害他人商业信誉；骚扰或者威胁交易对方，迫使其违背意愿做出修改、删除商品或者服务评价；篡改或者选择性披露电子商务经营主体的信用评价记录；发布不实信用评价信息等其他违反法律法规以及客观、公正、合理原则的信用评价等行为。

③ 其他恶性竞争行为：包括假冒链接、混淆链接等不正当链接；攻击或入侵其他经营者的网络系统，恶意访问、拦截、篡改其他经营者的网络店铺，影响其正常经营活动；擅自使用政府部门或者社会组织电子标识，引人误解；利用服务协议等手段，限制交易、滥收费用或者附加不合理交易条件等法律、法规规定的其他不正当竞争行为。

(2) 电子商务第三方平台的职责

我国立法强调在保护电子商务公平竞争、维护市场秩序方面，政府监管部门和电子商务交易平台应共同治理，且电子商务交易平台具有一定的监管义务。《中华人民共和国侵权责任法》第三十六条规定：网络用户利用网络服务实施侵权行为的，被侵权人有权通知网络服务提供者采取删除、屏蔽、断开链接等必要措施。网络服务提供者接到通知后未及时采取必要措施的，对损害的扩大部分与该网络用户承担连带责任。

实际中，很多电商平台出于自身发展的需要，也纷纷建立起了监管平台，保护电商市场的公平竞争秩序。如：阿里巴巴集团制定了阿里知识产权保护规则，建立了知识产权保护线上平台，权利人可以在其中备份自己的知识产权证明，如果发现阿里巴巴集团旗下网站有涉嫌侵犯知识产权的链接，可前往相应的知识产权投诉平台发起投诉。

《中华人民共和国电子商务法(草案)》也吸收了电商多年来的优良做法，其第五十三条将建立知识产权保护规则、保护知识产权作为电子商务经营主体的义务。

[案例 8.3]

电商平台的知识产权保护义务

原告欧某于 2009 年 12 月获得国家知识产权局授权的一种计步器的外观设计专利，该专利产品自投放市场以来，深受广大消费者喜爱。后来，原告搜索淘宝网，发现了大量的假冒其专利的产品，他按照淘宝网的知识产权投诉程序进行了两次投诉，但是淘宝网在受理后均以“被投诉方提供反通知或原告已撤诉”为由“审核不通过”，而且并没有将被投诉方提供反通知的内容以任何形式反馈给原告，于是欧某以淘宝网侵犯其外观设计专利为由一纸诉状将运营淘宝网的公司诉至深圳市中院。庭上淘宝网辩称它只是提供交易平台的网络服务提供商，所有的信息均系卖家上传，淘宝网并没有销售侵害原告专利权的行为。

法院认为，根据《中华人民共和国侵权责任法》第三十六条第二款规定：网络服务提供者接到通知后所应采取必要措施包括但不限于删除、屏蔽、断开链接。“必要措施”应根据所侵害权利的性质、侵权的具体情形和技术条件等综合确定。本案涉及专利侵权，被告作为电子商务网络服务平台的提供者，鉴于其对专利侵权纠纷判断的主观能力、互联网领域投诉数量巨大、投诉情况复杂以及避免损害被投诉人合法权益等因素的考量，并不必然要求在受理投诉后对被投诉商品立即采取删除或屏蔽措施，但是将受理的投诉材料转达给被投诉人并通知其申辩当属被告应当采取的必要措施之一。被投诉人申辩后，被告应将其认可的申辩意见反馈原告并给予其反驳的机会。本案中，原告在网络投诉平台上进行了两次投诉，被告受理后均以“被投诉方提供反通知或原告已撤诉为由”审核不通过，却并未将其所称的反通知内容以任何方式反馈原告，亦未有原告撤回投诉的任何证据。若被告不必采取反馈措施，则前述模棱两可、官僚格式化的回复可轻易将任何有效投诉拒之门外，被告依法应当采取的其他必要措施也将形同虚设，此种作法明显与侵权责任法第三十六条第二款之规定相悖。综上，被告在受理原告的投诉后未及时采取必要措施，对损害扩大的部分应承担连带责任。

注：本案的裁判文书可详见最高人民法院裁判文书网(2015)深中法知民初字第 1272 号“欧阳国强与浙江淘宝网络有限公司侵害外观设计专利权纠纷一审”民事判决书。

(3) 消费者权益保护

《电子商务消费者权益保护法》是调整经营者和消费者进行电子交易时发生的、为保护消费者权益而形成的社会关系的法律规范的总称。首先，只有发生于电子商务经营者和消费者之间的消费关系才能适用与电子商务消费者权益保护相关的法律法规，若双方均为经营者或均为个人，如：供上下游企业之间批发采购用的电商平台或二手买卖平台中的参与者之间发生的交易关系则不适用《电子商务消费者权益保护法》。其次，《电子商务消费者权益保护法》是消费者权益保护法的特别法，经营者与消费者之间的消费关系首先适用于电子商务立法的特殊规定，特别法没有规定的，再适用《中华人民共和国消费者权益保护法》。

根据我国《中华人民共和国消费者权益保护法》，消费者享有 10 项权益，包括：人身安全不受损害权、知情权、选择权、公平交易权、求偿权、结社权、受教育权、人格尊严和民族风俗受尊重权、个人信息受保护权、监督检举权。在电子商务领域，消费者同样享有前述权益，只是权利的内容和实现方式有如下区别：

① 知情权和选择权。电子商务的经营主体应当全面、真实、准确地披露商品或者服务的信息，保障消费者的知情权和选择权。

② 安全权。电子商务消费者在购买、使用商品和接受服务时除了享有人身、财产安全不受损害的权利外，还享有信息安全权。网络商品、服务的经营者对在经营活动中收集的消费者个人信息必须严格保密，不得泄露、出售或者非法向他人提供，并且应当采取技术措施和其他必要的措施，确保信息安全，防止信息泄露和丢失。

③ 自主选择权。电子商务消费者享有自主选择商品或者服务的权利。电子商务消费者的自主选择权除了自主决定购买或者不购买任一商品，接受或者不接受任一服务外，还包括接受或不接受经营者向其发送商业性电子信息。

④ 公平交易权。电子商务消费者在购买商品或者接受服务时，同样有权获得质量保障、价格合理、计量正确等公平交易条件，然而电子商务的虚拟性和低体验度往往导致消费者购买的商品或服务的理解与实际商品或服务之间存在差异。因此，法律赋予了电子商务消费者在一定期限内可以无条件解除消费者合同并退货的权利。我国 2013 年修订的《中华人民共和国消费者权益保护法》即赋予了电子商务消费者 7 天的无理由退货权。

⑤ 求偿权。电子商务消费者购买商品或者接受服务时，其合法权益受到损害的，可以向商品生产者、销售者或者服务提供者要求赔偿。然而，由于电子商务经营者的工商登记制度还没有完全建立与执行，消费者在申诉和求偿时，往往无法得知侵害者的真实名称、经营地址和有效联系方式，导致此项权利主张落空。为了使电子商务消费者的求偿权得以落实，我国电子商务法(草案)就要求电子商务第三方平台承担不真正连带侵权责任，要求第三方平台向消费者提供平台内经营者的真实名称、地址和其他有效联系方式，如果无法提供，则消费者可以要求第三方平台先行赔偿；第三方平台向消费者赔偿后，有权向平台内经营者追偿。

[案例 8.4]

2016 年“双 11”网购商品价格体验式调查报告

2016 年电商“双 12”购物节的前一天，中国消费者协会发布了《2016 年“双 11”网购商品价格体验式调查报告》，公布了对 13 个网购平台的 533 款商品价格的调查体验结果，并作出消费提示。

调查体验结果显示：宣称参加“双 11”促销活动的商品中，16.7%的商品价格在 11 月 11 日当天并不是近期低价，假促销、真误导等涉嫌违规行为大量存在，损害了消费者的合法权益，其问题主要表现在：有的先提价后降价、虚构原价，而促销价格反而比非活动期间价格更高；有的商品在网页先进行低价宣传，但实际销售价格明显高于宣传价格；有的通过设立较高额度的“好评返现”活动诱导消费者好评，以获得虚高好评率，干扰正常的信用评价机制。

（资料来源：http://www.cca.org.cn/jmxf/detail/27099.html）

3. 电子商务交易法律救济

（1）争议解决方式

电子商务交易领域发生的纠纷和争议可以采取和解、调解、仲裁、诉讼等方式解决。国家鼓励电子商务各方主体建立电子商务在线争议解决机制（Online Dispute Resolution，简称ODR机制），ODR机制在发展初期主要是为了解决当事人距离遥远、小额的电子商务纠纷，以节约当事人的成本，高效便捷地解决纠纷。随着电子商务的迅猛发展，与网络交易相关的网络支付纠纷、网上小额贷款纠纷等都开始运用ODR机制。如：淘宝网就发展了一套大众评审团模式的纠纷解决平台，平均一年解决六七十万件纠纷。目前，全球已有一百多家ODR机构，2010年2月，美国向美洲国家组织提交了一揽子解决方案，旨在为跨境电子商务ODR提供国际统一规则，其核心文件为《跨境电子商务消费者纠纷的电子解决草案（示范法/合作框架）》。美国政府代表认为，建立一个全球性的、与现有司法体系并行的ODR体制，既能实现巴西、加拿大提议为消费者提供保护的初衷，又能避免跨国诉讼所伴随的管辖不明、成本过高等问题。

（2）争议解决难点

① 管辖问题。在网络空间中，由于地域性的消融，一旦发生纠纷，司法管辖的确定便成为难题。对于跨国电子商务而言，应该由哪个国家的法院审理？对于国内电子商务而言，应由哪一地、哪一层级的法院管辖？

因合同纠纷提起的诉讼，根据我国民事诉讼法的规定，应由被告住所地或合同履行地人民法院管辖。民诉解释第二十条规定：以信息网络方式订立的买卖合同，通过信息网络交付标的的，以买受人住所地为合同履行地；通过其他方式交付标的的，收货地为合同履行地。因侵权纠纷提起的诉讼，根据我国民事诉讼法的规定，应由侵权行为地或被告住所地的人民法院管辖。民诉解释第二十五条规定：信息网络侵权行为实施地包括实施被诉侵权行为的计算机等信息设备所在地，侵权结果发生地包括被侵权人住所地。

② 证据问题。几乎所有的电子商务纠纷或网络纠纷都必然涉及数据电文或计算机数据能否与传统证据一样，被法院接受为合法证据采用。一些国家已经制定了电子证据法规及电子证据的证据形式和证据效力。联合国贸易法委员会的《电子商务示范法》也明确了数据电文可以作为一种证据形式。《中华人民共和国电子签名法》第七条规定：数据电文不得仅因为其是以电子、光学、磁或者类似手段生成、发送、接收或者储存的而被拒绝作为证据使用。

在司法审判实践中，法院通常承认电子数据的证据形式，但是由于电子数据具有即时性、易篡改性等特点，取证方式比较复杂。当事人在向法院提交电子证据时通常会申请公证处做电子证据保全；中国版权协会还推荐当事人使用人民法院TSA电子证据固化系统对电子合同、电子化的购货凭证或服务单据、交易数据等电子数据进行电子签名和加盖时间戳，以保障电子数据凭证的唯一性和难篡改性。

[案例8.5]

电商平台的购买协议中的协议管辖条款是否有效?

网民汤某因与乐视商城发生网络购物合同纠纷将后者起诉至广州市增城区人民法院。被告乐视商城认为消费者通过商城网页购物时,在提交订单前需要确认一份购买协议,该份名为《乐视商城在线购买协议》的合同第十五条约定了管辖条款,在协议履行过程中发生争议协商不成的,“任何一方可向北京市朝阳区人民法院提起诉讼”,据此向受诉法院提出了管辖权异议。原审法院接受了被告的意见裁定由朝阳区法院管辖。

汤某不服裁定,遂向广州市中级人民法院提起上诉。二审法院经审查后认为,上述购买协议属于格式合同,在发生争议时,法院需要对其中的协议管辖条款进行考量,以排除不合理的协议管辖条款。首先,该协议管辖条款夹杂在大量繁琐资讯中,使用户难以注意到其具体内容,不能认为被上诉人已经采取了合体方式提请上诉人注意;其次,该协议管辖条款是对消费者不公平、不合理的规定,严重不合理地加重了消费者在管辖方面的负担,可能导致消费者的诉权无法实现。据此法院认为该协议管辖条款无效,应适用民诉解释第二十条的规定:以收货地即广州市增城区为合同履行地,故原审法院对本案有管辖权。

注:本案的裁判文书可详见(2016)粤01民辖终2380号“汤润富与乐视电子商务(北京)有限公司网络购物合同纠纷”二审民事裁定书。

微思考

1. 电子商务法的特征及电子商务法产生的特殊问题有哪些?
2. 电子商务交易中买卖双方当事人的权利和义务有哪些?

8.2　电子商务税收

8.2.1　电子商务税收存在的问题

电子商务在是否征税、征税税种的选择、纳税主体的确定、纳税客体的认定、纳税环节的确定、电子征税体制、税收管辖和如何避免双重征税等方面对现行的税收法律提出了挑战。

税收制度在某种意义上体现了国家对某一产业重视或扶持的程度。电子商务税收法律制度应坚持税收公平和税收中性的原则,在防止税收流失的同时不阻碍电子商务的发展。例如:不少国家目前采用鼓励电子商务的税收政策,通过签署双边或多边的电子商务协议,明确对电子商务不征收关税。同时,电子商务税收制度还应便于监控纳税人的网上支付情况,为征管和稽查证据提供法律依据。

另外，电子商务税收立法要解决包括：税法公平、维护国家税收主权和财政收入、征税的效率和便利等问题。

1. 电子商务税收的概念

税是国家为了满足一般的社会共同需求，按照国家法律规定的标准强制、无偿征收实物或货币而形成的特定的分配关系。税收是一个国家财政收入的主要来源之一，也是国家宏观管理经济、调控市场的主要手段之一。电子商务作为新型的商务模式，逐渐成为市场重要的交易模式，其税收问题不容忽视。

2. 税收管辖权

(1) 税收管辖权的概念

税收管辖权是一个重要的概念，它是指国家政府对一定的人或对象征税的权力。

(2) 税收管辖权原则

税收管辖权原则主要有属地原则和属人原则两个。

属地原则，即国家对来源于该国境内的全部所得以及存在于本国领土范围内的财产行使征税权力，而不考虑取得收入者和财产所有者是否为该国的居民或公民。

属人原则，国家对该国居民(包括自然人和法人)的全世界范围的全部所得和财产行使征税权力，而不考虑该纳税居民的所得是来源于国内还是国外。公民管辖权也可称为国籍管辖权，是国家对具有本国国籍的公民在世界范围的公民所得和财产行使征税权力，而不考虑公民是否为本国居民。

3. 电子商务税收的特点

电子商务税收的特点主要有：虚拟化、跨国性、隐蔽性、便捷性等。

8.2.2 电子商务税收规定

围绕电子商务要不要征税、如何征税、要不要设立新的税种等问题不同国家有着不同的观点。美国在全球电子商务中占绝对领先地位，因而对电子商务交易的征税十分重视；克林顿曾大力呼吁把电子商务领域建成免税区。免税的主张遭到许多国家的反对，比如欧盟主张不能免征增值税。后来美国在 1997 年发表的《全球商业架构》报告中，对电子商务的征税提出如下原则：不扭曲或阻碍电子商务的发展；简易、透明，不增加网络交易的成本或保存记录的负担；符合美国与国际社会的现行税收制度，不开征新税；跨国交易的货物和劳务免征关税。上述主张的实质是对电子商务放宽征管。

对于是否设立新的税种，1998 年，欧盟提出关于征收“比特税”的提案，即按互联网上网络传输的字节数征税。但这一提案遭到美国的强烈反对，美国认为，对电子商务征税会挫伤从事电子商务活动的企业和个人的积极性，从而阻碍电子商务的飞速发展。一些发展中国家认为，随着电子商务的迅猛发展，如果不征税会促使偷漏税等现象蔓延，从而造成国家税款的大量流失，给国家经济发展带来负面影响。

1998 年经济合作与发展组织(OECD)在加拿大的渥太华召开部长会议，讨论电子商务的税收问题。以"电子商务对税收征纳双方的挑战"为题开展研究，并达成共识，主要包括：任何征税主张都应坚持中性原则，保证税负公平，不重复征税并避免增加成本；目前尽量使用现行税制，不开征新税，包括"比特税"；国际合作至关重要；税收不应妨碍电子商务的发展，但后者也不能因此侵蚀税基和妨碍税收行政。

1. 我国电子商务税收的基本原则

我国目前应确立鼓励、公平、技术和协调四个方面的应对政策，具体如下：

(1) 鼓励政策

1998 年江泽民同志在吉隆坡举行的亚太经合组织领导人非正式会议上指出：电子商务代表着未来贸易方式的发展方向。因此，我们拟定的应对电子商务的税收政策要突出体现鼓励政策，特别是在我国电子商务发展的初级阶段，尤其要注意鼓励。对现行税收制度和征管制度的改革和调整应以不阻碍电子商务的发展为基本前提，即使是在电子商务发展到一定规模时，建立和完善电子商务税制也要顺应电子商务发展的方向。

(2) 公平政策

在解决电子商务税收问题时，特别要注意：不能对不同的商务形式造成税收歧视。对相类似的经营收入在税收上应公平对待，不应考虑其收入是通过电子商务形式还是通过一般商务形式取得的。电子商务税收公平政策的基本取向应该是：使传统贸易主体与电子商务主体之间的税收负担相对公平合理。

(3) 技术政策

要以高技术手段解决由于高技术的发展带来的税收问题。要紧跟电子商务技术发展的步伐，研制开发跟踪、监控和自动征税系统。实施智能化征管，是我国未来税收征收管理模式的主要发展方向。

(4) 协调政策

电子商务税收问题的解决不可能独立进行，必须融入电子商务法律法规建设的大环境中去考虑。目前我国电子商务活动在电子商务合同、电子商务支付规则以及网上知识产权保护、安全和标准等方面亟需规范。

2. 我国电子商务税收的主要措施

(1) 修改完善现行税制，补充有关应对电于商务的条款

以现行税制为基础，对由于电子商务的出现而产生的税收问题有针对性地进行税法条款的修订、补充和完善，对网上交易暴露出来的征税对象、征税范围、税目、税率等方面的问题适时进行调整。对现行的增值税、营业税、消费税、所得税以及关税等税种增加电子商务税收方面的规定，明确网上销售商品与提供劳务所适用的税种和税率。同时研究确定电子商务的网址和服务器视同为常设机构所在地或经营活动所在地等问题。

(2) 研制开发智能征税软件，形成网上自动征税系统

组织技术力量集中攻关，通过技术手段克服征管难题。征税软件要强制加装在所有提供电子商务活动的网络服务商的服务器上，要求所有提供电子商务的网络服务商必须在网上贸易活动中运行该智能征税软件。做到所有客户在网上达成交易、签署电子交易合同前，必须点击"纳税"按钮才能实现交易。对于直接使用电子货币支付交易款项的，点击"纳税"

按钮后则自动计算税款并划入指定的账户。

(3) 加强与有关部门、组织或行业的协调配套运作

要加强与财政、金融、外贸、工商、海关、公安等部门或行业的协调配合,共同研究电子商务运行规则及应对电子商务税收问题的法律法规,并通过纵横交错的管理信息网络,实现电子商务信息共享。电子商务税收的国际协调也很必要。我们要积极参与国际性组织或有关国家牵头组织的电子商务税收问题的讨论,取得发言权,共同研究在电子商务条件下税收管辖权的行使范围,缓解新形势下税收管辖权的冲突,探讨国际电子商务税收情报交换等问题,共同防范国际避税与逃税。

(4) 加强国际间的税收协调与合作,避免税款流失

网络贸易的强隐匿性、高流动性极大地削弱了税务人员获取纳税人网上交易信息的能力,而这迫切需要各国税务机关之间的协调合作才能得以解决。本国的税务机关应经常同外国税务机关互通税务情报和相互协助监控,详细掌握纳税人的境内、境外信息,以避免国家税款流失。

(5) 税务部门要着力培养一批高级计算机管理人才

税务机关只有从技术上、能力上超越被管理对象的水平,才能有效地控制电子商务中的应税行为,打击偷税行为。

总之,中国 B2B 研究中心认为由于电子商务本身的特点,对电子商务进行税收存在着许多困难,要达到完全有效的税收征管可能要付出一定成本。认真分析电子商务的实质,跟踪电子商务发展动态,掌握关键技术并采取切实可行的措施,是摆在税务部门面前的紧迫任务。相信随着相关的法律法规的不断完善,电子商务条件下的税收问题会得到妥善解决。

微思考

电子商务法律体系的构建涉及哪些方面的新规范、新规则?

大讨论

电子邮件的内容是否合法有效?

1999 年 3 月 5 日上午被告景荣实业有限公司利用已经注册的电子邮箱(jrsy@jrsy.com.cn)给原告衡阳木制品加工厂(也注册了电子邮箱 hymz@online.sh.cn)发出要求购买其厂生产的办公家具的电子邮件一份,电子邮件中明确了如下内容:(1) 需要办公桌 8 张,椅子 16 张;(2) 要求在 3 月 12 日之前,将货送至景荣实业有限公司;(3) 总价格不高于 15000 元。电子邮件还对办公桌椅的尺寸、式样、颜色作了说明,并附了样图。

当天下午 3 时 35 分 18 秒,衡阳木制品加工厂也以电子邮件回复景荣实业有限公司,对景荣实业有限公司的全部要求认可。为对景荣实业有限公司负责起见,3 月 6 日衡阳木制品加工厂还专门派人到景荣实业有限公司进行了确认,但双方没有签署任何书面文件。

1999 年 3 月 11 日,衡阳木制品加工厂将上述桌椅送至景荣实业有限公司。由于景荣实

业有限公司已于10日以11000元的价格购买了另一家工厂生产的办公桌椅，就以双方没有签署书面合同为由拒收，双方协商不成，3月16日衡阳木制品加工厂起诉至法院。要求法院受理并给予妥善处理。

问题：

1. 本案的合同属于什么类型的合同？这种合同订立有哪些要素？
2. 本案中的合同是否合法有效，为什么？

小实训

一、实训内容

文档转换与数字签名编辑技巧。

二、实训目的

掌握电子文档防篡改的方法，掌握常用的数字签名操作方法。

三、实训要求

1. Word文档装换为PDF格式文档。
2. 图片数字签名的插入。
3. 下载安装OnSign数字签名软件，启用Word安全“宏”选项，编辑带数字签名Word文件。

任务总结

电子商务法是调整通过互联网等信息网络进行商品或服务交易活动的法律。其作用是用于规范电子商务行为，保护电子商务主体的合法权利，促进行业发展；我国已经出台多个与电子商务相关的重要法律法规，明确电子合同，数字签名等有效性；在电子商务实践中必须熟悉网络知识产权法律问题、消费者权益保护的法律问题以及电子商务税收法律问题。

参考文献

[1] 齐爱民. 电子商务法原论[M]. 武汉：武汉大学出版社，2010.
[2] 高富平. 中欧电子合同立法比较研究[M]. 北京：法律出版社，2009.
[3] 齐爱民. 电子商务法原理与实务[M]. 武汉：武汉大学出版社，2009.
[4] 高富平. 电子商务法学[M]. 北京：北京大学出版社，2008.
[5] 阿拉木斯. 中国电子商务法治时代来临[J]. 信息安全与通信保密，2015.
[6] 薛军. 电子商务法：立法路径解析[J]. 中国工商报，2016-12-17(3).
[7] 薛军. 加强电子商务立法，规范电子商务秩序[J]. 中国人大，2017.
[8] 王融. 关于我国电子商务法立法定位的思考与建议[J]. 现代电信科技，2015.
[9] 齐爱民，崔聪聪. 论电子商务法的地位与学科体系[J]. 学术论坛，2006(2).
[10] 高富平. 从电子商务法到网络商务法：关于我国电子商务立法定位的思考[J]. 法学，2014(10).
[11] 龙飞. 中国在线纠纷解决机制的发展趋势[OL]. 新浪司法频道. http://finance.sina.com.cn/sf/news/2016-06-28/144335120.html.
[12] 颜菊阳. 第三方电商平台网规有望纳入电子商务法[N]. 中国商报，2015-8-28(7).
[13] 王硕. 电子商务法首审助推电商回归本质[N]. 中国商报，2016-12-23(6).

第9章　客户关系管理与数据挖掘

学习目标

知识目标：掌握客户关系管理、数据挖掘的基本概念及作用。

能力目标：会进行客户关系管理，会对店铺后台数据进行分析。

本章内容结构：
- 9.1　客户关系管理
- 9.2　数据挖掘

案例导入

英国最大的零售商Tesco的客户关系管理之道

Tesco是英国最大、全球第三大零售商。截至2013年2月初，其在中国48个城市拥有115家乐购大卖场、1家乐购天地超级大卖场、8家乐都汇购物中心以及14家试验阶段的便捷店，零售面积超过800000m^2，拥有26000多名员工，每周为440多万名顾客提供服务。它现有“超值(Value乐购)”和“标准(Tesco乐购)”两个系列的自有品牌产品。Tesco从2013年7月开始正式宣布正式进军中国的电商领域，推出包括蔬果生鲜在内的上万种食品以及日常生活用品等。

Tesco在利用信息技术进行数据挖掘、增强客户忠诚度等方面走在前列。它通过磁条扫描技术与电子会员卡结合的方式来分析每一个持卡会员的购买偏好和消费模式，并根据这些分析结果来为不同的细分群体设计个性化的服务。

Tesco的值得借鉴的做法是品牌联合计划，即同几个强势品牌联合推出一个客户忠诚度计划，Tesco的会员制活动针对不同群体提供多样的奖励，比如针对家庭妇女的“My Time”(我的时间我做主)活动：家庭女性可以在日常购物中积累点数，并用其换取当地高级美容、美发沙龙、名师设计服装等服务中免费体验或大幅折扣。

Tesco的会员制不是一个单纯的集点数换奖品的忠诚度计划，它是一个结合信息科技，创建和分析消费者数据库，并据此来指导和获得更精确的消费者细分、更准确的消费者洞察和更有针对性的营销策略的客户关系管理系统。

Tesco根据消费者的购买偏好主要划分了6个细分群体；根据生活阶段主要分出了8个细分群体；根据使用和购买速度主要划分了11个细分群体；而根据购买习惯和行为模式来

细分的目标群体更是达到 5000 组之多。这为 Tesco 带来的好处如下：

更有针对性的价格策略：有些价格优惠只提供给了价格敏感度高的组群；

更有选择性的采购计划：进货构成是根据数据库中所反映出来的消费构成而制定的；

更个性化的促销活动：针对不同的细分群体，Tesco 提供不同的奖励和刺激消费计划，Tesco 优惠券的实际使用率达到 20%，远高于行业平均的 0.5%；

更贴心的客户服务：详细的客户信息使得 Tesco 可以为重点客户提供特殊服务，如：为孕妇配置个人购物助手等；

更可测的营销效果：针对不同细分群体的营销活动可以从他们购买模式的变化看出活动的效果；

更有信服力的市场调查：基础数据库的样本采集更加精确。

以上所列带来的结果，自然就是消费者满意度和忠诚度的提高。

提出任务

随着信息技术的提高，电子商务行业迎来了越来越广阔的发展空间。在电商企业发展壮大的过程中，客户关系管理是企业管理工作中的必经之路。客户关系管理主要是帮助企业改善与客户之间的关系，让企业更了解客户，从而提供更符合客户需求的产品和服务，赢得客户口碑，最终使企业获得盈利。那什么是客户关系管理？如何通过数据挖掘进行有效的客户关系管理呢？

解决问题

9.1　客户关系管理

9.1.1　客户关系管理的概念

客户关系管理（Customer Relationship Management，简称 CRM）是一套完整的、崭新的管理理念和思想，同时也是一套能够实施的具体操作方案。客户关系管理的思想最早诞生于 20 世纪 80 年代，已经有将近 30 年的发展历程，随着客户关系管理的不断发展，已经形成了一套较完整的管理理论体系。

1. CRM 的产生

客户关系管理思想来源于企业的经营管理活动及企业的市场营销活动，从本质上来说，其来源于企业对利润最大化的不断追求及对企业竞争力的提高的不断追求，是企业发展的需要。有研究表明：发现和争取一个新客户的成本是保持一个老客户的成本的 5 倍；企业

80%的利润来自于企业20%的客户；把客户的满意度提高5%，可使企业的利润翻倍；一个非常满意的客户的购买意愿比一个满意客户高出6倍。因此，在以产品为中心的商业模式向以客户为中心的商业模式转变的情况下，众多的企业开始将客户视为其重要的资产，不断地采取多种方式对企业的客户实施关怀，以提高客户对本企业的满意度和忠诚度。我们看到，现在越来越多的企业提出了这样的理念：想客户所想，客户就是上帝，客户的利益至高无上，客户永远是对的等。

从管理科学的角度来考察，客户关系管理源于市场营销理论；从解决方案的角度考察，客户关系管理是将市场营销的科学管理理念通过信息技术的手段集成在软件上面，从而在全球大规模地普及和应用。

最早发展客户关系管理的国家是美国，在1980年初美国便有所谓的"接触管理"(Contact Management)专门收集客户与公司联系的所有信息；到1990则演变成支持资料分析的客户关怀(Customer Care)。客户关系管理是伴随着互联网和电子商务的大潮进入中国的。

2. CRM的定义

虽然客户关系管理已形成了较完整的管理理论体系，但由于其涉及企业经营理念、现代信息技术和企业流程等因素，不同的机构、专家站在不同的角度对CRM的定义并不一致，因此目前CRM尚没有一个统一、完整的定义。

在1999年率先提出CRM概念的世界著名IT系统项目论证与决策机构Gartner Group认为：客户关系管理是企业的一项商业战略，它根据客户的分割情况来组织企业的资源，加强以客户为中心的经营行为，并实现以客户为中心的业务流程，通过这些手段来提高企业的利润、收入以及客户的满意度和忠诚度。

德勤咨询有限公司认为：客户关系管理是用来提高客户与公司之间的关系价值的一个过程。客户关系管理的成果意味着客户对企业更有价值，企业对客户也更有价值。

美国著名技术战略咨询公司Hurwitz Group认为：CRM的焦点是自动化，同时也是改善与销售、市场营销、客户服务和支持等领域的客户关系有关的商业流程；CRM既是一套原则制度，也是一套软件和技术。它的目标是缩减销售周期和销售成本、增加收入、寻找扩展业务所需的新市场和渠道以及提高客户的价值、满意度和忠实度。

可以看出，CRM是通过管理客户信息资源、提供客户满意的产品和服务，是与客户建立起长期、稳定、相互信任、互惠互利的密切关系的动态过程和经营策略。

3. CRM的内涵

首先，CRM是一种管理理念，其核心思想是将企业的客户(包括最终客户、分销商和合作伙伴)作为最重要的企业资源，通过完善的客户服务和深入的客户分析来满足客户的需求，保证实现客户的终生价值。

其次，CRM是一种旨在改善企业与客户之间关系的新型管理机制。它实施于企业的市场营销、销售、服务与技术支持等与客户相关的领域，通过向销售市场和客户服务的专业人员提供全面、个性化的客户资料，以及强化跟踪服务、信息分析的能力，使他们能够协同建立和维护一系列与客户、生意伙伴之间卓有成效的"一对一关系"，从而使企业能够提供更快捷和周到的优质服务，提高客户满意度，吸引和保持更多的客户，增加营业额。

再次，客户关系管理也是一种管理技术。它将最佳的商业实践与数据仓库、数据挖掘、一对一营销、销售自动化以及其他信息技术紧密结合在一起，为企业的销售、客户服务和决策支持等领域提供一个业务自动化的解决方案，使企业有一个基于电子商务的面对客户的前沿，从而顺利实现由传统企业模式到以电子商务为基础的现代企业模式的转化。

最后，我们不能简单地把客户关系管理等同于单纯的信息技术或管理技术，它更是一种企业商务战略。其目的是使企业根据客户划分进行重组，强化使客户满意的行为，并连接客户与供应商的过程，从而优化企业的可营利性，提高利润并提高客户的满意程度和忠诚度。

9.1.2　电子商务与客户关系管理

1. 电子商务与 CRM 的关系

电子商务平台是企业与客户（包括最终用户、分销商、供销商和合作伙伴）通过互联网或 EDI 进行商业交易的平台。电子商务与 CRM 的关系主要可以从如下两方面分析：

一方面，客户作为企业最重要的资源，无论是传统商业模式还是电子商务模式的企业，都面临着如何发展新客户、保持老客户、提高客户满意度、增加客户价值等问题。在企业、品牌、产品的生命周期越来越短、目标消费群体越来越小、产品及品牌的感觉价值降低等原因迅速导致价格低落的今天，良好的客户关系是提高企业核心竞争力的关键因素。CRM 作为一种旨在改善企业和客户之间关系的新型管理理念，必将成为企业经营管理的核心理念。所以，无论将电子商务理解成一种平台还是一种商业模式，只要企业在实施电子商务的过程中以 CRM 为指导理念，都能够保证企业在电子商务模式下充分发挥电子商务的优势，满足客户个性化的需求，提高客户忠诚度和满意度，使客户价值最大化。

另一方面，CRM 软件作为一个旨在通过先进的信息技术实现统一客户资源管理，帮助企业建立良好客户关系的先进管理软件，是电子商务系统中 CRM 薄弱环节的有效补充。通过 CRM 软件与电子商务系统的有机整合，能够促进 CRM 系统和电子商务系统充分发挥各自优势，帮助企业建立良好的客户关系。

鉴于以上两点，对于正在实施和将要实施电子商务的企业，以 CRM 理念指导企业电子商务的实施，将 CRM 软件与电子商务系统整合，是电子商务企业实施 CRM 战略的基本条件，也是企业成功实施电子商务和长期生存下去的重要保证。

2. 电子商务对 CRM 产生的影响

在电子商务时代，经济活动从过去的以企业为中心转变为以客户为中心，客户的需求结构变得日益复杂，企业产品的质量已不再是决定企业能否在市场竞争中生存下去的唯一因素。因此，企业应该构建电子商务平台，在生产时应该时刻以客户为中心，抓住客户满意度和企业价值这两个重要因素，与此同时，企业要注意管理内部资源和外部资源，打造更好的品牌，提供更优质的服务，从而拥有更多的客户资源。在企业的战略管理中，企业都希望能有自己的核心竞争力，CRM 就是其中一个要素。

（1）电子商务为 CRM 提供技术支持

网络技术和信息技术的发展使电子商务的功能更加强大，在电子商务技术支持下，

CRM可以在网络中实现同步操作，利用大型数据库来管理客户的一些信息。企业的营销、销售和技术等部门和模块之间可以共享数据，可以利用数据挖掘和数据库技术对海量的客户数据和商业数据进行智能化分析。企业和客户之间的交互基于分布式系统，安全性有了提高，部分实现了营销和销售的自动化，企业能真正面向客户提供产品和服务。客户信息的搜集转变为数据挖掘和智能分析，CRM各个流程结合得更加紧密，而且可以和MIS或ERP系统集成，按照客户需求及时提供个性化产品或服务。

(2) 电子商务环境可以帮助提高客户价值和客户满意度

当今，许多企业都在自己的电子商务网站中增加了一系列的功能和服务，如：建立客户资源管理系统，以方便客户使用，其目的是为了获得尽量多的客户资源，并让客户愿意购买产品或服务。这些功能主要有：在线提供产品质量保证书、换退货证明等，让客户放心购买；提供一些电子目录和电子文档，通过搜索引擎来协助客户进行有关产品的搜索，使客户能在短时间内确定是否购买产品，通过在线交易系统、在线支付系统等避免了客户在现实生活中进行交易时的排队等待问题，通过在线商品中介功能，为客户提供有关产品中介、协商、沟通、比价、议价等服务，使客户不必花很多时间和精力进行产品的选择，优化客户的选择。由此可见，电子商务环境可以实现自助式服务，从而提高客户的满意度和忠诚度，降低客户付出的成本，使企业能够吸引更多的客户。

在企业实施电子商务的过程中，企业可以很容易做到为客户主动服务，改变原先的被动服务的状态。企业还可以提供很好的售前、售中和售后服务。售前服务：指企业可以利用网络进行宣传；售中服务：主要是帮助企业完成与客户之间的咨询洽谈、网上订购、网上支付等商务过程，甚至直接提供产品或服务试用的机会；售后服务：可使企业花很少的人力和费用就可以很快解决客户的问题，并帮助客户解决难题、提供升级服务、接收客户反馈信息等。在电子商务平台中，企业可以提供及时的、多样化的客户关怀服务。企业将客户浏览网页的记录提供给服务人员，服务人员可以通过不同的方式来服务客户，如：电话交流、视频聊天等方式，使企业可以与客户进行交流和互动。因此，电子商务环境可以大大提高客户满意度和忠诚度，使企业拥有更多忠实的客户。

9.1.3 客户关系管理的实施

1. CRM系统

实施客户关系管理的工具是CRM软件，其实质是一个应用系统。

按软件的功能特点主要可将CRM软件分为3种类型：操作型(Operational CRM)、分析型(Analytical CRM)和协作型(Collaborative CRM)。操作型CRM主要关注业务流程、信息记录，提供便捷的操作和人性化的界面；而分析型CRM往往基于大量的企业日常数据，对数据进行挖掘分析，找出客户、产品、服务的特征，从而修正企业的产品策略、市场策略；协作型CRM的特点是有客户的参与协作。早期的CRM软件基本上是操作型的CRM系统。

(1) 操作型CRM系统

操作型CRM系统，也叫运营型或营运型CRM系统，它的主要作用是为企业的客户提供一个统一、方便的客户交流平台，只要客户与公司发生联系，企业就可以利用这个平台实现信息的内部共享，其中包括客户信息、客户的联系记录、客户与企业的联系情况等。操作型 CRM 为客户提供各种联系方式，包括网络连接、呼叫中心等，使用户能够方便、快捷、安全地获取企业的信息，选择客户喜爱的购买方式和付款方式，反馈消费意见和建议以及联系技术支持和服务等。有些操作型 CRM 系统甚至可以做到跟踪营销过程中与客户的各种联系，例如，可以进行活动安排的定时提醒、在客户生日时予以祝贺等，以增加客户对企业的好感。

总而言之，操作型 CRM 系统的主要目的就是加强企业与客户之间的联系和交流，通过企业各部门的协调与运作，将来自市场营销、客户服务、销售、技术支持等部门的信息加以汇总、加工，形成企业的客户信息中心。企业各部门通过共享客户资源，保持信息畅通，把企业变成一个单一的“虚拟个人”出现在客户印象中，从而大大减少客户与企业在接触过程中产生的种种麻烦和不便。

(2) 分析型 CRM 系统

分析型 CRM 系统与操作型 CRM 系统不同：分析型 CRM 系统的用户不需要直接与客户打交道，而是利用操作型 CRM 产生的大量客户信息和交易信息建立数据库，从大量数据中挖掘出有价值的信息。例如：客户消费习惯、客户的价值分析、客户的分布分析、销售情况的分析等，同时还可以对将来的趋势做出合理的预测。可以说，分析型 CRM 系统是一种重要的企业决策分析和支持工具。在证券业、银行业、保险业以及电信业等行业，分析型 CRM 系统具有重要的应用价值。分析型 CRM 系统的应用过程如图 9.1 所示。

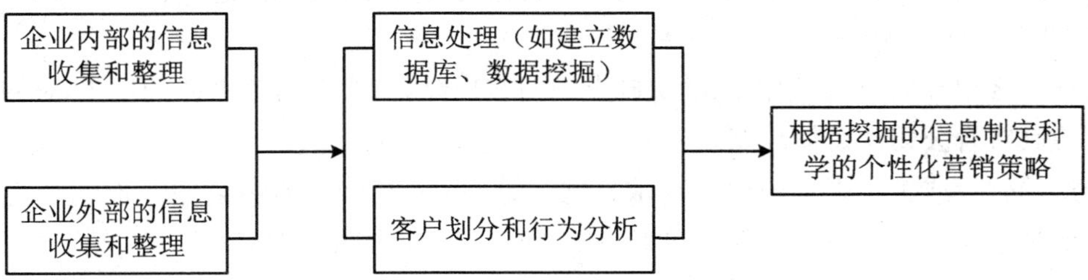

图 9.1　分析型 CRM 系统应用过程

分析型 CRM 系统在开始运作的时候，主要需要收集两种类型的信息：一种是企业与客户的各种资料信息和交易信息；另一种是企业的外部环境信息。通过收集这两种重要的信息，并对这两种信息进行整理和融合，可以建立企业的数据库，为 CRM 的运作打下良好的基础。

分析型 CRM 系统的重点在于对大量的客户信息进行分析，这样企业就可以对客户类型、客户的购买习惯、客户的个性化需求有一个较深入的了解，从而可以更好地为客户服务。理想的分析型 CRM 系统，需要在操作型 CRM 系统的密切配合下完成数据的分析和挖掘，也就是说，企业先通过操作型 CRM 提供多渠道的接触手段，通过分析型 CRM 进行深入的数据分析来了解客户，然后和客户进行针对性的沟通，从而能够更好地为客户提供服务，建立并巩固与客户的良好合作关系。

分析型 CRM 系统可以对如下几个问题上给出比较科学的回答。如：最有价值和最优秀的客户是哪些？通过哪些活动或手段可以获得好的营销效果？哪些客户易于流失？采取哪些手段可以减少客户的流失？因此，通过分析型 CRM 系统，企业不仅可以更好地分析和了解客户资料及客户的特点，而且可以在此基础上选择恰当的沟通方式、个性化和标准化的产品和服务，以合适的方式、在合适的时间和地点，通过合适的渠道提供给客户，从而提高用户的满意度和忠诚度，提高企业利润，增强企业的竞争力。

(3) 协作型 CRM 系统

协作型 CRM 就是让企业的客户服务人员与客户一起共同完成某项活动，而在操作型 CRM 和分析型 CRM 系统中，所有活动都只需企业员工参与，而不需要客户参与。例如：企业的客户服务中心的员工指导客户维修设备，这种就是协作型 CRM 系统下的工作。

协作型 CRM 的应用目前主要有呼叫中心、传真、客户多渠道联络中心、帮助台、自动服务帮助导航以及向员工解释特定网页的内容等。在协作型 CRM 中，企业与客户进行交互，可以通过多种渠道实现。借助多媒体以及交互式语音响应和计算机集成电话等技术，客户可以在任何时间、任何地点非常方便快捷地了解企业的产品和服务，同时企业也可以收集已有客户和潜在客户的信息。具有多媒体多渠道整合能力的客户接触中心是未来协作型 CRM 的主要发展方向。

2. CRM 的实施流程

CRM 的实施顺序决定了其能否成功。如果从技术领域开始，也就是先购买或安装软件，在此基础上设计流程，然后招募员工去执行，接着制定策略，到最后发现根本不了解客户，也从未想到客户策略。这是最典型也是最普遍的实施流程，这样的流程最终导致了超过 70%的 CRM 项目失败。

从理解客户开始，在客户需求的基础上阐明客户策略，然后招募需要的员工，通过培训、激励以使其符合公司的总体战略，再按照以客户为中心的方法设计合理、实用的流程，最后选择合适的软件或工具来实现以上需求。这才是 CRM 正确的实施之路。也就是说，CRM 的实施要把企业自身的战略流程放在第一位，而不仅仅是依靠软件。

CRM 实施流程的具体步骤如下：

(1) 业务规划

在规划阶段，最关键的活动是定义 CRM 的整体目标，并描绘出每一种目标需求。对于企业级的 CRM，业务规划包括对公司 CRM 战略和相应项目的定义。对于部门级的 CRM，业务规划只是简单地建立一个新的 CRM 应用软件界面。

(2) 结构和设计

规划 CRM 的结构和设计是一个满足 CRM 项目需求的过程，在实施这个过程中，企业主管和项目经理往往感到难度很大，因为这打破了他们期望直接通过技术就可以获得奇迹的梦想。尽管结构和设计这一步很艰难，但很值得，因为这一步确认了 CRM 产品支持的企业流程。它列举了特定的"需要执行"和"怎样执行"的功能，最终提供一个有关 CRM 在组织和不同技术上发挥作用的崭新思路。

(3) 技术选择

如果在构建和实施设计期间已经做出了决策，理解了 CRM 对现有系统和其对新功能需求的影响，就应当在良好状态下，根据现有的 IT 环境来对各种备选的 CRM 进行优先级排序。

(4) 开发

开发者根据特定的产品特征,构建和定制 CRM 产品。但是,CRM 开发并不只是由程序员来编写代码,它还包括用所选择的 CRM 产品来集成业务。

(5) 交付

交付是将企业所需求的 CRM 软件系统交付给企业最终用户的过程。CRM 交付首先必须要做的事是对用户进行深入的培训;还要使用用户向导、工作助手或其他文档来帮助用户最大程度地利用 CRM 的功能。

(6) 评价

评价是开发周期的最后一步,评价的方法是:评估 CRM 解决现有企业问题的程度;或和规划之初的成功标准进行比较,以此来确定 CRM 的成功度并不断补充和完善。

3. CRM 实施的策略

(1) 获得高层领导的支持

CRM 实施是一个整体的规划,常会涉及跨部门的业务,为了整个公司的改进,高层领导的支持是十分必要的。

(2) 专注于流程

在项目实施过程中,项目小组不应只专注于技术,还应花时间研究现有的营销、销售和服务策略,并找出存在的问题和改进方法。

(3) 技术的灵活运用

虽然很多企业的 CRM 实施是从单个部门开始的,但选择技术时要重视其灵活性和可扩展性,以满足未来扩展的需要。

(4) 组织良好的团队

CRM 实施队伍应该有较强的沟通、协调等能力。

(5) 重视人为的因素

业务流程重组中人的因素对项目的成功很重要,如果最终用户不积极,最新、最有力的技术支持下的最合理的业务流程也会产生不理想的效果。

(6) 分布实施

一般项目规划都有 3～5 年的远景规划,成功的 CRM 项目通常会把这个远景划分成几个可操作的阶段。

(7) 系统整合

系统各部分的集成很重要。CRM 的效率和有效性提高一般有:终端用户有效性提高、团队有效性提高、企业有效性提高、企业间有效性提高等。

微思考

对于企业来说,客户关系管理仅仅是一套软件系统,这种观点正确吗?

9.2 数据挖掘

9.2.1 数据挖掘技术

1. 数据挖掘的概念

随着信息技术的高速发展，人们积累的数据量急剧增长，如何从海量的数据中提取出有用的知识成为当务之急。集统计学、数据库、机器学习等技术于一体的数据挖掘就是顺应这种需要而发展起来的一种数据处理技术。

数据挖掘(Data Mining，简称DM)，又称知识发现(Knowledge Discovery in Database，简称KDD)，是一个从大量的、不完全的、有噪声的、模糊的、随机的实际应用数据中抽取有意义的、隐含的、以前未知的，并有潜在使用价值的知识的过程。

数据挖掘是一个交叉性的学科，它涉及统计学、机器学习、数据库、模式识别、可视化以及高性能计算等多个学科，其目标是在大量的数据中发现令人感兴趣的信息。数据挖掘不同于传统的数据分析：传统的数据分析是在人们提出某种假设的前提下对数据进行分析(一般只是表层的数据分析)，得出的结果往往可以预知；数据挖掘则是在没有明确假设的前提下挖掘信息，发现的知识通常是未知的、很难预料的，但对人们是非常有用的，数据挖掘是对数据进行深层的挖掘。

2. 数据挖掘的对象

根据数据形式可将被挖掘的原始数据主要分为：结构化数据、异构化数据、半结构化数据及非结构化的数据(包括多媒体数据)等。被挖掘的数据库主要有如下几种：

(1) 关系数据库

关系数据库是以二维表的形式来存储数据的，人们可以对元组进行选择、投影、链接等一系列操作，为数据挖掘提供了很好的数据形式。在对这种数据库进行挖掘时，可以通过关联分析等技术，发现数据库中潜在的信息。由于关系数据库良好的操作性，它已成为数据挖掘应用最多的数据库之一。

(2) 数据仓库

数据仓库是数据库技术发展的产物，它是面向主题的、集成的、内容相对稳定的、随时间变化的数据集合。数据仓库可以将多个数据库集成在一起。它与传统数据库的区别在于：数据仓库是面向主题的，其中的数据是将多个数据源的数据进行处理(如：清理、去冗等)集成而来的；数据仓库具有只读性，只支持查询、检索、提取，而不能对数据进行修改或删除；数据仓库中的数据不具有实时性，但是会被定期更新。数据仓库所能提供的最有力的数据挖掘工具是多维分析方法(Multidimensional Data Analysis)，也称为联机分析处理(Online Analytical Processing)。数据仓库中的数据是经过清洗、集成、选择、转换等处理的，非常符合数据挖掘的条件，因此它能为数据挖掘提供最佳的挖掘环境。

(3) 文本数据库

这一类数据库存储的内容主要是文字，信息含量大。另外，此类数据多为非结构化或者是半结构化的E-mail邮件、Web 网页等，对这类数据进行挖掘比较复杂，目前对此类数据库的挖掘也是数据挖掘领域研究的热点之一。针对此类数据库的数据挖掘主要有文本的主题特征提取、文本分类、文本聚类和文本摘要等。

(4) 复杂类型数据库

这类数据库主要指非单纯文本的数据库或能够表示动态的序列数据的数据库，主要有空间数据库、时序数据库以及多媒体数据库等。

在电子商务中可进行数据挖掘的数据源有服务器数据和客户登记信息。客户访问服务器就会在服务器上产生相应的服务器数据，这些数据可以分为日志文件和查询数据。客户登记信息是指客户通过 Web 网页输入的信息，其在电子商务活动中起着非常重要的作用，特别是在安全方面以及在对客户可访问信息的限制方面。客户登记信息和访问日志集成，以提高数据挖掘的准确度，从而更进一步地了解客户。

3. 数据挖掘方法

对于不同的业务问题，人们期望挖掘出不同的模式。根据挖掘的数据模式的不同，可以将数据挖掘的分析方法划分为如下 6 种：

(1) 关联分析(Association Analysis)

关联分析，即利用关联规则进行数据挖掘，分析的是一种事物发生与其他事物发生的联系。若不同变量的取值之间存在某种规律性，这种规律性就称为关联。关联主要可分为简单关联、时序关联和因果关联。在 Web 数据挖掘中，关联规则挖掘就是要挖掘出学习者在一个访问期间从服务器访问的页面、文件之间的联系。在网络日志数据的预处理过程中，学习者访问的页面路径构成了学习者会话事务集，可以通过关联规则从中挖掘得到大量的学习者访问请求的 URL 之间的联系，并将挖掘出的规则按照不同的支持度和置信度进行取舍，从而得到一些有用的规则。关联分析的目的是挖掘隐藏在数据间的相互关系，其生成的规则带有可信度，例如：90%的顾客在一次购买活动中购买牛奶的同时购买了面包等。

(2) 时间序列模式分析 (time-series pattern)

在网站服务器日志里，学习者的访问记录是以一段时间为单位记载的。经过数据净化和事件交易确认以后是一个间断的时间序列，这些序列反映了学习者的一定行为。在网络日志文件中，学习者对于每个 URL 浏览所耗用的时间从侧面描绘出学习者对页面上承载的知识点的理解程度和思考程度，引用时间长证明此页面承载的知识点比较难于理解，通过分析可以得出学习者对特定知识点的掌握程度。由于网路线路的原因，学习者在提出 URL 请求后，可能需要很长时间才将相应的网页打开，所以这种由日志中记录的浏览时间所分析出来的各种结果并不一定真实反映学习者的学习过程。利用序列模式挖掘方式可预测出学习者后续要访问的页面集，可将此页面集中的 URL 预先下载到本地计算机的缓存中去，从而降低了页面的打开时间，也就使得浏览时间的准确性和有效性得到了很大的提高。这种 Web 页面的预取技术就是利用序列模式挖掘方法来实现的。

(3) 分类(classification)

按照分析对象的属性和特征建立不同的类别来描述事物。在使用上,既可以用此模型分析已有的数据,也可以用它来预测未来的数据。例如:用分类来预测哪些客户会对直接邮件推销做出回应,哪些客户可能会更换他的 CPU 等。

(4) 聚类(clustering)

聚类是把整个数据库中的记录分成不同的组。它的目的是使组与组之间的差别很明显,而同一个组之间的数据尽量相似。与分类不同,在开始聚类之前并不知道要把数据分成几组,也不知道依照什么变量分,因此,在聚类之后要由一个熟悉业务的人来解释这样分组的意义。很多情况下一次聚类所得到的分组对于特定的业务来说可能并不理想,这时需要删除或增加变量以改变分组的方式,经过几次反复之后才能最终得到一个理想的结果。聚类增强了人们对客观现实的认识,它是概念描述和偏差分析的先决条件。例如:零售商将顾客分为高收入人群、中等收入人群和低收入人群,以便针对不同层次的人群采取不同的营销策略等。

(5) 预测 (prediction)

数据挖掘能自动在大型数据库中寻找预测性信息,以往需要进行大量人工分析的问题,如今可以迅速直接由数据本身得出结论。例如:市场预测问题,数据挖掘可使用过去有关促销的数据来寻找未来投资中回报最大的用户,其他可预测的问题包括预测破产以及认定对指定事最可能做出反应的群体等。

(6) 偏差的检测 (deviation)

数据库中的数据经常会有一些异常记录,从数据库中检测出这些偏差很有意义。偏差包括很多潜在的信息,如:分类中的反常实例、不满足规则的特例、观测结果与模型预测值的偏差、量值随时间的变化等。偏差检测的基本方法是寻找观测结果与参照值之间有意义的差别,例如:在银行的每一百万笔交易中有 500 例的欺诈行为,银行为了稳健经营,就要发现这 500 例的内在因素,减少以后的经营风险等。

4. 数据挖掘的常用技术

数据挖掘的常用技术主要有以下 7 种:

(1) 关联规则挖掘

关联规则挖掘是由 Rakesh Apwal 等人首先提出的。关联反映了一个事件和其他事件之间存在依赖或关联。如果两项或多项属性之间存在关联,那么其中一项的属性值就可以依据其他项的属性值进行预测。关联规则是描述数据之间存在关系的规则,形式为:$A_1 \wedge A_2 \wedge \cdots \wedge A_n \rightarrow B_1 \wedge B_2 \wedge \cdots \wedge B_n$。它一般分为:① 求出大数据项集;② 用大数据项集产生关联规则这两个步骤。

(2) 决策树

决策树是一种常用于预测模型的算法,它通过对大量数据进行分类,从中找到一些有价值的、潜在的信息。其主要优点是:描述简单、分类速度快,特别适合大规模的数据处理。最有影响和最早的决策树方法是由 Quinlan 提出的著名的基于信息熵的 ID3 算法,后来又出现了许多改进算法,如:Schlimmer 和 Fisher 设计的 ID4 递增式学习算法,钟鸣、陈文伟等提出的 IBLE 算法等。

(3) 神经元网络技术

神经元网络技术模拟人的神经元功能，经过输入层、隐藏层、输出层等对数据进行调整、计算，最后得到结果，用于分类和回归。神经元网络技术是软计算领域内的一种重要方法，它是多年来科研人员进行人脑神经学习机能模拟的成果，已成功应用于各工业部门。

(4) 可视化技术

可视化技术是用图表等方式把数据特征直观地表达出来，如：直方图，其中运用了多种描述统计的方法。遗憾的是，目前对高维数据的可视化仍有很多不足之处。

(5) 遗传算法

遗传算法是一种基于生物自然选择与遗传机理的随机搜索算法，是一种仿生全局优化方法。遗传算法具有的隐含并行性、易于和其他模型结合等性质。

(6) *K* 近邻算法

K 近邻算法(KNN)是将数据集合中的记录进行分类的方法，依据"Do as your neighbors do"原则，相邻的数据必然有相近的属性或行为规律，通过发现那些接近新情况的旧情况，并假设新情况与那些旧情况(已知案例)的大多数一致，即通过 K 个与之最相近的历史记录的组合来辨别新的记录。*K* 近邻算法可以用于聚类、偏差分析等。

(7) 支持向量机

支持向量机(SVM)是 Vapnik 等人根据统计学习理论提出的一种新的机器学习方法，是一项有代表性的数据挖掘技术。

9.2.2　数据挖掘在 CRM 中的应用

数据挖掘技术综合了多种先进算法，有利于在海量数据中发现新知识，是一种具有"智能"的数据处理技术。数据挖掘的应用目前主要集中在电信业、银行业、保险业和超市零售等行业。这些行业有一个共同的特点：就是客户数据相对比较完整和准确，而且比较容易收集到。完整的数据仓库是有效数据挖掘的前提。电信、银行和保险业要求客户必须提供完整的个人信息才可以享受服务，而超市零售行业也可以通过会员制或抽奖等活动来促使客户提供个人的相关信息。在电商客户关系管理中，数据挖掘主要可以应用到如下 10 个方面：

1. 客户群体分类分析

近年来，电子商务环境下的一对一营销越来越受到企业的青睐，这意味着企业要了解每一个客户，并同其建立起持久的关系。利用数据挖掘技术可对大量的客户进行分类，从而提供有针对性的产品和服务。企业通过对电子商务系统收集的交易数据进行分析，可以按各种客户指标(如：自然属性、收入贡献交易额、价值度等)将客户分类，然后确定不同类型客户的行为模式以便采取相应的营销措施促进企业利润的最大化。

2. 客户获得

通过数据挖掘可以发现购买某种商品的消费者的性别、学历、收入、爱好、职业等，甚至可以发现不同的人在购买该种商品的相关商品后多长时间有可能购买该种商品，以及什么样的人会购买什么型号的该种商品等。在采用了数据挖掘后，针对目标客户发送的广告的有效性和回应率将得到大幅度的提高，推销的成本将大大降低。企业的增长、发展壮大需要不断维持老客户和获得新客户，而数据挖掘可以帮助企业识别出潜在的客户群，提高营销活动的响应率，使其做到心中有数、有的放矢。

3. 客户保持

数据挖掘可以将企业的大量客户分成不同的类，在每个类里的客户拥有相似的属性，而不同类里的客户的属性不同。从而使企业做到给不同类的客户提供完全不同的服务来提高客户的满意度。数据挖掘还可以发现具有哪些特征的客户有可能流失，这样挽留客户的措施将具有针对性，挽留客户的费用也将下降。

4. 客户的驻留

传统客户与销售商之间的空间距离在电子商务中已经不存在了，在网络上，每一个销售商对于客户来说都是一样的，那么如何使客户在自己的销售站点上驻留更长的时间，对销售商来说是一个挑战。为了使客户在自己的网站上驻留更长的时间，销售商就应该了解客户的浏览行为，知道客户的兴趣及需求，从而动态地调整 Web 页面，以满足客户的需要。通过对客户访问信息的挖掘，销售商就能知道客户的浏览行为，从而了解客户的兴趣及需求。

5. 交叉销售

现代企业和客户之间的关系是经常变动的，对于已有的客户，企业要竭力维持这种关系，需要对其进行交叉销售，为其提供新的产品或服务。交叉销售本质上是对客户感兴趣的、可能购买的商品进行的一种组合销售策略。交叉销售策略取得成功的关键是要保证进行交叉的商品确是用户感兴趣的，这种策略的实施能够帮助企业维持与客户之间良好持久的关系。交叉销售主要应用数据挖掘寻找商品销售的最合理匹配。

6. 建立个性化服务系统

在竞争日益激烈的今天，如何留住老客户并吸引更多的新客户已成为网络营销的首要任务。这就要求企业营销站点能快速、准确地找到客户所需信息，能为不同客户提供不同的服务，允许客户根据自己的需要定制页面，能为客户提供产品营销策略信息等。客户在访问企业的站点时，其浏览信息被 Web 服务器自动收集，并保存在 Web 日志文件中。使用挖掘技术对这些日志文件进行有效的分析，不但可以充分了解客户的喜好、购买模式，设计出满足不同客户需要的个性化网站，还可以为企业制定有效的营销策略等提供依据。

7. 客户价值分析和预测

对于一个企业来讲，如果不知道客户的价值，就很难做出合适的市场策略。很显然，对于企业来讲，不同客户的价值是不同的。数据挖掘技术可以用来分析和预测不同市场活动情况下客户价值的变化，帮助企业制定合适的市场策略。

8. 客户背景分析

了解客户背景资料，有助于企业对客户进行分析，从而帮助企业更好地制定客户策略。数据挖掘可以从大量表面无关的客户信息中发现许多对商家有用的信息。

9. 客户满意度分析

分析客户对企业产品和服务的满意度,可以帮助企业改进客户营销策略,从而增加客户的满意度。数据挖掘可从零散的客户反馈信息中,分析出客户的忠诚度。

10. 客户信用分析

分析客户信用,对商家有着重要意义,如:对不同信用级别的客户,采取不同的赊销方案等。数据挖掘可从大量历史数据中分析出具体客户的信用等级。

9.2.3 数据挖掘的运作

在具体的应用问题中,数据挖掘大体可按如下过程实施:

1. 明确问题的类型

首先应该明确需要解决的问题属于哪种应用类型,是属于关联分析、时序模式、分类、聚类、偏差分析以及预测,还是属于综合应用。例如:要做信用卡客户的流失分析,就应该首先明确其主要任务是分类。明确此问题之后,就可以知道所要解决的问题能否通过数据挖掘找到满意答案。

2. 选择合适的数据挖掘技术和工具

在明确了所要解决的问题属于哪一类应用问题后,就可以选择出合适的数据挖掘技术。例如上面的问题,明确了其主要任务是分类,那么可以采用的技术有遗传算法、决策树和神经元网络技术等。挖掘技术和工具的选择,对于未来系统的性能和可靠性有重大影响,应该认真分析商业目的,慎重选择。

3. 准备数据

数据挖掘是建立在数据仓库基础之上的,其能否成功在很大程度上取决于数据的数量和质量。我们应从大量的企业客户数据中找到与分析问题有关的样本数据子集。这样可以减少处理的数据量,但必须保证其样本子集具有典型代表性。然后,对样本数据子集进行数据预处理、分析,尽可能地将问题解决的要求进一步明确化、进一步量化。按问题要求对数据进行增删或组合生成新的变量,以体现对问题状态的有效描述。

4. 建立模型和知识发现

在选择好数据挖掘的技术和工具后,就要建立模型,这是数据挖掘的核心环节。不同的技术方案产生的模型有很大不同,而且模型结果的可理解性也存在较大差异。例如:用决策树方法产生模型结果就比用神经元网络技术的结果易于理解。另外,对结果的分析和描述(即进行知识发现)也很关键,不恰当的描述会产生误导。

5. 证实和评价

通过上面的处理之后,就会得到一系列的分析结果,它们是对目标问题的多侧面的描述,这时需要对它们进行验证和评价,以得到合理的完备的决策信息。可以采用的方法有直接使用原来建立模型的样本数据进行检验;另找一批数据对其进行检验;在实际运行中取出新数据进行检验等。

微思考

“大数据时代，让数据说话”，请分析这句话的意思。

大讨论

数据挖掘中的关联规则

1. 什么是关联规则

在描述有关关联规则的一些细节之前，我们先来看一个“尿布与啤酒”的有趣故事。

在一家超市里，有一个有趣的现象：尿布和啤酒赫然摆在一起出售。但是这个奇怪的举措却使尿布和啤酒的销量双双增加了。这不是一个笑话，而是发生在美国沃尔玛连锁店超市的真实案例，并一直为商家所津津乐道。沃尔玛拥有世界上最大的数据仓库系统，为了能够准确了解顾客在其门店的购买习惯，沃尔玛对其顾客的购物行为进行购物篮分析，想知道顾客经常一起购买的商品有哪些。沃尔玛数据仓库里集中了其各门店的详细原始交易数据。在这些原始交易数据的基础上，沃尔玛利用数据挖掘方法对这些数据进行分析和挖掘。一个意外的发现是：跟尿布一起购买最多的商品竟是啤酒！经过大量实际调查和分析，揭示了一个隐藏在“尿布与啤酒”背后的美国人的一种行为模式：在美国，一些年轻的父亲下班后经常要到超市去买婴儿尿布，而他们中有30%～40%的人同时也为自己买一些啤酒。产生这一现象的原因是：美国的太太们常叮嘱她们的丈夫下班后为小孩买尿布，而丈夫们在买尿布时又随手带回了他们喜欢的啤酒。

按常规思维，尿布与啤酒风马牛不相及，若不是借助数据挖掘技术对大量交易数据进行挖掘分析，沃尔玛是不可能发现这一有价值的规律的。

数据关联是数据库中存在的一类重要的可被发现的信息。若两个或多个变量的取值之间存在某种规律性，就称其为关联。关联主要可分为简单关联、时序关联、因果关联。关联分析的目的是找出数据库中隐藏的关联网。有时并不知道数据库中数据的关联函数，即使知道也是不确定的，因此关联分析生成的规则带有可信度。关联规则挖掘发现大量数据中项集之间有有趣的关联或相关联系。Agrawal 在 1993 年首先提出了挖掘顾客交易数据库中项集间的关联规则问题，以后诸多的研究人员对关联规则的挖掘问题进行了大量的研究。他们的工作包括对原有的算法进行优化，如：引入随机采样、并行的思想等，以提高算法挖掘规则的效率；对关联规则的应用进行推广等。关联规则挖掘在数据挖掘中是一个重要的课题。

2. 关联规则挖掘过程、分类及其相关算法

(1) 关联规则挖掘的过程

关联规则挖掘过程主要包含两个阶段：第一阶段必须先从资料集合中找出所有的高频

项目组;第二阶段再从这些高频项目组中产生关联规则。

关联规则挖掘的第一阶段必须从原始资料集合中找出所有高频项目组。高频是指某一项目组出现的频率相对于所有记录而言,必须达到某一水平。一个项目组出现的频率称为支持度,以一个包含A与B两个项目的2-Itemset为例,我们可以求得包含{A,B}项目组的支持度,若支持度大于或等于所设定的最小支持度值时,则{A,B}称为高频项目组。一个满足最小支持度的k-Itemset,称为高频k-项目组(Frequent k-Itemset),一般表示为Large k或Frequent k。算法并从Large k的项目组中再产生Large $k+1$,直到无法再找到更长的高频项目组为止。

关联规则挖掘的第二阶段是要产生关联规则。从高频项目组产生关联规则,是利用前一步骤的高频k-项目组来产生规则,在最小信赖度的条件门槛下,若一规则所求得的信赖度满足最小信赖度,称此规则为关联规则。例如:由高频k-项目组{A,B}所产生的规则(AB),其信赖度若大于或等于最小信赖度,则称(AB)为关联规则。

就沃尔玛案例而言,使用关联规则挖掘技术,对交易资料库中的记录进行资料挖掘,首先必须要设定最小支持度与最小信赖度两个门槛值,在此假设最小支持度为5%,且最小信赖度为70%。因此符合该超市需求的关联规则必须同时满足这两个条件。若经过挖掘过程所找到的关联规则(尿布,啤酒)满足下列条件,(尿布,啤酒)的关联规则可接受。用公式可以描述为Support(尿布,啤酒)≥5%,且Confidence(尿布,啤酒)≥70%。其中,Support(尿布,啤酒)≥5%在此应用范例中的意义为:在所有的交易记录中,至少有5%的交易出现尿布与啤酒这两项商品被同时购买的交易行为。Confidence(尿布,啤酒)≥70%在此应用范例中的意义为:在所有包含尿布的交易记录资料中,至少有70%的交易会同时购买啤酒。因此,今后当有某消费者要购买尿布时,超市将可推荐该消费者同时购买啤酒。这个商品推荐的行为则是根据(尿布,啤酒)关联规则,因为就该超市过去的交易记录而言,支持了"大部分购买尿布的交易,会同时购买啤酒"的消费行为。

从上面的介绍还可以看出,关联规则挖掘通常比较适用于记录中的指标取离散值的情况。如果原始数据库中的指标值是连续的数据,则在关联规则挖掘之前应该进行适当的数据离散化(实际上就是将某个区间的值对应于某个值),数据的离散化是数据挖掘前的重要环节,离散化的过程是否合理将直接影响关联规则的挖掘结果。

(2) 关联规则的分类

按照不同情况,关联规则主要可以进行如下分类:

① 基于规则中处理的变量的类别,关联规则可以分为布尔型和数值型。

布尔型关联规则处理的值都是离散的、种类化的,它显示了这些变量之间的关系;而数值型关联规则可以和多维关联或多层关联规则结合起来,对数值型字段进行处理,对其进行动态的分割,或者直接对原始的数据进行处理。当然数值型关联规则中也可以包含种类变量,例如:(性别="女"→,职业="秘书")是布尔型关联规则;(性别="女",→收入=2300),涉及的收入是数值类型,所以是一个数值型关联规则。

② 基于规则中数据的抽象层次,可以分为单层关联规则和多层关联规则。

在单层的关联规则中,所有的变量都没有考虑现实的数据是具有多个不同的层次的;而在多层的关联规则中,对数据的多层性已经进行了充分的考虑。例如:(IBM台式机,Sony

打印机)是一个细节数据上的单层关联规则;(台式机,Sony 打印机)是一个较高层次和细节层次之间的多层关联规则。

③ 基于规则中涉及的数据的维数,关联规则可以分为单维的和多维的。

单维的关联规则只涉及数据的一个维,如:用户购买的物品;而多维的关联规则将会涉及多个维。换句话说,单维关联规则是处理单个属性中的一些关系;多维关联规则是处理各个属性之间的某些关系。例如:(啤酒,尿布)这条规则只涉及用户购买的物品;(性别=“女”,职业=“秘书”)这条规则就涉及两个字段的信息,是两维的一条关联规则。

3. 关联规则挖掘的相关算法

(1) Apriori 算法:使用候选项集找频繁项集

Apriori 算法是一种最有影响的挖掘布尔关联规则频繁项集的算法。其核心是基于两阶段频集思想的递推算法。该关联规则在分类上属于单维、单层、布尔关联规则。在这里,所有支持度大于最小支持度的项集称为频繁项集,简称频集。

该算法的基本思想是:首先找出所有的频集,这些项集出现的频繁度至少和预定义的最小支持度一样。然后由频集产生强关联规则,这些规则必须满足最小支持度和最小信赖度。然后使用频集产生期望的规则,产生只包含集合的项的所有规则,其中每一条规则的右部只有一项,这里采用的是中规则的定义。一旦这些规则生成,那么只有那些大于用户给定的最小信赖度的规则才被留下来。为了生成所有频集,这里使用了递推的方法。

可能产生大量的候选集、可能需要重复扫描数据库是 Apriori 算法的两大缺点。

(2)基于划分的算法

Savasere 等设计了一个基于划分的算法。这个算法先把数据库从逻辑上分成几个互不相交的块,每次单独考虑一个分块并对它生成所有的频集,然后把产生的频集合并,生成所有可能的频集,最后计算这些项集的支持度。这里分块的大小选择要使得每个分块可以被放入主存,每个阶段只需被扫描一次。而算法的正确性是由每一个可能的频集至少在某一个分块中是频集保证的。该算法是可以高度并行的,可以把每一分块分别分配给某一个处理器生成频集。产生频集的每一个循环结束后,处理器之间进行通信来产生全局的候选 k-项集。通常这里的通信过程是算法执行时间的主要瓶颈;而另一方面,每个独立的处理器生成频集的时间也是一个瓶颈。

(3)FP-tree 频集算法

针对 Apriori 算法的固有缺陷,J. Han 等提出了不产生候选挖掘频繁项集的方法——FP-tree 频集算法。它采用分而治之的策略,在经过第一遍扫描之后,把数据库中的频集压缩进一棵频繁模式树(FP-tree),同时依然保留其中的关联信息,随后再将 FP-tree 分化成一些条件库,每个库和一个长度为 1 的频集相关,然后再对这些条件库分别进行挖掘。当原始数据量很大的时候,也可以结合划分的方法,使一个 FP-tree 可以放入主存中。实验表明,FP-tree 频集算法对不同长度的规则都有很好的适应性,同时在效率上较之 Apriori 算法有巨大的提高。

4. 关联规则发掘技术在国内外的应用

就目前而言,关联规则挖掘技术已广泛应用于西方金融行业企业中,它可以成功预测银行客户需求。一旦获得了这些信息，银行就可以改善自身营销。现在银行天天都在开发新的与客户沟通的方法。各银行在自己的ATM机上就捆绑了客户可能感兴趣的本行产品信息，供使用本行ATM机的客户了解。如果数据库显示某个高信用限额的客户更换了地址，则这个客户很有可能最近购买了一栋更大的住宅，因此可能需要更高信用限额、更高端的新信用卡，或者需要一个住房改善贷款，这些产品都可以通过信用卡账单邮寄给客户。当客户打电话咨询的时候，数据库可以有力地帮助电话销售代表，销售代表的电脑屏幕上可以显示出该客户的特点，同时也可以显示出客户感兴趣的产品。

同时，一些知名的电子商务站点也从强大的关联规则挖掘中受益。这些电子商务网站使用关联规则进行挖掘，然后设置客户有意要一起购买的捆绑包。也有一些购物网站利用它们设置相应的交叉销售，也就是购买某种商品的顾客会看到相关的另外一种商品的广告。

但是目前在我国，“数据海量，信息缺乏”是商业银行在数据大集中之后普遍面对的尴尬局面。目前金融业应用的大多数数据库只能实现数据的录入、查询、统计等较低层次的功能，却无法发现数据中存在的各种有用的信息，若能对这些数据进行分析，发现其数据模式及特征，然后就可能发现某个客户、消费群体或组织的金融和商业兴趣，并可观察金融市场的变化趋势。可以说，关联规则挖掘技术在我国的研究与应用并不是很广泛。

大数据时代1号店的数据挖掘

1号店称，其每天的流量(独立IP)已高达400多万，而每一个访客又会看近10个页面。用户买什么、用户的浏览路径、先看哪个页面、后看哪个、通过哪个链接切换、用搜索还是类目浏览等，1号店统统都能掌握，基于这些数据，能做的事情太多了。

挖掘每个用户

准确地说，1号店的“数据挖掘”起步于2010年。彼时，公司购买了数据仓库，并建立了自己的BI(商业智能)团队，试图通过建立顾客的行为模型，来提供更精准化的服务。

不过那时，1号店的关注点还仅仅停留在用户的购买记录和收藏行为上。相比之下，它目前对数据的捕捉显然更加“精细”。无论是购买频次，还是用户的性别、年龄、习惯等，都能帮助它分析和跟踪用户消费模式的微妙变化，进而“投其所好”地实现最大化的销售。

譬如，当一个用户浏览了商品后没有购买，1号店紧接着便会分析整个购物过程“卡”在哪个环节上。假如商品已经加入了购物车，那么导致用户没有购买的原因很可能是高运费，1号店很可能会调整运费；倘若用户没有购买是因为库存缺货，那么下次库存到货后就会提醒用户购买；如果用户浏览了许多类似的商品却最终没有购买，那么可以推测用户对这一品类的商品感兴趣，只是没有找到自己想要的。这种情况下，只要有新品上架，1号店就会第一时间推荐用户；还有一种可能是，商品的价格太高，吓退了顾客，那么一旦有关于该商品的促销活动，1号店就会提醒顾客购买；假如顾客依然没有购买，1号店就假设用户并不想要这个商品，而是想要类似商品，于是只要有类似的新品推出，公司就会进行推荐。

在此基础上，公司观察到许多用户的购买频次有其规律性，假如一个用户上1号店只购买洗发水，且每三周购买一次，那么一旦用户哪一次没有购买，1号店就会想方设法地“提醒”他。

除了最终购买的商品外，用户的浏览路径同样受到了重视。一个简单例子是，用户进入1号店页面后第一个浏览的商品，就是他的目标商品。假如用户首先浏览了牛奶，那么就应该向他推荐不同品牌的牛奶。当然，这里还有许多推荐的技巧，如果用户对某一品牌的牛奶比较忠诚，那么1号店就不应推荐其他品牌的牛奶，而应推荐与牛奶搭配的面包、饼干或早餐谷物等。

那些购买目的性很强的用户，常常会使用搜索的方式进入所需商品的页面。对于这一类用户，1号店同样也会“直截了当”地推荐他们的目标商品；另一些用户喜欢“逛”，他们往往通过类目来选择商品，比如先买吃的，再买喝的，最后买用的。对于这类客户，1号店倾向于同时向他们展示很多商品，特别是新品，满足其“猎奇”“闲逛”的心理；而对于那些被促销页面吸引的用户，1号店则会向他们展示热推或促销的商品，以推动其购买。

在1号店上购物的顾客可能并不知道，自己的每一次购物行为，都在帮助这家电商公司逐步了解自己。1号店首先会根据用户的购买金额和频次主要将其分为四个大群，在此基础上，公司根据用户的浏览习惯，为其打上更为细致的“标签”。这种描绘用户个人信息及购买偏好的“标签”有成百上千个，比如，倾向于购买哪一类商品，浏览行为是什么，喜欢搜索还是用类目浏览，喜欢在上班时间购物还是在周末购物，购买的周期和收货的习惯是什么。在将客户抽象为一个个具体的标签后，1号店便能有的放矢地进行营销。

1号店并没有办法直接获得用户的性别、家庭状况、收入状况等信息，但可以通过几种方式去推测。如：公司可以根据用户的姓名，并结合一些购买行为来推测用户的性别。

从2013年起，中科院的一个研究小组也加入了1号店的客户数据研究。研究的重点聚焦在顾客的分群。他们将顾客分为忠实顾客、风险顾客（较易流失的顾客）和需要提升的顾客等，并对不同顾客的行为做进一步的分析。

“大数据”噪音

除了对消费行为的分析研究，如何借助数据让产品价格更具竞争力同样重要。眼下，1号店后台的PIS（价格智能系统）每天实时在线搜索60多个网站约计1700多万种商品的库存信息和价格信息，并根据竞争对手的商品价格实时调整自己的商品价格。

具体说来，在公司设置的价格模型中，不同的品类都有相应的市场价格策略。譬如，有些品类的价格要做到业界领先；有些品类只要不高于竞争对手就行了；有些是我的利润品类；有些是流量品类。在价格模型中设置底价后，系统就会根据对手的价格自动调整商品的价格。1号店有几百万种商品，完全没有办法手工设置价格。

在1号店较为擅长的食品饮料领域，公司试图做到价格领先，在进口牛奶品类，约60%的线上销售都是通过1号店完成的；而在服装等领域，公司追求的则是毛利。

尽管这些做法看起来无懈可击，但随着1号店的数据量越积越多，它也开始面临新的烦恼，比如，应该怎样对海量的数据进行过滤，“去芜存菁”？数据的纯洁性是一个很大的问题。

不难理解，当公司由于促销而使销量大增时，消费者在那一特定阶段的行为与未来的趋势无关。此外，一些季节性、节假日的数据也要过滤，而那些因为竞争对手的促销导致销量突然下滑的数据也要剔除在外。

除了外部干扰，消费者的个人操作中也包含着不少无效行为，这同样是一种“数据噪音”。有的用户上 1 号店并不是为了购物，而纯粹是为了测试网站，用户注册之后，往往下一个订单后取消，再下一个订单再取消，这些用户肯定不在研究范围内。

相比之下，更大的难题是线下批发商对线上数据的干扰。据王欣磊称，可能是因为线上渠道的价格更便宜，一些地区的线下批发商通过各种渠道拿到优惠券后在线上购买，再将货品转移到线下去卖。批发用户拥有很多的账号，给数据带来很大的干扰。通过技术手段去防止此类现象，并不断地清理数据，但如何去验证真正的消费者数据，目前依旧是个很大的挑战。

收集数据后，需要对数据进行分析。事实上，面对同一组数据，不同的人从不同的角度分析，会得出全然不同的结论。也有人认为，随着数据量的增大，研究的准确性一开始会随之上升，但很快就会趋平。眼下，业界人士并没有形成放之“四海皆准”的解读方法。从这个角度看，如何正确地解读数据，让数据模型越来越准确，是摆在所有电商企业面前的一大难题。

在复杂的模型的基础上，算法同样重要。1 号店需要在极短的时间内，通过算法解读用户的行为，并在得到结论后做出实时的推荐。当一个顾客用搜索来挑选商品时，1 号店后台需要为这一搜索提供支持，算法得非常快才行，否则用户等待的时间一长，就会不耐烦。

不难发现，1 号店对大数据的研究和运用仍处于摸索阶段。在全球范围内，这依然是一个新鲜的应用。学术界人士如今已做了很多关于大数据的前瞻性研究，企业界也尝试着大量的应用，但两者间的关联并不大，甚至朝着截然不同的方向前行。换言之，在学术研究与实际应用之间，尚有很大的鸿沟。我们需要把这两者有机地结合起来，把研究的结果应用到实践中去，这是最难的一点，也是最需要花力气的。

问题：

1. 什么是关联规则？电子商务网站如何利用关联规则？
2. 数据挖掘在电子商务网站的应用有哪些？

小 实 训

客户满意管理

一、实训目的

学会如何进行客户满意管理。

二、实训内容

设计一份调查问卷（涉及产品满意和服务满意等），分析客户满意度。谈一谈如何进行电商网站的客户满意管理。

三、实训要求

把相关内容制作成 PPT 并进行汇报。

任务总结

电子商务与客户关系管理已成为商界目前的热门话题,我们要理解客户关系管理的内涵及其与电子商务的关系,了解客户关系管理的实施流程。数据挖掘虽然是个新生事物,但依据其自身优势,数据挖掘在客户关系管理中起到了重要的作用,因此了解数据挖掘的运作及其在客户关系管理中的应用十分必要。

参考文献

[1] 宋文官. 电子商务概论. [M]. 3 版. 北京:高等教育出版社,2013.
[2] 司爱丽. 新编电子商务实用教程[M]. 西安:西安电子科技大学出版社,2010.
[3] 朱孝立,罗荷香. 新编电子商务教程. [M]. 2 版. 合肥:中国科学技术大学出版社,2012.
[4] 杨荣明,吴自爱. 电子商务实用教程. [M]. 2 版. 合肥:安徽大学出版社,2014.
[5] 孙若莹,王兴芬. 电子商务概论[M]. 北京:清华大学出版社,2012.
[6] 李源彬. 电子商务概论[M]. 北京:人民邮电出版社,2012.
[7] 王悦. 电子商务概论[M]. 成都:西南财经大学出版社,2012.
[8] 艾瑞咨询网. http://www.iresearch.com.cn.
[9] 亿邦动力网. http://www.ebrun.com/20150122/122036.shtml.
[10] 百度百科. http://www.baike.baidu.com.
[11] 中国互联网络信息中心. http://www.cnnic.net.cn.
[12] 中国软件资讯网. http://www.cnsoftnews.com/static/201303/97218.html.

第 10 章　电子商务网站规划与建设

学习目标

知识目标：了解电子商务网站的概念及其分类；掌握电子商务网站规划步骤；掌握电子商务网站设计的基本要素。

能力目标：会简单设计电子商务网站；能够正确地维护电子商务网站。

本章内容结构
- 10.1　电子商务网站规划
- 10.2　电子商务网站建设

案例导入

萌店又添新友：中国移动子公司中移物联网

6 月 28 日消息，日前，中国移动全资子公司中移物联网有限公司与移动社交电商平台萌店达成合作，并正式入驻萌店旗舰店。

中移物联网方面称，本次与萌店合作，是因为看中萌店“社交＋电商”的商务模式，以及庞大的分销网络；另外，“智能设备深受年轻消费者喜爱，而萌店的主力消费群以年轻群体为主，双方目标客群十分契合”。据悉，中移物联网旗舰店将为萌主提供以品牌畅销产品为主的性价比高的商品。

“入驻萌店是对公司销售模式和品牌宣传模式创新的一次有益尝试和探索，通过与互联网、电子商务、社会化、社交网络和 O2O 多方面结合，进一步向移动电商领域拓展。”中移物联网有限公司电子商务部经理陈思洁说道。

而对于中移物联网入驻萌店，萌店方面表示，这对进一步扩充萌店平台的商品品类有积极作用。“萌店将通过合伙人制度及买卖一体化模式构建密集的销售网络，帮助品牌商布局移动市场，通过萌店 2000 多万萌主的社交分享和平台引流作用，建立消费者与品牌的直系连接”。

中国移动作为全球最大的移动运营商，将移动电商作为未来重要的渠道战略和布局方向。中移物联网作为其专业运营物联网开放平台，推广物联网解决方案，产品涵盖车联网、智能家居、智能穿戴等特色产品，所研发生产的和路由、和自行车卫士等产品在各大电商平台上热销并广受用户好评。

萌店致力于为零售业提供全渠道电商解决方案，已先后吸引探路者、百草味、金字火腿、外交官、老板电器等众多知名品牌入驻。自 2015 年 3 月上线以来，萌店平台开店数已超过 2000 万，B 端入驻商家超过 2 万家，萌店总 SKU 数突破 500 万，2015 年双十一当日交易额高达 1.65 亿。

（资料来源：亿邦动力网 http://www.ebrun.com/20160628/181247.shtml. 2016-06-28）

提出任务

电子商务网站是指一个企业、机构或公司在互联网上建立的站点，其目的是宣传企业形象、发布产品信息、宣传经济法规、提供商业服务等。开展电子商务活动必须从网站规划和建设开始，把企业的商务活动需求、营销方法和网络技术结合起来，建立适合企业自己的电子商务网站。电子商务网站主要以数据处理为主，是企业发布产品信息、推出服务内容的平台。那么，如何规划设计电子商务网站？如何设计一个让客户满意的电子商务网站？如何管理和维护电子商务网站呢？

解决问题

10.1 电子商务网站规划

10.1.1 电子商务网站的概念

1. 电子商务网络的定义

电子商务网站是指一个企业、机构或公司在互联网上建立的站点，其目的是宣传企业形象、发布产品信息、宣传经济法规、提供商业服务等。

2. 电子商务网站的功能

电子商务网站功能的设计是电子商务实施与运作的关键环节，是电子商务应用系统构建的前提。随着网络信息技术的发展和普及，企业都认识到了利用互联网进行品牌建设、市场拓展的重要性。由于在网上开展的电子商务业务不尽相同，所以每一个电子商务网站在具体实施功能上也不相同。企业利用互联网的形式包括 B2B、B2C 等电子商务形式。其中有些企业专注于电子商务，也有些企业利用电子商务作为商业运作的第二渠道。但是无论哪种企业，电子商务网站的功能殊途同归，即充分将互联网信息转播范围广、传播速度快的优势，拓展线下交易，建立网上展示、交易平台。电子商务网站一般要有以下功能：

(1) 商品展示

这是一个基本且十分重要的功能。用户进入企业的电子商务网站,应该像进入现实中的超市一样,能够看到琳琅满目的商品。利用网络媒体进行产品推销,无疑使企业多了一条很好的营销渠道。电子商务网站上的商品是经过分类的,就像超市中将商品分为服装类、副食类、家电类等一样。企业可以在电子商务网站上针对某些商品开展促销活动。

(2) 信息检索

商务网站提供的信息搜索与查询功能,可以使客户在电子商务数据库中轻松而快捷地找到需要的信息,这是电子商务网站能否使客户久留的重要因素。如果一个电子商务网站的内容非常丰富,而且产品种类繁多,要想将所提供的服务和商品信息详尽地介绍给客户,就应该使用数据库为浏览者提供准确、快捷的检索服务。这体现的是网站信息组织能力和拓展信息交流与传递途径的功能。

(3) 订购商品

用户想购买商品时,可以将商品放入购物车。当客户填完订购单后,系统通常会回复确认信息单来保证订购信息的收悉。该功能不仅依赖于技术,更依赖于网站主体在设计的简化贸易流程、便于用户运用的构思角度。用户发现自己感兴趣的商品时,点击该商品的链接可以看到该商品的文字、图片、视频等多种样式的描述性信息。网上订购通常会在产品介绍的页面上提供十分友好的订购提示信息和订购交互对话框,实现用户在线贸易磋商、在线预订商品、网上购物或获取网上服务等功能。

(4) 网上支付

网上支付是网上购物的重要环节。网上支付必须有电子金融的支持,即银行及保险公司等金融单位提供网上的金融服务。在网上直接采用电子支付手段可省去交易中很多人员的开销。网上支付需要更为可靠的信息传输安全机制以防止欺骗、窃听、冒用等非法行为。目前一些新的网上支付形式在不断探索中。

(5) 信息管理

电子商务网站应包括销售业务信息管理功能。客户信息管理是电子商务中主要的信息管理内容。它能反映网站主体能否以客户为中心,能否充分地利用客户信息挖掘市场潜力。网络的连通使企业能够及时地接受、处理、传递与利用相关的数据资料,并使这些信息有序而有效地流动起来,为企业其他信息管理系统,如 ERP、SCM 等提供信息支持。

(6) 形象宣传

电子商务可凭借企业的电子商务网站发布各类商业信息。企业建立自己的电子商务网站并利用其打造与树立企业形象,是企业利用网络媒体开展业务的最基本的出发点。与以往各类广告相比,网上的广告成本更为低廉,而带给客户的信息量却更加丰富。客户可借助网上的检索工具迅速地找到所需商品的信息,而商家可利用网络在全球范围内做广告宣传。

3. 电子商务网站的构成要素

电子商务网站包括前台网页和后台数据库,前台网页可以接受客户的浏览、登记和注册,记录客户的有关资料。电子商务网站一般由以下几个部分组成:

(1) 网站域名

域名(Domain Name),是一串用点分隔的名字,是 Internet 上某一台计算机或计算机组的名称,主要用于在数据传输时标识计算机的电子位置。通俗地说,域名就相当于一个门牌号码,别人通过这个号码可以很容易地找到你。

比如常见的域名有:

淘宝网域名:https://www.taobao.com

百度域名:https://www.baidu.com

腾讯网域名:http://www.qq.com

域名由两个或两个以上的词构成,中间由点号分隔开。最右边的那个词称为顶级域名。图 10.1 所示是几个常见的顶级域名。

顶级域名	分配情况
com	商业组织
edu	教育机构
gov	政府部门
mil	军事部门
net	主要网络支持中心
org	非赢利组织
int	国际组织
cn	中国

图 10.1 常见的顶级域名

由国际域名及 IP 地址管理权威机构 ICANN 认证的域名注册服务商(称为 Registrar)可以提供商业机构、网络服务机构、非营利性组织下的二级域名注册服务,全球通过 ICANN 认证的 Registrar 有 120 多家,其中只有 60 家是正式投入运营的 Registrar。

国内注册的域名(也叫国家域名),按照我们通常的习惯是指中国国内域名,域名以".cn"结尾。此类域名由中国互联网络管理中心 (CNNIC)发放登记。我们可以通过一些授权机构进行域名注册申请,比如阿里的万网(如图 10.2 所示),腾讯的腾讯云(如图 10.3 所示),都可以提供简单快捷的服务。

图 10.2 万网域名注册(https://wanwang.aliyun.com)

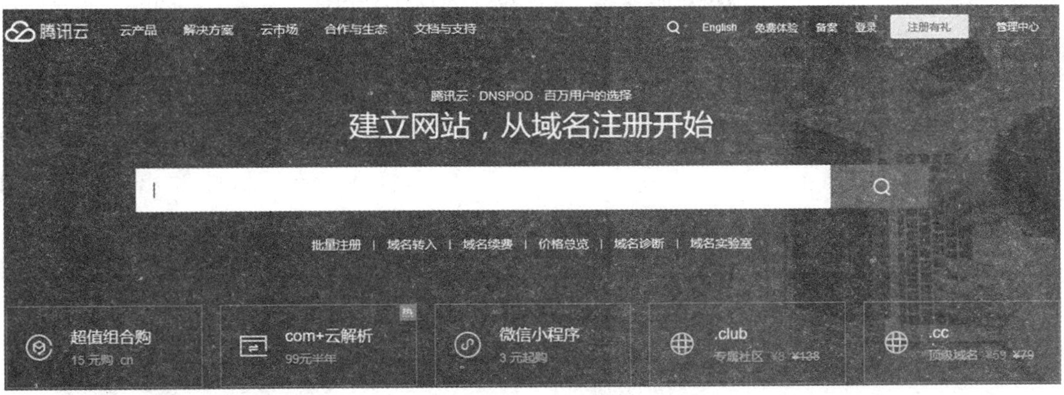

图 10.3 腾讯云域名注册(https://dnspod.cloud.tencent.com)

域名申请步骤：

① 准备申请资料：域名注册需要进行实名认证，个人注册者提交身份证，企业提交营业执照等资料。2012年6月3日，"cn"域名已开放个人申请注册，目前申请需要提供身份证或企业营业执照。

② 寻找域名注册网站：推荐万网域名注册(https://wanwang.aliyun.com/)，由于"com""cn"域名等不同后缀均属于不同注册管理机构所管理，如要注册不同后缀域名，则需要从注册管理机构寻找经过其授权的顶级域名注册查询服务机构。如"com"域名的管理机构为ICANN，"cn"域名的管理机构为CNNIC(中国互联网络信息中心)。域名注册查询注册商已经通过ICANN、CNNIC双重认证，则无需分别到其他注册服务机构申请域名。

③ 查询域名：在注册商网站注册用户名成功后并查询域名，选择您要注册的域名，并点击域名注册查询。

④ 正式申请：查到想要注册的域名，并且确认域名为可申请的状态后，提交注册，并缴纳年费。

⑤ 申请成功：正式申请成功后，即可将新域名投入使用。

(2) 网站服务器

网站服务器是指在互联网数据中心中存放网站的服务器，主要用于网站在互联网中的发布、应用，是网络应用的基础硬件设施。网站服务器可根据网站应用的需要，部署搭建ASP/JSP/.NET/PHP等应用环境。

目前流行两种搭建方法：

环境一是Linux+Apache(Nginx)+Mysql+Php，就是LAMP/LNMP环境。LAMP为现在使用最广的服务器环境，它运行在Linux系统下，安全稳定，Apache是最著名的开源网页服务器，Mysql也是最著名的开源关系型数据库，PHP是流行的开源脚本语言，能很好地处理用户的动态请求。

环境二是WINDOWS+IIS+ASP/.NET+MSSQL环境。Windows+IIS+ASP/.NET+MSSQL，因其极强的易用性，获得广泛的应用，Windows是著名的可视化操作系统，

IIS 是运行在 Windows 上的 Web 服务器，可使用 ASP/. NET 两种编程语言开发，现在应用最广的就是 ASP. NET。

部署网站服务器一般都是在互联网数据中心（IDC）服务商租用或者托管服务器，也可以自己托管机房。部署网站服务器根据使用用户的地域分布选择合适的 IDC 域名注册查询服务商，比如：网站主要用做国际贸易，网上下单，那就选择有国际带宽出口的 IDC 服务商。

我们可以选择像阿里云（如图 10.4 所示）或者百度云（如图 10.5 所示）这样的大型服务平台，既有简单方便的注册操作，也有安全可靠的技术保障。

图 10.4　万网云虚拟主机(https://wanwang. aliyun. com)

图 10.5　百度云服务器(https://cloud. baidu. com)

（3）网页

网页是构成网站的基本元素，是承载各种网站应用的平台。简单的理解，网站就是由多个不同的网页组成，如果网站只有域名和虚拟主机而没有制作任何网页的话，客户是无法访问网站的。

网页是存放在服务器中，包含超文本标记语言（HTML）标签的纯文本文件，通常包含文字、图像、动画等内容，需要通过网页浏览器来解析（如图 10.6 所示）。

网页的设计应符合产品的风格，应做到使客户注册、登录的操作应该简便，商品分类标识明确，使客户浏览网页时如同进入大的商店，并能够迅速找到想要的商品。

图 10.6　网页的基本构成

(4) 货款结算

客户通过购物车选购商品，然后结算，确定付款方式、送货地点、时间等。在电子商务网页上，这些交易过程，需要有安全实用的方式，比较简洁实用的操作界面。比如淘宝购物的流程如图 10.7、图 10.8、图 10.9 所示。

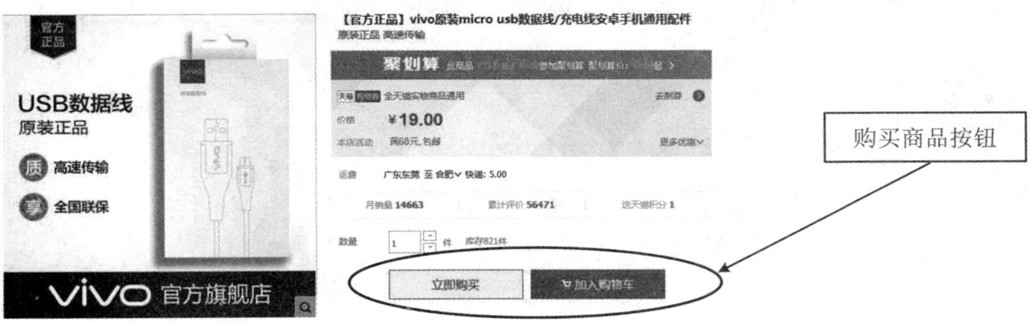

图 10.7　立即购买商品或添加商品到购物车界面

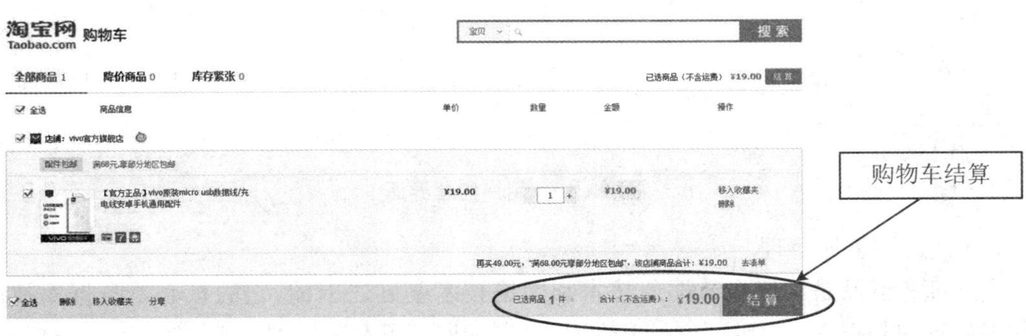

图 10.8　购物车结算界面

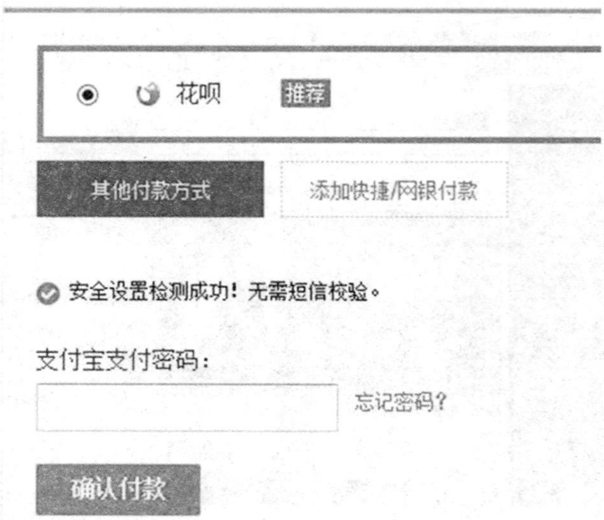

图 10.9　选择付款方式界面

（5）客户资料管理

合理的客户管理界面，包含注册客户的姓名、通信地址、电话、电子邮件等详细信息。比如淘宝网的用户资料管理界面（如图 10.10 所示），布局简洁合理，层次条理清晰。

图 10.10　用户管理界面

（6）商品数据库管理

电子商务网站是构架在数据库技术和网络技术基础之上的，它的核心是数据库技术。从数据的管理到查询，从用户的访问到生成动态的网页以及数据挖掘等，都离不开数据库管理技术。

数据库管理系统的选择和应用直接体现电子商务系统的优劣和服务质量的好坏，应根据电子商务网站的规模、功能、应用环境、投入资金和网站服务器的搭建环境等因素，选择适当的数据库管理系统。常用的数据库系统有 SQL Server、Oracle、MySQL 等。通过数据库管理系统界面，不需要用户掌握后台数据库的具体运行，可以简单快捷地管理商品、交易和物流的信息（如图 10.11 所示）。

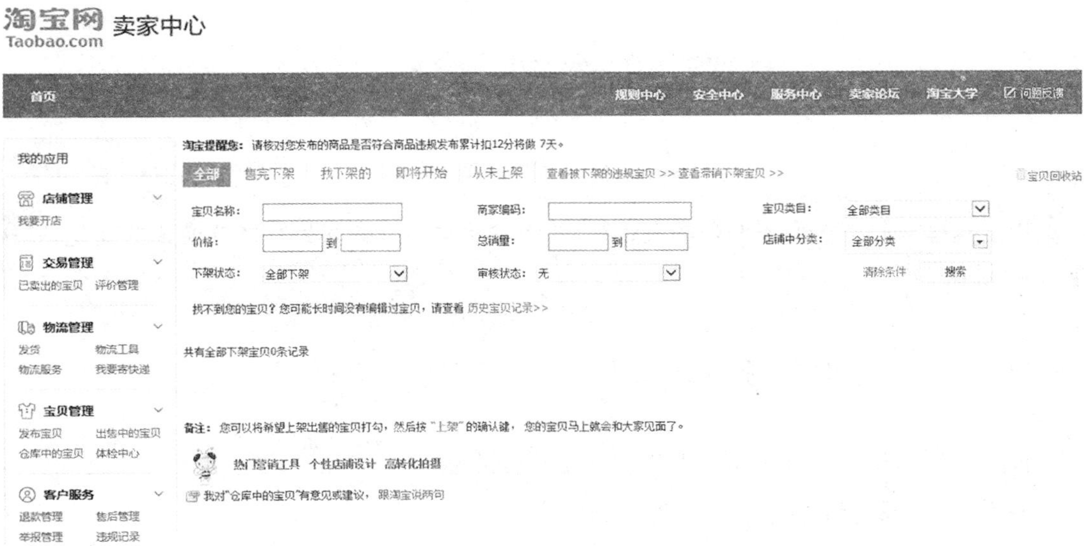

图 10.11　卖家商品管理界面

（7）商品配送

商品配送是电子商务的一个重要环节，需要通过物流配送系统将商品快速可靠地送到客户手中。根据客户在电子商务网站上写明的详细地址，所订购的商品会通过物流系统快速送达（如图 10.12 和 10.13 所示）。

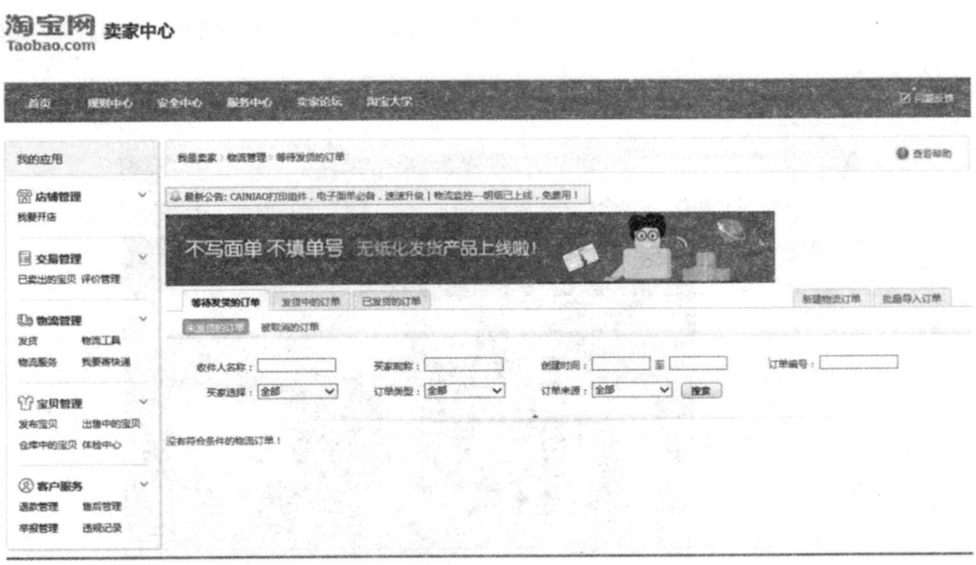

图 10.12　卖家物流管理界面

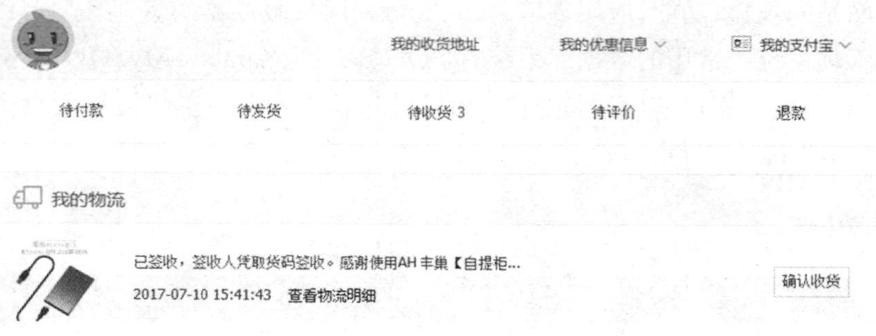

图 10.13 买家物流管理界面

以上这些只是电子商务网站的大致结构，随着网站经营的商品及经营模式的变化，其构成要素也会有所变化。

10.1.2 电子商务网站类型

按不同的分类方法可将电子商务网站分为不同的类型。

1. 按照商务目的和业务功能分类

(1) 基本型商务网站

这类网站的特点是：商务活动型商务网站主要是通过网络媒体和电子商务的基本手段进行公司宣传和客户服务，网站可以完成一定金额要求或数量要求的交易，可以完成产品销售服务和客户管理。网站的功能比较齐全，但是硬件的规模不大。企业的商务活动仍以现实社会为主，商务网站只是一个有益的补充。此种网站适合于小型企业，以及想尝试网站效果的大中型企业，网站的组建价格低廉，功能强大，性价比高，这种类型的电子商务网站多采用虚拟主机的网站实施方式，比如荣事达荣电集团网站就是一个基本型电子商务网站（如图10.14所示）。

图 10.14 荣事达荣电集团网站(http://www.rgift.cn)

(2) 宣传型商务网站

宣传型电子商务网站能够宣传企业的产品或服务，发布企业的动态信息、扩大品牌影响、拓展海内外市场、降低宣传成本、提高工作效率、树立良好的企业形象。它适用于各类企业，特别是已有外贸业务或准备开拓外贸业务的企业。

宣传型电子商务网站具备基本的网站功能，着重突出企业宣传效果。一般是将网站构建在具有很高知名度和很强伸展性的网络基础平台上，以便在未来的商务运作中借助先进的开发工具和增加应用系统模块，升级为客户服务型或完全电子商务运作型网站，比如天猫商城，其主要作用就是企事业单位在互联网上的产品或服务的宣传，就是一个典型的宣传型电子商务网站(如图 10.15 所示)。

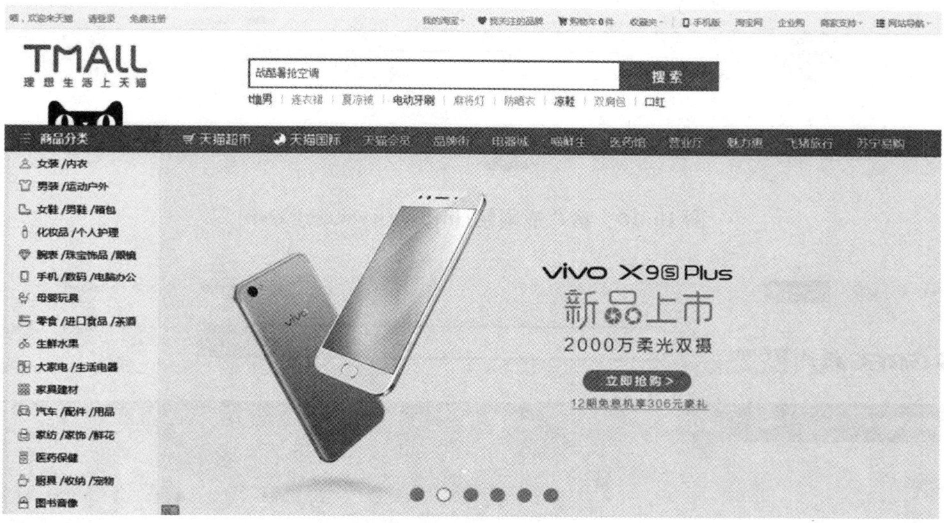

图 10.15　天猫商城网站(https://www.tmall.com)

(3) 客户型服务网站

客户服务型电子商务网站通过宣传公司形象与产品，达到与客户实时沟通及为产品或服务提供技术支持的效果，从而降低成本、提高工作效率，适合各类企业。猪八戒网就是服务型电子商务平台的典型代表(如图 10.16 所示)。

(4) 完全电子商务运作型网站

完全电子商务运作型网站通过网站展现公司整体形象与推广产品及服务，并着力实现网上客户服务和产品在线销售，从而直接为企业创造效益，提高企业的竞争力，适用于各类有条件的企业，比如格力商城，就是一个全面的企业电子商务网站(如图 10.17 所示)。

2. 按构建网站的主体分类

(1) 行业电子商务网站

行业电子商务网站是指以行业机构为主体，构建一个大型的电子商务网站，为本行业的企业和部门进行电子化贸易提供信息发布、商品订购、客户交流等活动的平台。

(2) 企业电子商务

企业电子商务是指以企业为主体构建网站来实施电子商务活动，根据企业生产的主导产品和提供的主要服务的不同可进一步分为各种不同类型的网站。

图 10.16 猪八戒网站(http://www.zbj.com)

图 10.17 格力商城网站(http://mall.gree.com/mall/zh-CN/anhui)

(3) 政府电子商务网站

政府电子商务网站以政府机构为构建主体来实现电子商务活动,为政府面向企业和个人等的税收、公共服务提供网络化交互平台。该类型的电子商务网站在国际化商务交流中发挥着重要作用,为政府税收和政府公共服务提供了网络化交流的平台。

(4) 服务机构电子商务网站

服务机构电子商务网站以服务机构为构建主体,包括商业服务机构、金融服务机构、邮政服务机构、家政服务机构、娱乐服务机构等的电子商务网站等。

3. 按照网站拥有者的职能分类

（1）生产型商务网站

生产型商务网站由生产产品和提供服务的企业来提供，旨在推广、宣传其产品和服务，实现在线采购、在线产品销售和在线技术支持等商务功能。生产型企业要在网上实现在线销售，必须与传统的经营模式紧密结合，分析市场定位，调查用户需求，制定合适的电子商务发展战略，设计相应的电子商务应用系统架构。

（2）流通型商务网站

流通型商务网站由流通企业建立，旨在宣传和推广其销售的产品与服务，使顾客更好地了解产品的性能和用途，促使顾客进行在线购买。流通企业要在网络上实现在线销售，也必须与传统的商业模式紧密结合。

4. 按照电子商务网站交易对象分类

（1）企业对企业的电子商务网站

企业对企业的电子商务（Business-to-Business，B to B 或者 B2B）网站，指的是商家（泛指企业）对商家进行电子商务交易的网站，即企业与企业之间通过互联网进行产品、服务及信息的交易。最典型的代表莫过于阿里巴巴了（如图 10.18 所示）。

图 10.18　阿里 1688 网站（https://www.1688.com）

（2）企业对消费者的电子商务网站

企业对消费者的电子商务（Business-to-Consumer，B to C 或者 B2C）网站，即企业通过互联网为消费者提供一个新型的购物环境——网上商店，消费者通过网络在网上购物、网上支付。

B2C 电子商务的付款方式有货到付款与网上支付，大多数企业选择物流外包方式以节约运营成本。京东商城就是最典型的 B2C 网站（如图 10.19 所示）。

图 10.19 京东商城网站(https://www.jd.com)

(3) 消费者对消费者的电子商务网站

消费者对消费者的电子商务(Consumer-to-Consumer,C to C 或者 C2C)网站,是个人与个人之间的电子商务交易平台。其类似于现实商务世界中的跳蚤市场,构成要素除了包括买卖双方外,还包括电子交易平台提供商,也即类似于现实中的跳蚤市场场地提供者和管理员。淘宝网、闲鱼网都是典型的 C2C 网站(如图 10.2 所示)。

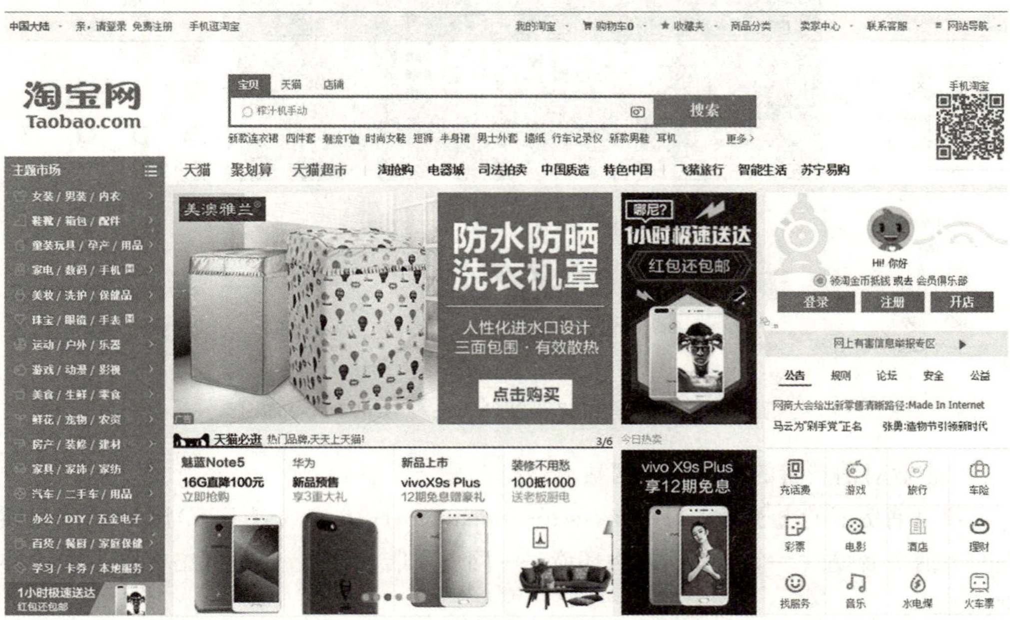

图 10.20 淘宝网站(https://www.taobao.com)

(4) 其他类型的电子商务网站

除了上面介绍的电子商务网站类型外，还有其他类型的电子商务网站，比如：B2G 电子商务网站、O2O 电子商务网站、C2B 电子商务网站等。

10.1.3　电子商务网站设计

在这一步中需要对网站进行整体分析，明确网站的建设目标，确定网站的访问对象、网站应提供的内容与服务及网站的域名，设计网站的标志、网站的风格、网站的目录结构等各方面的内容。这一步是网站建设成功与否的前提，因为所有的后续步骤都必须按照第一步的规划与设计来进行。

1. 网站设计规划

(1) 确定网站建设目的和用户需求

企业网站的设计是展现企业形象、介绍企业的产品和服务、体现企业发展战略。企业网站在设计之前必须明确设计的目的和用户需求，从而做出切实可行的设计计划，同时要根据消费者的需求、市场的状况、企业自身的情况等进行综合分析，牢记以消费者为中心。

不同性质的站点有不同的建设目的，比如电子商务站点主要是为了在企业与企业、企业与消费者之间建立更为直接和高效的商务通道；电子政务网站代表的是政府部门，所以主要是通过它来宣传政府的形象、实现政务公开、向社会提供有价值的公益和导向信息以及实现网上政务等。

对于电子商务网站来说，必须清楚网站的目标市场在哪里、目标客户是谁、用户为什么会光顾这个站点、是否再次访问，要摸清真正需要或即将需要产品/服务的是哪些人、用户的兴趣何在、怎样创建一个兴趣圈唤醒客户；如何用你所提供的信息或者服务让用户受益等等。这将是整个网站设计思想的基础，无论企业网站采用何种形式，提供什么内容，进行怎样的包装，都要以此为出发点。

(2) 结构设计

在目标明确之后，下一步要做的是完成网站的构思创意即总体设计方案，对网站的整体风格和特色进行定位，规划网站的组织结构。结构设计的主要任务是对所收集的大量内容进行有效筛选，并将它们组织成一个合理的便于理解的逻辑结构，在这其中不仅需要为整个网站建立层次型结构，还需要为每一个栏目或者子栏目设计合理的逻辑结构。内容框架确定后，就可以勾画网站的结构图了。结构图有很多种，如顺序结构、网状结构、继承结构、Web 结构等。合理的结构不仅能给用户的访问带来极大的便利，帮助用户准确地了解网站所提供的内容和服务，使用户快速地找到自己所感兴趣的网页，而且能帮助网站管理员对网站进行更为高效的管理。

(3) 版式设计

网站网页设计要讲究编排和布局，虽然网页的设计不等同于平面设计，但它们有许多相近之处，应充分加以利用和借鉴。版式设计应通过文字图形的空间组合，表达出和谐与美。人们在浏览一个网页的时候，通常会首先注意到网页的左上角或中间的地方，然后才会浏览其他部分。这个部分通常称为焦点，所以在布局内容的时候，应该把最想传达的信息、最能吸引人的内容放在这些地方，比如网站标志和最新新闻等。

(4) 盈利模式

没有利润的企业网站肯定是无法长期维持下去的，因此，盈利模式对网站来说是十分重要的。网站的经营收入能力与企业网站自身的知名度、网站的浏览量、网站的宣传力度和广告吸引力、上网者的购买行为对本网站的依赖程度等因素有十分密切的关系。因此，企业网站应该根据上述因素来设定本网站的盈利模式。

(5) 交易流程

网上交易流程应当尽量做到对客户透明，使客户购物方便，让客户感到在网上购物与在现实世界中购物没有太大的差别。很多电子商务网站都有"购物车""收银台""会员俱乐部"这样熟悉的词汇，不论购物流程在网站的后台操作多么复杂，其面对用户的界面必须是简单方便的。

2. 网站风格设计

网站的整体风格是指网站整体给访问者的综合感受，应根据企业的要求与具体情况体现出特色、突出特点。网站结构的一致性、色彩的一致性、导航的一致性、背景的一致性以及特别元素的一致性都是形成网站整体风格的重要因素。

(1) 网站标志。

网站的标志(Logo)应尽可能出现在每一张网页上，例如页眉、页脚或者背景上。标志可以是中文、英文、符号、图案，也可以用具有代表性的人物、动物、花草作为设计蓝本，再加以卡通化和艺术化。专业性网站可以用本专业最具代表性的事物作为标志物。图 10.21 所示是一些著名网站的 Logo。

图 10.21　著名网站的 logo

(2) 色彩搭配

网站的色彩是影响网站整体风格的重要因素，也是美工设计中最令人头疼的问题。许多网页设计者在制作网页之前往往有一个很好的想法，但是却不知如何搭配网页的颜色来实现预想的效果。网站的色彩搭配通常分为两个步骤，第一步就是为整个网站选取一种主色调，然后为主色调搭配多种适合的颜色。主色调指的是整个网站给人印象最深的颜色。不同的颜色给人的感受是不一样的，所以选取主色调的一个最基本的原则就是保证所选的颜色与网站的主题或者形象相符，能够通过这种颜色加深用户对网站的印象。第二步为网站内各单元选取与主色调相适应的辅色调，网站内各单元的色彩不能过多，文字的链接、背景、边框色彩尽量与网站主色调一致，以给人整体统一的感觉。

(3) 设计标语

网站的标语可以是一句话或者一个词，类似实际生活中的广告语。比如 Intel 的“给你一颗奔腾的心”，天猫网站的“理想生活上天猫”(图 10.22)，京东商城的“多、快、好、省”等标语(图 10.22)，主题突出，个性鲜明。这些标语放在首页醒目的位置，能起到相当大的作用。需要说明的是，电子商务网站整体风格的设计并不是一次就能完成的，但需要在第一次设计时做好定位，然后在网站运行与管理的实践中再逐步强化和调整。

图 10.22　著名网站的宣传标语

3. 网站内容要求

电子商务网站内容设计是网站建设的重点。企业要在互联网上展示自己的形象，宣传企业文化，开展商务活动，网站内容的设计是决定成败的关键。网站内容设计一般从以下几个方面考虑。

(1) 信息内容要有特色

网站内容是客户最为关注的，客户访问网站的目的就是为了发现自己感兴趣的信息。因此，网站内容是否新颖、专业、精炼是能否吸引用户访问、提高网站效益的关键。网站规划者与设计者应把网站内容的特色放在第一位考虑。其次，内容的及时更新也至关重要。网页的内容应是动态的，可随时进行修改与更新，以紧紧抓住用户。

(2) 操作简单，使用方便

电子商务网站主要是用来实现网上商务贸易活动，因此需要其易上手、易操作。所以电子商务网站在内容上要提供方便易行的交互功能，包括留言簿、反馈表单、在线论坛或者社区等；要提供强大的搜索与帮助功能，方便客户检索与交易；要能为客户提供个性化的服务，满足不同客户的需求；贸易流程要清晰流畅，减少客户商务贸易活动中的信息干扰等。只有当客户能方便地在网站上进行信息交流，实现网络商务贸易活动时，网站才能吸引客户，才能与客户建立良好的互动关系。

(3) 安全可靠、速度快

如果网站内容能吸引人，但打开网页的速度很慢，也会让人失去耐心，最终会影响网站的访问量。因此，网站必须具备良好的硬件与软件环境，网页设计也要简洁明快，以提高访问速度。另一方面，设计网站时，要充分考虑客户获取信息的便捷性，如果客户想了解某种型号产品的相关信息，一般要能够在3次点击之内看到，也就是网站首页有指向产品网页的链接，产品网页有指向各型号产品网页的链接，型号产品网页有指向更为详细介绍信息的链接。在电子商务交易过程中，应该尽可能地保证服务器不发生死机，防止病毒入侵等问题，以避免造成客户的交易中断，信息丢失等问题。

10.2　电子商务网站建设

10.2.1　电子商务网站的开发

1. 网页设计基本要素

无论网站页面是何种类型、何种风格，设计精美还是平庸，其主要构成要素基本上是一致的。对于网页而言，其信息内容的有效传达是通过各种构成要素的设计编排来实现的。网页的构成要素主要包括：文本、图像、超链接、导航栏、动画、表格、表单等，如图10.23所示。

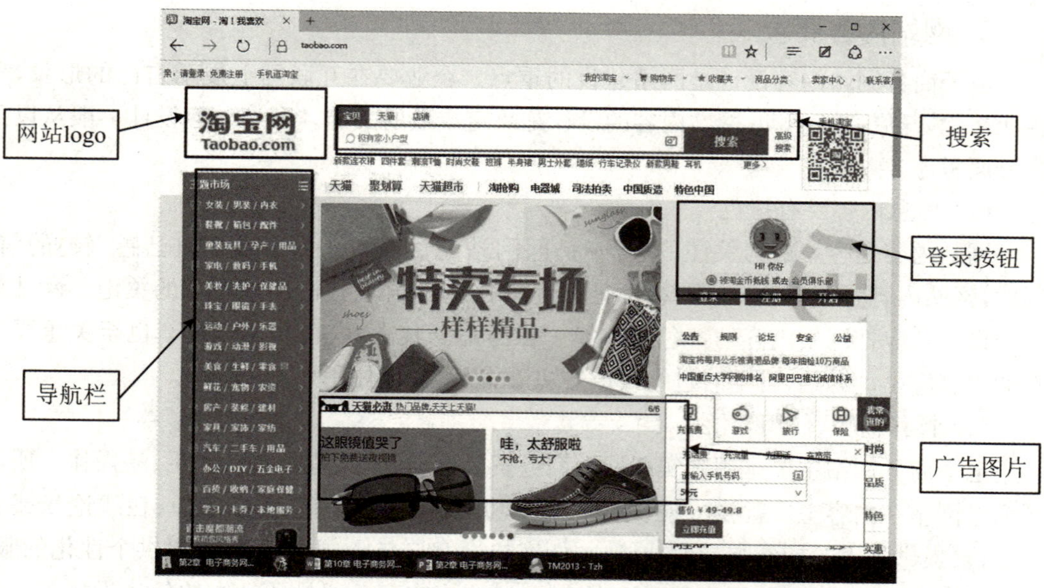

图10.23　网页的基本构成元素

(1) 文本

文本是网页中最主要的部分。对于文本的设计，应注意两点：一是简洁、明了，能够让用户读得下去；二是数量的掌握，文字太少，会显得单调，文字多了，网页就会显得很乏味。同时要注意文本的字体、字号、颜色等的设置。

常用的有关于文本方面的 HTML 标记有：

文字样式标签：〈font〉

文字加粗标签：〈b〉和〈strong〉

文字倾斜标签：〈i〉和〈em〉

文字下画线标签：〈u〉

为了满足不同需求，HTML 还有其他用来修饰文字的标签，比较常用的有上标格式标签〈sup〉、下标格式标签〈sub〉和删除线标签〈strike〉等。这些标记的使用方法如图 10.24 所示。

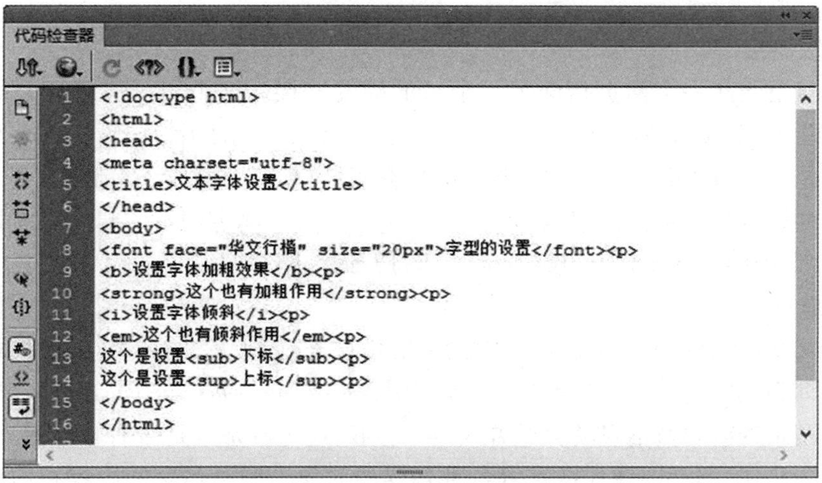

图 10.24　文本基本标记

代码效果如图 10.25 所示。

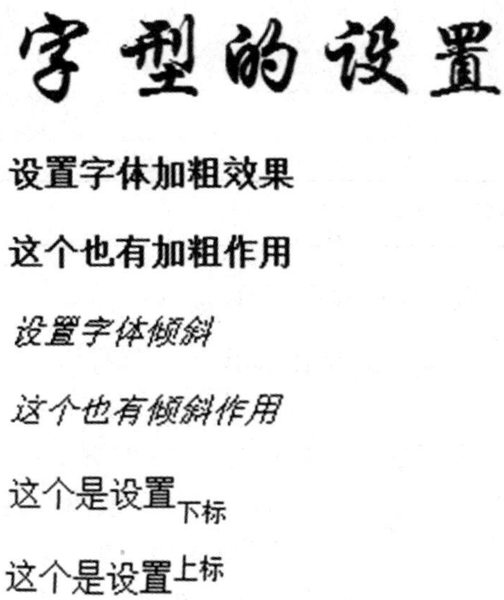

图 10.25　文本标记效果图

(2) 图像

图像在网页中可以起到提供信息、展示作品、美化网页及体现风格等作用。图像比文字更能吸引人的眼球,所以在网页设计中要善用图像。在某些突出的位置,可以放置一些比较出彩的图像,这样既能达到美观的效果,又能让浏览者对网页印象深刻。图像可以制作成标题、网站标志、网页背景、链接按钮、导航等。

最常用的引用图像的标记是〈img〉,比如代码〈img src="images/logo. jpg" width="200" height="120" alt="这个是网站 logo"/〉的意思是:调用网站目录 images 文件夹中的“logo. jpg”图片,并设置图片的宽为 200px,高度为 120px,如果该图片不能正常调用,将显示文字“这个是网站 logo”。

(3) 超级链接

超级链接是指从一个网页指向另一个目的端的链接。这个“目的端”通常是另一个网页,也可以是同一网页上的不同位置、一个下载的文件、一副图片、一个 E-mail 地址等。超级链接可以是文本、按钮或图片,鼠标指针指向超级链接时,会变成小手形状。

最简单的设置超级链接标记是〈a〉,比如设置一个打开淘宝网站的链接代码如下:

〈ahref="https://www. taobao. com/" 〉打开淘宝网站〈/a〉

(4) 导航栏

导航是网站中重要的基础元素,它对网站的信息进行了大致的分类,通过网站导航可以使浏览者查询到相应的信息。导航应该设计得引人注目一些,这样浏览者进入网站后,可以直观地了解网站的内容及信息的分类方式,从而判断这个网站上是否有自己感兴趣的内容。导航包含菜单按钮、移动图像和链接等各种各样的对象。网站包含的内容和信息越复杂多样,那么它的导航要素的构成和形态是否成体系、位置是否合适,就越重要。一般在网页的上端或左侧设置主导航菜单是比较普遍的。

比如淘宝网的主导航栏就是设置在网页的上端,如图 10. 26 所示。

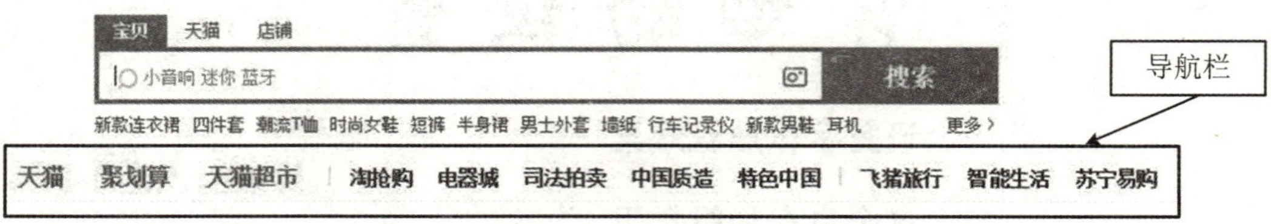

图 10. 26 设置在网页上端的导航栏

而淘宝网的主题市场就设置了左侧导航,如图 10. 27 所示。

(5) 动画

随着互联网的迅速发展和网络速度的快速提升,在网页中出现了越来越多的多媒体元素,包括动画、音频和视频等。大多数浏览器都可以显示或播放这些多媒体元素,无需任何外部程序或模块支持。另外,浏览器可以使用插件来播放更多格式的多媒体文件。

在网页中应用的动画主要是 GIF 和 Flash 两种形式,GIF 动画的效果单一,已经不能适应人们对网页视觉效果的要求。随着 Flash 动画技术的不断发展,Flash 动画的应用已经越来越广泛,已经成为最主要的网页动画形式,在很多网站上都可以看到 Flash 动画。Flash

动画因为其特殊的表现形式受到人们的欢迎，特别是在突出表现某些信息内容的时候，Flash 动画表现得更加突出、更加精确。但是物极必反，如果网页动画太多，也会使人眼花缭乱，进而产生视觉疲劳。

（6）表格

表格是 HTML 语言中的一种元素，主要用于网页元素的布局，通过表格可以精确地控制各网页元素在网页中的位置。

（7）表单

表单是功能型网站中经常使用的元素，是网站交互中最重要的组成部分。在网页中，小到搜索框与搜索按钮，大到用户注册表单及用户控制面板，都需要使用表单及表单元素。

表单元素主要用来收集用户信息，帮助用户进行功能性控制。表单的交互设计与视觉设计是网站设计中相当重要的环节。从表单视觉设计上来说，需要摆脱 HTML 提供的默认的比较粗糙的视觉模式。在网页设计中表单的应用非常广泛，主要应用在搜索、用户登录和用户注册等方面。

网页中除了上述这些最基本的构成元素外，还包括横幅广告、悬停按钮、音频、视频等其他元素。

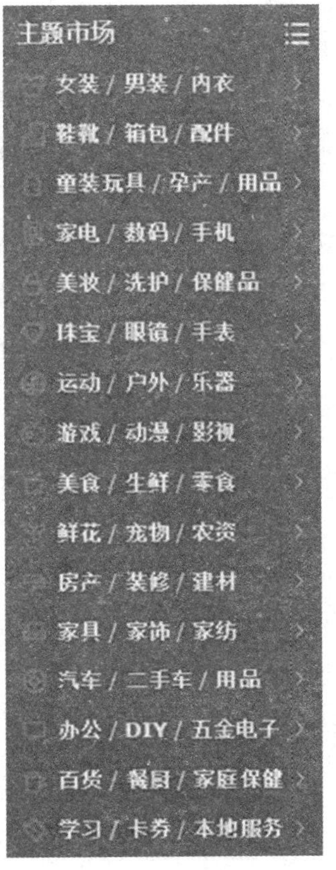

图 10.27　设置在网页左侧的导航栏

2. 静态网页设计

（1）HTML 语言

HTML（Hyper Text Markup Language），即超文本标记语言。静态网页包含文本、图像、声音、Flash 动画、客户端脚本和 ActiveX 控件及 Java 小程序等。静态网页是相对于动态网页而言的，它没有后台数据库、程序和可交互的网页。静态网页更新起来相对比较麻烦，适用于一般更新较少的展示型网站。当然静态也不是完全静态，也可以出现各种动态的效果，如 GIF 图、Flash、滚动字幕等。

HTML 语言使用标记的方法编写代码，分为单标记语句和双标记语句。

单标记语句：

〈标记名　参数 1　参数 2　参数 3　……〉内容

如：〈hr aling=certen width=90%〉（〈hr〉表示水平线）

双标记语句：

〈标记名　参数 1　参数 2　参数 3　……〉内容〈/标记名〉

如：〈h3 align = center〉标题〈/h3〉（标题置中）

标记范围以〈标记〉表示开始，以〈/标记〉表示结束。

HTML 网页文件可用任何文本编辑器或网页专用编辑器编辑，完成后（以“.htm”或“.

html”为文件后缀保存）将 HTML 网页文件由浏览器打开显示，若测试没有问题则可以放到服务器上，对外发布。

下面是一个简单的 HTML 文件基本架构，如图 10.28 所示。

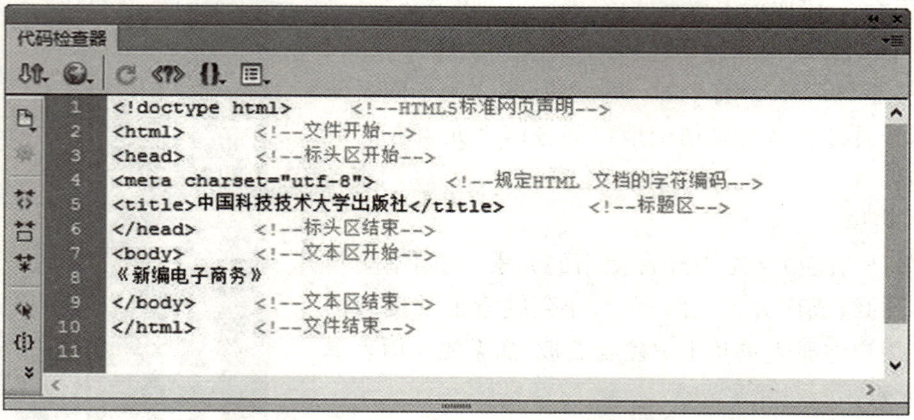

图 10.28　HTML 文件基本结构

代码效果如图 10.29 所示。

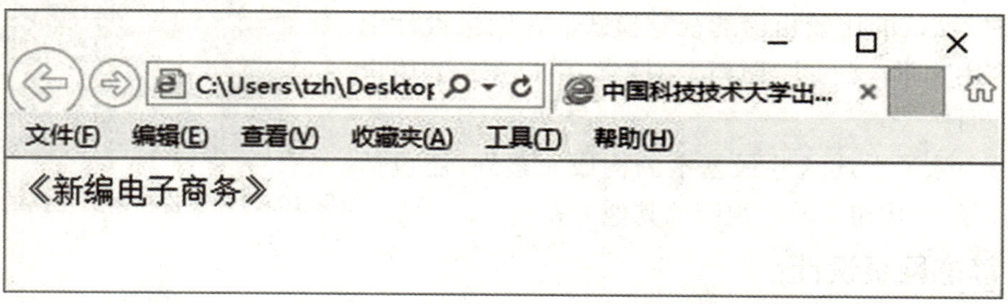

图 10.29　HTML 文件基本结构效果图

一个网站的首页名称主要设置为“index. htm”或“index. html”，只要打开网站域名，浏览器便会自动地找出首页文件。

(2) 静态网页开发工具

如果制作网页的设计者比作为一个画家，那么制作网页的工具就相当于画家手中的画笔和颜料。这些工具能为设计者编写、调试、运行代码提供一个方便的环境。HTML 语言作为一种语义派生出来的语言，最常见的有 3 种开发工具，分别是记事本、Dreamweaver 和 FrontPage。

记事本是 Windows 系统自带的文本编辑软件，用它可以编写网页。不过对于稍大型的网站需要编辑大量代码时，用记事本就不太适合了，但对于初学者来说，记事本是较好的练习工具。

Dreamweaver 是集网页制作和网站管理于一体的网页编辑器，是一款专业的可视化网页开发工具，用它可以制作出跨平台和跨浏览器限制的充满动感的网页(如图 10.30 所示)。

Dreamweaver 最大的特点是所见即所得。可以快速制作出网站雏形，设计、更新和重组方便。此外，Dreamweaver 可以自动生成源代码，大大提高了网页开发人员的工作效

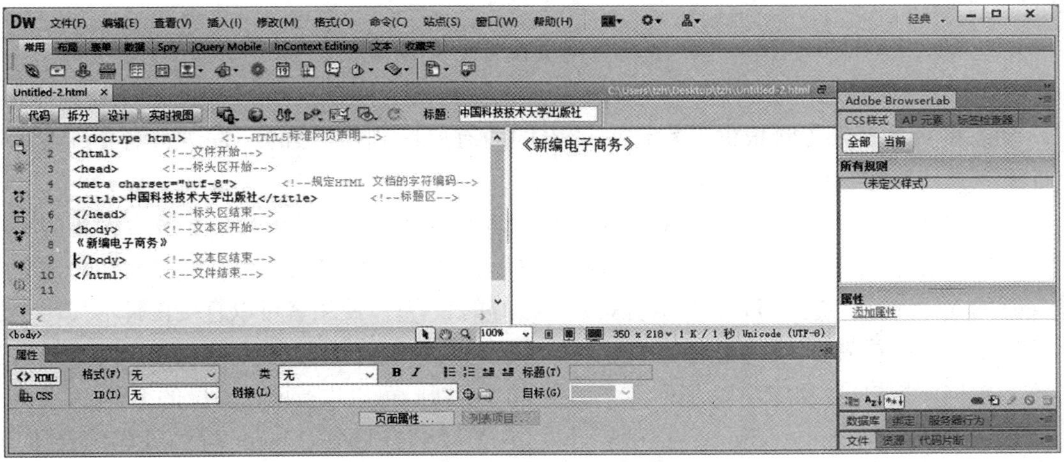

图 10.30　Dreamweaver CS6 基本界面

率。但是Dreamweaver也有其自身的缺点，对于在一些复杂的网页，它难以精确达到与浏览器完全一致的显示效果，同时其产生代码的效率比较低。Dreamweaver不仅支持静态网页的编写，而且还支持PHP、ASP、JSP等动态网页的编写与调试。对于网页设计初学者来说，Dreamweaver是一款比较好的入门软件，即使对HTML不太熟悉，也能做出漂亮的网页。

FrontPage是微软公司的一款入门级网页制作工具，是微软Office办公软件的一部分。相对于Dreamweaver，FrontPage的直观性和效率是无法比拟的，而且在功能拓展方面也少于Dreamweaver。2006年，FrontPage停止了发售。

3. 动态网页技术

动态网页是相对于静态网页而言的，之所以叫动态网页是因为它能与后台数据库进行交互和数据传递，从而实现数据的实时更新，这是静态网页做不到的。动态网页一般以数据库技术为基础，网页之所以有静动之分，主要是看数据能否实时更新。动态网页使用动态语言实现和数据库的交互，从而达到数据及时更新的目的，同时也大大降低了网站的维护工作。

(1) 动态网页的环境搭配

动态网页需要服务器支持，对于以“html”结尾的网页，文件即使没有服务器也不会对页面显示造成影响，但是动态网页不同，其需要服务器支持，而且服务器还必须支持这种动态语言。

对于服务器，可以使用Windows自带的IIS服务器，也可以使用比较流行的Apache服务器，这需要根据使用的动态语言决定，使用的ASP时选择IIS，使用PHP时一般选择Apache。

数据库也需要根据使用的动态语言来选择，如果使用的是ASP，那么可以选择MySQL数据库，如果使用的是PHP，那么可以选择Oracle数据库，当然其他的数据库也可以选择，具体要根据开发情况决定。

对动态语言和服务器数据库的结合，不同的语言与数据库组合，其结合的方式是不同的。

以上的过程叫环境搭配，是实现动态网页设计的必须步骤。

(2) 动态网页的开发工具

动态网页的开发工具根据开发语言的不同而有所区别，常见的开发语言有 PHP、ASP 和 JSP。

PHP 即 Hypertext Preprocessor(超文本预处理器)，它是当今 Internet 上最为火热的脚本语言，其语法借鉴了 C 语言、Java、Perl 等语言，只需要很少的编程知识你就能使用 PHP 建立一个交互的 Web 站点。它与 HTML 语言具有非常好的兼容性，使用者可以直接在脚本代码中加入 HTML 标签，或者在 HTML 标签中加入脚本代码从而更好地实现页面控制。PHP 提供了标准的数据库接口，数据库连接方便，兼容性强，扩展性强，可以进行面向对象的编程。

ASP 即 Active Server Pages，由微软开发，它类似于 HTML、Script 与 CGI 的结合体，它没有自己专门的编程语言，但允许用户使用许多已有的脚本语言编写 ASP 应用程序。ASP 程序编写比 HTML 更方便且更有灵活性。它在 Web 服务器端运行，运行后再将运行结果以 HTML 格式传送至客户端的浏览器，因此与一般的脚本语言相比，ASP 要安全得多。

ASP 的最大优势是可以包含 HTML 标签，也可以直接存取数据及使用无限扩充的 ActiveX 控件，因此在程序编写上要比 HTML 方便而且更富有灵活性。通过 ASP 的组件和对象技术，用户可以直接使用 ActiveX 控件，调用对象方法和属性，实现强大的交互功能。但 ASP 技术也非完美无缺，由于它局限于微软的操作系统平台，主要工作环境是微软的 IIS 应用程序结构，又因 ActiveX 对象具有平台特性，所以 ASP 技术很难实现在跨平台 Web 服务器上工作。

下面看一个具体的例子，其代码如图 10.31 所示。

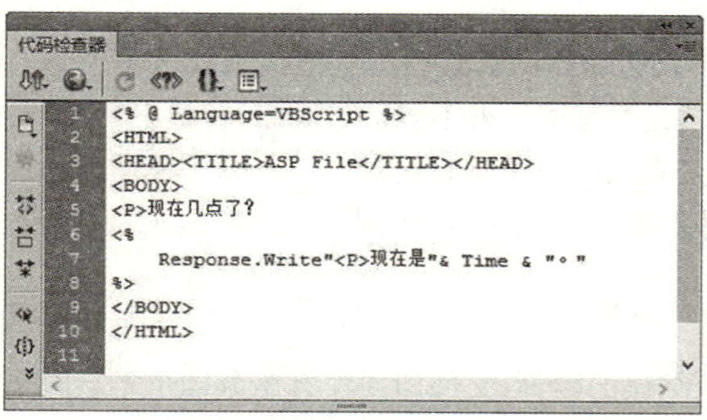

图 10.31 ASP 代码

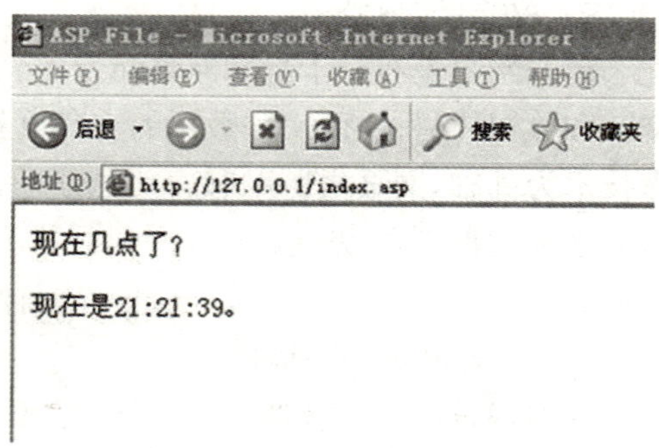

图 10.32 ASP 代码效果图

JSP(Java Server Pages)是由 Sun Microsystems 公司于 1999 推出的新技术，它是基于 Java Servlet 以及整个 Java 体系的 Web 开发技术。利用这一技术可以建立先进、安全和跨平台的动态网站。

在传统的网页文件(.htm，.html)中加入 Java 程序片段(Scriptlet)和 JSP 标记，就构成了 JSP 网页(.jsp)。Web 服务器在收到访问 JSP 网页的请求时，首先执行其中的程序片段，然后将执行结果以 HTML 格式返回给客户。程序片段可以操作数据库、重新定向网页、发 E-mail 等等，这些就是建立动态网站所需要的功能。JSP 所有程序操作都在服务器端执行，网络上传送给客户端的仅是最终结果，对客户端浏览器的要求最低。

10.2.2　电子商务网站的测试与维护

1. 网站的测试

在所有网页都制作完成之后，在正式对外发布网站之前，还有一步非常重要的工作就是网站测试。网站测试的目的是保证在网站发布之后所有的用户都能正常地浏览网页，并能正常地使用所提供的服务。

网站测试所要进行的工作，通常包括 5 个方面：功能测试、性能测试、可用性测试、客户端兼容性测试和安全性测试，如图 10.33 所示。

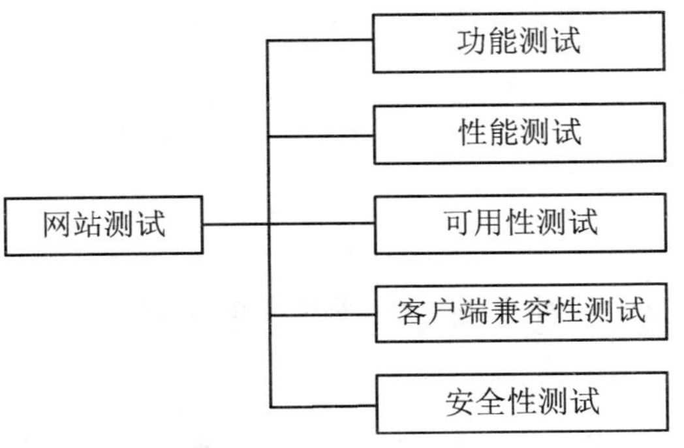

图 10.33　网站测试工作

(1) 功能测试

功能测试的任务是测试网站能否正常运行，其测试的对象包括超链接、表单、Cookies、网页编程语言及数据库。

(2) 性能测试

性能测试是为了让用户能更好地访问网站，它通常分为连接速度测试、稳定性测试、负载测试和压力测试 3 个方面。

(3) 可用性测试

可用性测试也被称为易用性测试，也就是从用户的角度来测试网站是否便于访问，操作起来是否方便，网上的内容与文字是否正确，视觉感觉是否舒适等。可用性测试通常分为导航测试、内容测试和界面测试 3 个方面。

(4) 客户端兼容性测试

因为客户可能具有不同的客户端配置，比如不同的浏览器，不同的屏幕分辨率，不同的操作系统等。而不同的客户端配置对网页的支持程度不同，所以客户端兼容性测试就是测试网站在各种不同版本的客户端下能否被正常访问。

(5) 安全性测试

网络安全问题越来越多，针对电子商务网站的攻击也越来越频繁，为了防止各种攻击对电子商务网站造成危害，必须要求严格地进行安全性测试。

2. 网站的管理与维护

网站的管理和维护是一项非常繁重的工作,从网站建立开始一直到网站停止运行,网站管理和维护都在进行。网站建设得是否合理对网站的管理和维护有非常大的影响,网站建设得好,那么管理和维护起来就非常简单,网站建设得不好,那管理和维护起来就比较麻烦且浪费时间。

网站管理与维护的内容主要分为 3 个方面:安全管理、性能管理和内容管理。图 10.34 很好地描述了这 3 方面管理之间的关系。从图 10.34 可以看出,安全管理是基础也是关键,它贯穿整个网站,从硬件到网页,每一个环节都离不开安全管理。性能管理是内容管理的前提,只有在整个网站系统稳定高效的前提下,才能更好地对内容进行管理和维护。

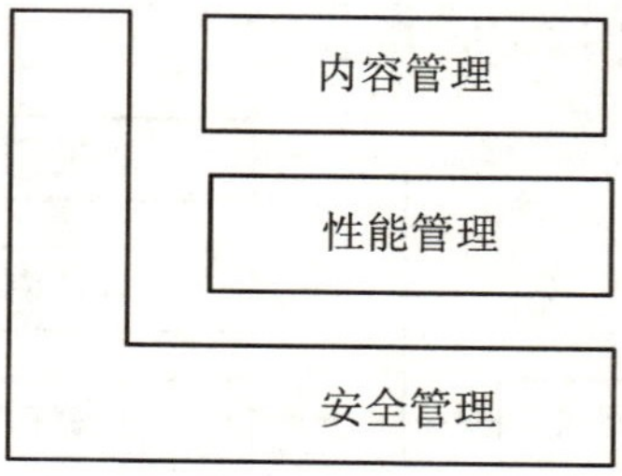

图 10.34　网站管理与维护的内容

(1) 安全管理

安全一直是困扰网络发展的重要问题,即使是普通的用户也避免不了恶作剧的网络攻击,更何况是向所有用户开放的网站。如果网站受到攻击,数据遭到破坏,就很可能造成难以估计的损失。安全问题存在于从硬件到软件的各个环节,所以它的管理非常困难。

这里简单介绍其中的 6 个方面:操作系统的安全管理、WWW 服务器软件的安全管理、脚本语言的安全管理、网络信息传输的安全管理、数据库的安全管理和人员的安全管理。

首先是操作系统的安全管理。任何操作系统都不是十全十美的,总是存在很多安全漏洞,并随着用户的使用而不断暴露出来。比如种类繁多的蠕虫病毒,它在不知不觉之中就会潜入用户计算机或者服务器当中,这些病毒会在特定的时刻破坏操作系统,造成用户数据的破坏或者服务器的瘫痪。解决操作系统安全问题的最重要的手段就是定期扫描操作系统可能存在的安全漏洞,并及时安装相应的操作系统补丁程序。

WWW 服务器软件是用来响应 HTTP 请求进行网页传输的。虽然 WWW 服务器软件本身并没有内在的高风险性,但其主要设计目标是更好地支持 WWW 服务和满足其他方面的需求,所以除了基本的 WWW 服务功能之外,它还具有很多其他的功能,比如支持不同权限级别的访问等。但是另一方面,软件越复杂,所具备的功能越多,包含错误代码的概率就越高,安全漏洞出现的概率也就越高。那么对于 WWW 服务器软件的安全管理,主要工作在于分析软件可能引发的安全问题,需要谨慎使用软件所提供的其他功能。

脚本语言技术(JavaScript、VBScript、JScript)在给网页注入无限生机的同时也带来了一系列的安全问题,因为有些用户会通过网页上的表单恶意输入具有破坏性的脚本代码。决这种安全问题的方法主要有 3 种,分别为对动态生成的页面字符进行编码、过滤和限制所有输入的数据以及对所输入的数据进行HTML或URL编码。

最初的目的是传输信息，而没有过多地考虑安全问题，所以信息在因特网上传输是非常不安全的，它很可能会在传输的过程中被窃取、篡改和删除，这对于需要在网页上输入银行账号和密码的需求来说显然是不合适的。目前解决这种安全问题的方法主要是采用安全套接层协议SSL和安全超文本传输协议S-HTTP。

动态服务器网页技术使大部分的网站数据都存储在数据库中，如用户名和密码，所以数据库的安全也不容忽视。数据库的安全问题主要是由不合理地使用数据库访问权限而引起的，所以解决这个问题的关键就是做好数据库访问权限的设置。

除了从技术角度考虑网站的安全问题之外，还有一个很重要的安全因素就是人。据统计资料显示，有相当大的一部分信息泄漏和服务器损坏是由直接接触服务器的人造成的。而人又是特别难控制的一个因素，因此需要加强人员的管理。

虽然有关安全的探讨和解决方案层出不穷，但是因为安全问题无处不在，所以不可避免地会有新的安全问题会不断出现，因此安全对所有的网站来说都是一个难题。

(2) 性能管理

性能管理的主要任务是保证操作系统和WWW服务器的正常运行，然后在正常运行的基础上最大程度地优化系统的性能。当系统的负荷满足不了日益增长的用户访问需求时，则必须制定合理的方案来及时升级系统的配置。

性能管理也需要考虑很多方面，如网络、操作系统、WWW服务器、动态网页服务器和数据库服务器的管理等。网络管理主要是指因特网的接入带宽是否满足多个用户并行访问的需求。比如一个用户最少需要10M的带宽要求，那么100M的接入带宽就几乎不能满足20个甚至更多用户的并行访问。

(3) 内容管理

内容管理的主要任务是确保网页内容、数据和超链接的正确，及数据的及时更新。比如超级链接很容易因为网页文件的移动、删除或重命名，以及网页编辑软件的修改和人员的疏忽而发生错误，从而导致用户打不开网页。所以网站管理者必须经常检查网页之间的超链接以确保用户能正常访问。

微思考

1. 电子商务网站主要有哪些分类？
2. 电子商务网站的规划步骤是什么？
3. 网站测试内容主要包括哪些？

大讨论

整合海外领先技术资源 抠抠网开启智能语音购物

早在2016年伊始，抠抠网对在线移动端再次进行了升级，对安卓版本及iOS版本的

APP都进行了优化，对“千城争鸣”活动中生态型原产地产品页面的体验度进行了升级，为用户带来了全新的购物体验。目前，抠抠网对话费充值、农特产品“抠抠镇”等版块都进行了重点推广。

随着互联网技术的发展，智能化程序越来越高，交互体验的要求也随之提升。

接下来，抠抠网将开启全球语音购物，逐步上线智能语音搜索功能，力图更贴近用户生活，进一步丰富抠抠网在线客户端用户的体验需求。

抠抠网将引入海外优势技术，适应多国消费者共性的“便捷式”购物，提前抢占网络购物“新风口”，在技术层面，集团将把“语音购物”作为战略开拓方向之一，多维度提升受众购物感受，将大比例资金投入到网络硬性设施的开发。

过去一年，“互联网+”的概念迅速在全国走红。基于对传统行业的互联网改造，“互联网+”成为当今商业模式的一大趋势。而移动互联网保持高速发展态势，移动端流量不断上涨，在2016年第一季度其占比达到59.3%，已经成为各大电商平台的重要入口。移动购物当仁不让的首要入口是APP，那么问题来了，用户如何更方便快捷地买到自己想要的商品？网络购物如何更省时省力？显而易见，手再快也不如嘴快，智能语音正在成为移动互联网重要信息入口，语音解放了双手，语音搜索购物必将吸引大量用户的眼球。

无须动手，动动口，即可实现购物、买票、吃喝玩乐等选择。提到语音助手，大家首先想到的可能会是苹果Siri、微软Cortana(小娜)，然而亚马逊推出的Echo智能音箱搭载Alexa语音助手，引发了行业关注。不仅如此，国内电商平台也纷纷构建生态系统，介入智能语音助手竞争，如阿里云启动“风语者”自动语音识别技术系统，京东智能发布“京东来点”打造一键智能购物，抠抠网欲开启语音购物打造智能生态圈。

亚马逊智能音箱Echo相当成功，正更新的Alexa语音助手可识别用户情绪，使其在语音助手领域领先其他竞争对手。2016年5月，阿里VR、语音识别、AI等黑科技首次亮相第二届亚洲电子消费展(CES Asia)，这将为淘宝天猫消费者打造更酷炫和便捷的购物体验。

对于一款语音助手来说，能够搞清楚用户所说的内容可以提升用户体验。抠抠集团CEO李林彬表示，手机语音助手的使用率迅速上升得益于科技进步。大数据时代，对人类行为的洞察变得更加主动和直接，而声音必定是最有效的处理输入方式，借语音通信产品可以提升用户体验。

据易观智库发布的数据：过去的2015年是移动互联网高速发展的一年，移动智能终端用户规模已达10.6亿，随之而来的是手机APP的井喷式爆发与人们生活的颠覆。据预测，企业级移动APP开发将在2016年增长一倍。这些数据也表明移动消费将日渐主导电商未来，抠抠网近年来不断加大对移动端的布局，此番触碰智能语音也显示了抠抠网颇具战略意识的决策，可以说已走在众电商的前面。

无疑，语音搜索功能将彻底解放用户的双手，而这也将进一步扩大电商平台的市场需求和目标人群。百度和搜狗都曾相继试行过语音搜索和语音输入等系统，这种可以让用户解放双手通过声音达到人机交互的方式，对于移动终端用户来说绝对是巨大的福音。抠抠网注重用户的积累和体验，布局智能语音技术，也为其抢占移动互联网消费流入口奠定了基础。

(来源：网易科技报道. http://tech.163.com/16/0629/19/BQOKEMMK00094PDU. 2016-06-29 19:52:49)

问题：

试比较智能语音购物和电子商务网站购物的区别，未来它能否取代电子商务网站？

小实训

使用 HTML5 编写基本网页

一、实训目的

了解 HTML5 语言的基本结构、语法和常用标记语言。

二、实训内容

在 Dreamweaver CS6 的代码窗口中，输入如下 HTML5 语句：

```
〈! doctype html〉
〈metacharset="utf-8"〉
〈html〉
〈head〉
〈title〉HTML 注册表单的使用〈/title〉
〈/head〉
〈style type="text/css"〉              〈! ——设置网页主体样式——〉
body {
background-image:url(img/bg.jpg);          〈! ——设置网页图片背景——〉
    font-family:楷体;
    color:#30F;
    font-size:20px;
    padding:40px;
}
〈/style〉
〈/head〉

〈body〉
〈p align="center"〉〈font color="#0000FF" face="华文行楷" size="20"〉会员注册信息〈/font〉〈/p〉
〈form id="form1" name="form1" method="post" action=""〉
  〈table width="600" border="1" align="center"cellpadding="0" cellspacing="0" bordercolor="#336633"〉
    〈tr〉
      〈td〉用户名:〈/td〉
      〈td〉〈label for="textfield"〉〈/label〉
      〈input type="text" name="textfield" id="textfield" /〉〈/td〉
```

```
        〈/tr〉
        〈tr〉
          〈td〉密码:〈/td〉
          〈td〉〈label for="textfield2"〉〈/label〉
          〈input type="password" name="textfield2" id="textfield2" /〉〈/td〉
        〈/tr〉
        〈tr〉
          〈td〉确认密码:〈/td〉
          〈td〉〈label for="textfield3"〉〈/label〉
          〈input type="password" name="textfield3" id="textfield3" /〉〈/td〉
        〈/tr〉
        〈tr〉
          〈td〉性别:〈/td〉
          〈td〉
            〈label〉
              〈input type="radio" name="RadioGroup1" value="单选" id="Radio-
Group1_0" /〉
    男〈/label〉
            〈label〉
              〈input type="radio" name="RadioGroup1" value="单选" id="Radio-
Group1_1" /〉
    女〈/label〉
            〈br /〉
          〈/td〉
        〈/tr〉
        〈tr〉
          〈td〉Email:〈/td〉
          〈td〉〈input type="email" name="umail" id="umail" placeholder="请输入
EMail 地址" class="input01"〉〈/td〉
        〈/tr〉
        〈tr〉
          〈td〉Phone:〈/td〉
          〈td〉  〈input type="tel" name="utel" id="utel" placeholder="请输入您的
电话" class="input01"〉
    〈/td〉
        〈/tr〉
        〈tr〉
          〈td〉出生日期:〈/td〉
```

```
        〈td〉〈input type="date" name="udate" id="udate" class="input01"〉〈/td〉
      〈/tr〉
      〈tr〉
        〈td〉专业:〈/td〉
        〈td〉〈select name="select" id="select"〉
                〈option〉计算机〈/option〉
                〈option〉电子商务〈/option〉
                〈option〉酒店管理〈/option〉
                〈option〉国际贸易〈/option〉
                〈option〉茶艺〈/option〉
              〈/select〉
    〈/td〉
      〈/tr〉
      〈tr〉
        〈td〉最喜欢的颜色:〈/td〉
        〈td〉〈input type="color" name="color" id="color"〉
    〈/td〉
      〈/tr〉
      〈tr〉
        〈td〉英语等级:〈/td〉
        〈td〉〈input type="number" name="score" id="score" min="0" max="8"
step="1"〉
    级
    〈/td〉
      〈/tr〉
      〈tr〉
        〈td〉所在地:〈/td〉
        〈td〉〈label for="select2"〉〈/label〉
          〈select name="select2" size="1" id="select2"〉
            〈option〉合肥〈/option〉
            〈option〉上海〈/option〉
            〈option〉北京〈/option〉
        〈/select〉〈/td〉
      〈/tr〉
      〈tr〉
        〈td〉其他信息:〈/td〉
        〈td〉〈label for="textarea"〉〈/label〉
        〈textarea name="textarea" id="textarea" cols="45" rows="5"〉〈/textarea〉
```

```
〈/td〉
        〈/tr〉
        〈tr〉
          〈td height="75"〉上传照片:〈/td〉
          〈td〉〈input type="file" name="photo" id="photo"〉
    〈/td〉
        〈/tr〉
        〈tr〉
          〈tdcolspan="2" align="center"〉〈input type="reset" name="button" id="
button" value="重置" /〉
          〈input type="submit" name="button2" id="button2" value="提交" /〉〈/td〉
        〈/tr〉
      〈/table〉
    〈/form〉
    〈/body〉
    〈/html〉
```

将文件另存为"index.htm",填入用户注册信息,运行效果如图10.35所示。

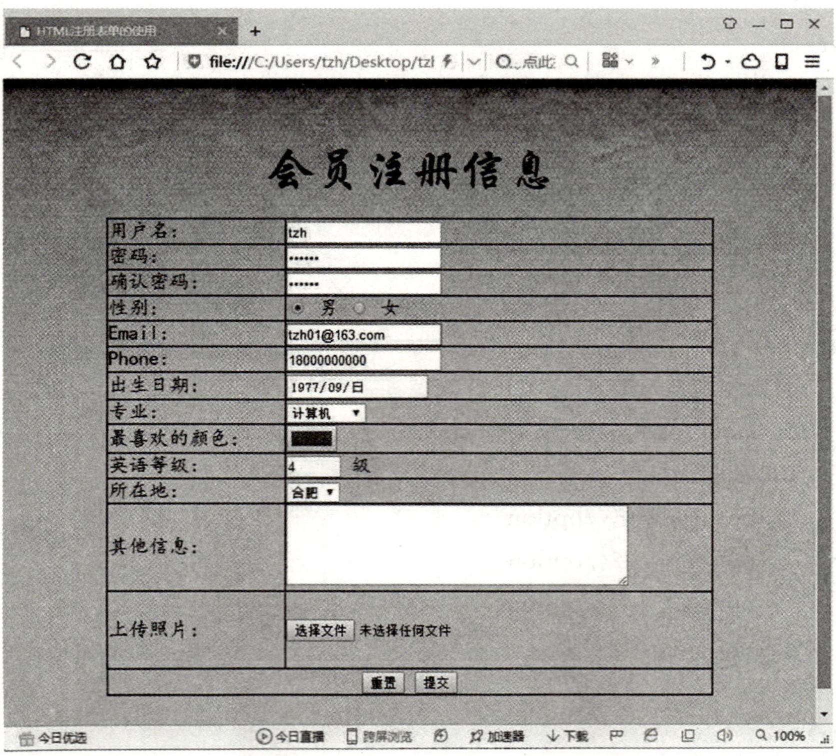

图10.35 实训效果图

三、实训要求

请把实训源代码和网页文件提交给老师。

任务总结

本章简单地介绍了电子商务网站的类型和特征，重点介绍了电子商务网站的规划与设计流程，针对静态网页设计和动态网页设计的开发技术和开发过程做了描述。同时，详细地介绍了电子商务网站的测试与维护技术，提出了电子商务网站在管理过程中的注意事项。

附录　助理电子商务师考试培训大纲

助理电子商务师考试大纲

1　课程的性质、任务

本课程是获取国家“助理电子商务师”职业资格的必修课程。通过本课程的学习，使学生掌握电子商务的基础知识和基本技能，结业后能够综合运用所学的电子商务专业理论和知识，从事网页设计、信息收集、网络使用、电子交易的操作性和分析性工作。

2　适用对象

从事或准备从事本职业的人员。

3　总学时

本课程总学时不少于 200 学时。

4　教学目标与基本要求

4.1　教学目标

本课程的教学目标是培养具备电子商务师行业基本职业道德、具备助理电子商务师国家职业标准要求的专业理论知识和操作技能的电子商务专业人才。

4.2　基本要求

本课程的基本要求包括以下 3 个方面：

4.2.1　职业道德

4.2.1.1　职业道德基本知识

4.2.1.2　职业守则

(1) 遵纪守法、敬业爱岗，具有良好的职业道德，严守保密制度。

(2) 实事求是、工作认真、精研业务、尽职尽责，具有团队精神。

4.2.2　理论知识

4.2.2.1　计算机与网络基础知识

(1) 计算机软件。

(2) 计算机硬件。

(3) 计算机网络。

(4) 通信技术。

4.2.2.2　电子商务基础知识

(1) 电子商务的基本概念。

(2) 电子商务基本应用模式。

4.2.2.3　网络营销基础知识

(1) 网络营销概念。

(2) 网络促销。

(3) 网络营销策略。

4.2.2.4　物流基础知识

(1) 物流基本概念。

(2) 电子商务与物流。

(3) 企业物流。

4.2.2.5　电子商务安全基础知识

(1) 电子商务安全概念。

(2) 电子商务安全制度。

4.2.2.6　电子商务法律法规基础知识

(1) 电子商务法的特殊性。

(2) 电子商务立法范围。

(3) 电子商务相关法律法规。

4.2.2.7　电子商务英语基本词汇

(1) 电子商务基本词汇。

(2) 电子商务交易词汇。

(3) 网上支付安全词汇。

(4) 网络营销词汇。

4.2.2.8　HTML 语言制作网页

(1) HTML 语言知识。

(2) HTML 语法知识。

4.2.2.9　动态网页制作

(1) 多媒体知识。

(2) 动态网页知识。

(3) 视频知识。

(4) 音频知识。

4.2.2.10　网络商务信息采集

(1) 文件传输知识。

(2) 点对点通信知识。

(3) 网络商务信息采集流程。

(4) 网络商务信息采集需求分析知识。

4.2.2.11 网络商务信息处理

(1) 信息介质知识。

(2) 商务信息分类、存储和管理知识。

(3) 数据库基本知识。

(4) 网络发布信息渠道和工具知识。

4.2.2.12 网上市场调研

(1) 网上调研知识。

(2) 调研报告知识。

4.2.2.13 网络广告与促销

(1) 网络促销的知识。

(2) 网上商店生成系统知识。

(3) 网站推广知识。

4.2.2.14 订单处理

(1) 电子订单知识。

(2) 订单处理知识。

(3) 订单合并知识。

4.2.2.15 电子合同签订

(1) 电子合同知识。

(2) 电子签名知识。

(3) 网上洽谈知识。

4.2.2.16 电子支付

(1) 电子现金知识。

(2) 电子支付协议知识。

4.2.2.17 售后服务

(1) 售后服务知识。

(2) 客户关系管理知识。

4.2.2.18 物流信息收集与分析

(1) 信息分类知识。

(2) 商品分类知识。

(3) 商品存储知识。

4.2.2.19 物流信息应用

(1) 物流信息知识。

(2) 配送作业知识。

(3) 仓储作业知识。

4.2.2.20 采购业务流程编制

(1) 网络采购流程。

(2) 网络采购管理规范。

(3) 网络采购知识。

(4) 采购合同知识。

4.2.2.21 供应商管理

(1) 招投标知识。
(2) 供应商选择知识。
4.2.2.22　文件加密
(1) 加密知识。
(2) 解密知识。
4.2.2.23　交易安全管理
(1) 网络安全知识。
(2) 安全交易规范。
4.2.2.24　安全工具使用
(1) 病毒特征库知识。
(2) 防火墙设置知识。

4.2.3　操作技能

4.2.3.1　HTML 语言制作网页
(1) 能够使用 HTML 语言制作标签。
(2) 能够使用 HTML 语言进行页面布局。
(3) 能够使用 HTML 语言进行文字设置。
(4) 能够使用 HTML 语言进行表格设置。
4.2.3.2　动态网页制作
(1) 能够制作动态网页。
(2) 能够使用软件工具编辑图像。
(3) 能够在网页中使用视频和音频元素。
4.2.3.3　网络商务信息采集
(1) 能够使用下载工具下载文件。
(2) 能够使用文件传输(FTP)收发文件。
(3) 能够使用点对点软件进行通信。
(4) 能够分析网络采集商务信息的需求。
(5) 能够制定网络商务信息采集流程。
4.2.3.4　网络商务信息处理
(1) 能够选择信息存储介质。
(2) 能够对商务信息进行分类存储。
(3) 能够选择数据库进行存储处理信息。
(4) 能够制定网络发布商务信息渠道和工具使用计划。
(5) 能够进行商务信息更新维护。
4.2.3.5　网上市场调研
(1) 能够根据市场调研目的设计网上市场调研问卷。
(2) 能够撰写调研计划。
(3) 能够根据调研计划进行网上调研。
(4) 能够对网上市场调研的数据信息进行分析。
(5) 能够撰写市场调研报告。
4.2.3.6　网络广告与促销
(1) 能够使用网上商店生成系统建立网络商店。

(2) 能够设计制作网络广告。
(3) 能够制定简单的网站推广计划。

4.2.3.7 订单处理

(1) 能够进行单证设计。
(2) 能够进行订单合并。
(3) 能够进行订单分析。

4.2.3.8 电子合同签订

(1) 能够草拟电子合同。
(2) 能够签订电子合同。
(3) 能够分析电子商务合同案例。

4.2.3.9 电子支付

(1) 能够使用标准协议进行电子支付。
(2) 能够使用各种电子支付工具进行电子收付。

4.2.3.10 售后服务

(1) 能够处理网上客户反馈信息。
(2) 能够进行网上商品流程跟踪。
(3) 能够处理网上客户投诉。

4.2.3.11 物流信息收集与分析

(1) 能够收集物流基本作业信息。
(2) 能够撰写物流信息分析报告。

4.2.3.12 物流信息应用

(1) 能够根据物流信息制定配送方案。
(2) 能够使用物流软件进行物流管理。

4.2.3.13 采购业务流程编制

(1) 能够在网上收集采购信息。
(2) 能够对采购信息进行分类处理。
(3) 能够编制网上采购合同的主要条款。
(4) 能够编制网上商店商品引进流程。

4.2.3.14 供应商管理

(1) 能够选择供应商。
(2) 能够评价供应商。

4.2.3.15 文件加密

(1) 能够对文件进行本地加密和解密。
(2) 能够对邮件进行加密和解密。

4.2.3.16 交易安全管理

(1) 能够对交易者身份进行确认。
(2) 能够制定交易过程安全管理制度。

4.2.3.17 安全工具使用

(1) 能够及时更新防病毒软件。
(2) 能够及时更新防火墙软件。

助理电子商务师考核要点

助理电子商务师考核要点如附表 1.1 所示。

附表 1.1

职业功能	工作内容	技能要求	相关知识
网页制作	1. HTML 语言制作网页	1. 能够使用 HTML 语言制作标签 2. 能够使用 HTML 语言进行页面布局 3. 能够使用 HTML 语言进行文字设置 4. 能够使用 HTML 语言进行表格设置	1. HTML 语言知识 2. HTML 语法知识
	2. 动态网页制作	1. 能够制作动态网页 2. 能够使用软件工具编辑图像 3. 能够在网页中使用视频和音频元素	1. 多媒体知识 2. 动态网页知识 3. 视频知识 4. 音频知识
网络商务信息收集与交换	1. 网络商务信息采集	1. 能够使用下载工具下载文件 2. 能够使用文件传输(FTP)收发文件 3. 能够使用点对点软件进行通信 4. 能够分析网络采集商务信息的需求 5. 能够制定网络商务信息采集流程	1. 文件传输知识 2. 点对点通信知识 3. 网络商务信息采集流程 4. 网络商务信息采集需求分析知识
	2. 网络商务信息处理	1. 能够选择信息存储介质 2. 能够对商务信息进行分类存储 3. 能够选择数据库进行存储处理信息 4. 能够制定网络发布商务信息渠道和工具使用计划 5. 能够进行商务信息更新维护	1. 信息存储介质知识 2. 商务信息分类、存储和管理知识 3. 数据库基本知识 4. 网络发布信息渠道和更新知识
网络营销	1. 网上市场调研	1. 能够根据市场调研目的设计网上市场调研问卷 2. 能够撰写调研计划书 3. 能够根据调研计划进行网上调研 4. 能够对网上市场调研的数据信息进行分析 5. 能够撰写市场调研报告	1. 网上调研知识 2. 调研报告知识
	2. 网络广告与促销	1. 能够使用网上商店生成系统建立网络商店 2. 能够设计制作网络广告 3. 能够制定简单的网站推广计划	1. 网络促销的知识 2. 网上商店生成系统知识 3. 网站推广知识

续表

职业功能	工作内容	技能要求	相关知识
电子交易	1. 订单处理	1. 能够进行单证设计 2. 能够进行订单合并 3. 能够进行订单分析	1. 电子订单知识 2. 订单处理知识 3. 订单合并知识
	2. 电子合同签订	1. 能够草拟电子合同 2. 能够签订电子合同 3. 能够分析电子商务合同案例	1. 电子合同知识 2. 电子签名知识 3. 网上洽谈知识
	3. 电子支付	1. 能够使用标准协议进行电子支付 2. 能够使用电子钱包进行电子收付	1. 电子现金知识 2. 电子支付协议知识 3. 电子钱包知识
	4. 售后服务	1. 能够处理网上客户反馈信息 2. 能够进行网上商品流程跟踪 3. 能够处理网上客户投诉	1. 售后服务知识 2. 客户关系管理知识
物流信息管理	1. 物流信息收集与分析	1. 能够收集物流基本作业信息 2. 能够撰写物流信息分析报告	1. 商品分类知识 2. 商品存储知识
	2. 物流信息应用	1. 能够根据物流信息制定配送方案 2. 能够使用物流软件进行物流管理	1. 物流信息知识 2. 配送作业知识 3. 仓储作业知识
网络采购	1. 采购业务流程编制	1. 能够在网上收集采购信息 2. 能够对采购信息进行分类处理 3. 能够编制网上采购合同的主要条款 4. 能够编制网上商店商品引进流程	1. 网络采购流程 2. 网络采购管理规范 3. 网络采购知识 4. 采购合同知识
	2. 供应商管理	1. 能够选择供应商 2. 能够评价供应商	1. 招投标知识 2. 供应商选择知识
电子商务安全管理	1. 文件加密	1. 能够对文件进行本地加密和解密 2. 能够对邮件进行加密和解密	1. 加密知识 2. 解密知识
	2. 交易安全管理	1. 能够对交易者身份进行确认 2. 能够制定交易安全管理制度	1. 网络安全知识 2. 安全交易规范
	3. 安全工具使用	1. 能够及时更新防病毒软件 2. 能够及时更新防火墙软件	1. 病毒特征库知识 2. 防火墙设置知识